선각자 송강 이준열의 삶

3·1운동, 고학당 교육, 광주학생운동, 대동사업의 증언

이준열 고학당 교장 · (주)대동광업 전무 · 조선공업기술연맹 이사장 · 조선발명장려회 이
      사장 역임

이달호 수원화성박물관장

송강(松崗) 이준열(李駿烈) 일대기 편찬위원회
  이기준 (전 서울대 총장, 막내아들)
  이기태 (전 교사, 조카)
  이영호 (한국상업교육학회장, 종손)
  이시용 (자영업, 장손)
  이장용 (전 농업생명자원부장, 손자)
  이달호 (수원화성박물관장, 종손)
  이진호 (자영업, 종손)

선각자 송강 이준열의 삶

3 · 1운동, 고학당 교육, 광주학생운동, 대동사업의 증언

이준열 글 | 이달호 편저

2012년 1월 9일 초판 1쇄 발행

펴낸이 · 오일주
펴낸곳 · 도서출판 혜안
등록번호 · 제22-471호
등록일자 · 1993년 7월 30일

주소 · ⊕ 121-836 서울시 마포구 서교동 326-26번지 102호

전화 · 3141-3711~2 / 팩시밀리 · 3141-3710

E-Mail hyeanpub@hanmail.net

ISBN 978-89-8494-436-7 93910

값 26,000 원

선각자 송강 이준열의 삶

3·1운동, 고학당 교육, 광주학생운동, 대동사업의 증언

이준열 글 | 이달호 편저

혜안

송강(松崗) 이준열(李駿烈) 옹

엄친(嚴親) 종풍 공(상)과 사형(舍兄) 상열 공(하)

아산시 탕정면 갈산리 1구 생가(상)와 지무레마을 전경(하)

아산시 탕정면 갈산 2구(여술) 본가의 현재 모습(상)과 마을 전경(하)

(상) 고성 이씨 종산인 삼봉산(선문대학교 뒷산)
(하) 여술 앞을 흐르는 곡교천. 천은 현충사를 지나 아산만으로 들어간다.

(상) 경성고등보통학교 정문 앞 당시 학생들
(하) 송강이 다녔던 종로구 화동 경기고등학교의 옛 건물

투옥 직전 가족과 함께. 송강, 부인 허정, 장모, 장남 기홍, 장녀 기인

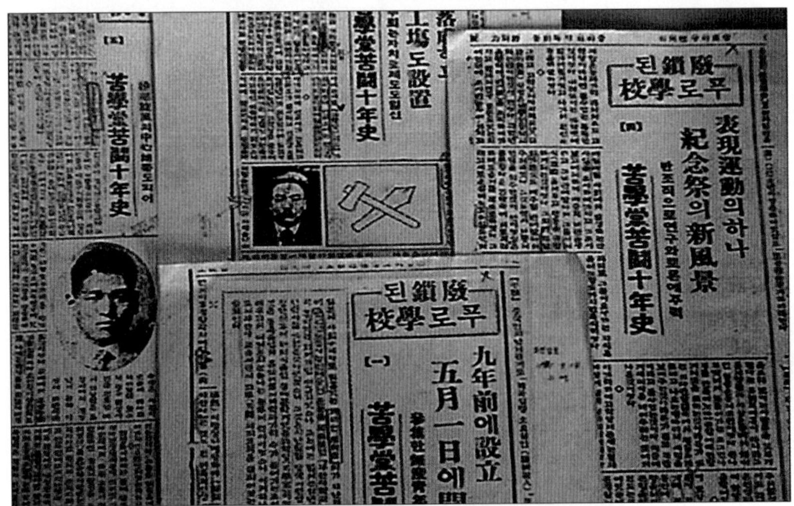

(상) 고학당 관련 신문 기사

(하) 광주학생사건이 발발한 후 고학당이 강제폐교되고 『조선일보』에 연재된 「閉鎖된 푸로學校」. 가운데에 있는 사진 속 인물은 고학당 제1대 교장인 송강과 교기, 왼쪽 사 진은 연학년 제2대 고학당 교장

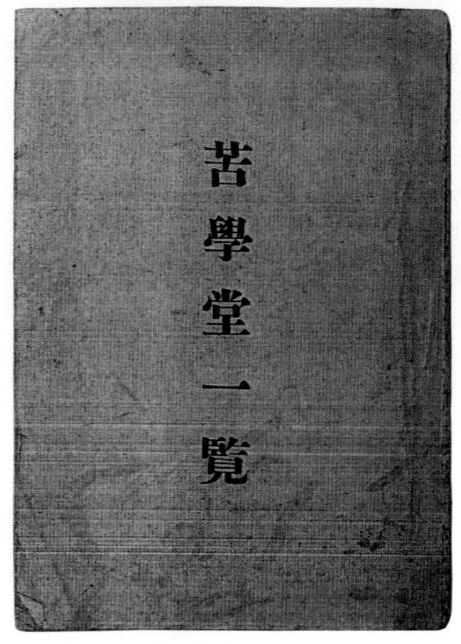

(상) 서대문형무소에 수감되어 죄수 복장으로 찍힌 송강의 사진

(하) 『고학당일람』

(상) 출옥 후 동대문구 창신동 자택에서 송강
(하) 이종만 (주)대동광업 사장

(상) 대동출판사에서 출간한 『광업조선(鑛業朝鮮)』

(하) 대동출판사에서 출간한 『농업조선(農業朝鮮)』

(상) 조선중앙일보 폐간 후 (주)대동광업 본사로 사용한 건물(현 농협중앙회 종로지점)

(하) 서울 창신동 자택에서 친족과 함께(1945년경). 두 번째줄 가운데가 부인 허정, 뒷줄 가운데 여학생이 차녀 기훈, 앞줄 오른쪽이 막내 기준

뒷줄 왼쪽부터 시계 방향으로 당시 대동광업 전무 송강, 대동광업 상무로 경북지사를 지낸 정현모, 이광수의 형, 한 사람 건너서 대동광업 사장 이종만, 이면균 (사진 : 이종만 선생 가족 제공)

(주)대동광업 창립2주년 기념사진. 본사 앞에서. 앞줄 다섯째 줄부터 정현모, 이종만, 송강, 허헌 (사진 : 이종만 선생 가족 제공)

영평광산 사옥 앞에서 사원들과 함께. 앞줄 가운데가 이종만과 송강 (사진 : 이종만 선생 가족 제공)

친지 결혼식. 앞줄 신랑 옆이 이종만. 뒷줄 가운데부터 허헌, 정현모, 송강 (사진 : 이종만 선생 가족 제공)

(상) 숭실전문학교를 인수한 후 새로 지은 대동공전(현 김일성종합대학 자리) (사진 : 이종만 선생 가족 제공)

(하) 영평광산 사옥 앞에 모여 있는 노동자들 (사진 : 이종만 선생 가족 제공)

(상) 송강이 네 살 때 이거한 갈산리 2구(여술) 본가 앞에서 촬영한 조카딸 기준 결혼식 기념 사진(1959년)

(하) 서울대학교 화학공학과 졸업식(대학원 본부 앞에서, 1961년). 왼쪽부터 부인 허정, 기준, 기인

(상) 막내 기준의 미국 유학 송별(김포공항에서). 왼쪽부터 막내며느리 장성자, 부인, 조카며느리 박창원, 장남 기홍, 송강.

(하) 막내 기준의 미국 유학 송별(김포공항에서, 1965년)

(상) 『송강연감』의 표지

(하) 송강 자필 수기

(상) 아산시 탕정면 갈산리 산 54-1에 있는 송강
의 묘와 묘비

(하) 송강 묘비의 뒷면 자작 글

서울대학교 총장 공관에서 친족들 모임 (1999년)
앞줄 왼쪽부터 맹문재, 기태, 박창원, 기영, 기인, 기준, 장성자, 기연, 기묘, 기춘, 홍찬선, 가운뎃줄 상용, 달호, 시용, 영호, 광호, 서영자, 김순자, 원경숙, 임미란, 동주, 뒷줄 진호, 조희숙, 맹우영, 홍승연, 주영, 원석, 한철

막내손자 성주 결혼식(2011년)   뒷줄부터 시계 방향으로 성주, 이지연, 임미란, 동주, 한웅, 장성자, 기준

막내손자 성주 결혼식 양가 친족(2011년)

자서(自序)

내가 자서전을 쓸 생각조차 없었는데 여든이나 된 때에 신구문화사 사장 이종익 씨와 이기문 족인과 국사편찬위원에 근무하는 이돈영 씨 등이 용두동 자택에 내방하여 나의 과거사를 녹음하여 국사편찬위원회에 보관하겠다고 하였다. 더하여 사위인 법률가 윤세창 박사, 자식인 기준 공학박사 등도 여기에 동의하였다. 기문 족인이 와서 하는 말이 형님은 남에게 양보하는 일이 많고 숨어서 하신 일이 많은 분이니 역사의 한 페이지를 남기지 아니하는 것은 민족의 수치입니다. 사양말고 하실 수 있는 정도에서 써두시라고 하여 부득이 두어자 필기하였다.

3회나 한 주일을 두고 녹음하여 녹음된 것을 신구문화사에 두고 그 내용은 편찬위원회에 송부하였다고 한다. 많은 수고에 감사하는 바이다.

내가 기미 3·1운동 때부터 검거되기 시작하여 신의주 경찰서와 종로서에 3회, 서대문서 경찰부 2회, 동대문·중부서 2회 등 60여 세까지 생긴 사건 내용은 일일이 쓰지는 아니하고

자 한다.

내가 공과에 입학한 초지는 두말 할 것도 없이 산업혁명 이후에 세계사적 진전은 공업에 있다고 생각해서이다. 인류의 행복은 공업의 발전에서만 이루어질 것이다. 과학의 발전은 과거사를 정리, 새로운 인생 행로를 개척 전진한다. 모든 인류는 공업의 힘으로 과학의 광장에 자유와 공존 번영을 획득하리라고 생각한다.

내가 일생을 두고 잊지 못할 큰 것은 고학당에서 고학생들을 교양하던 과정이다. 기개가 있고 사상을 배우고 여러 가지 인고·수련하던 그 모습들이다. 유산자 교육기관에 대항하여 세운 유일의 무산자 교육기관인 고학당은 광주학생사건으로 하여 8년 만에 강제폐교되는 운명을 당하였으나, 고학생들의 정신이 얼마나 위대하였고 국내 국외에 우리들의 숙원을 달성하기 위하여 희생된 사람이 얼마나 많았는가는 오직 새로운 역사가 알아주리라.

대한민국의 청년들이여, 씩씩하고 용감하여 후진성으로부터 속히 탈피하여 국제적 고위의 기술과 공업입국으로 완전히 발전하여 낙후가 없이 가위 지식 공력으로 협소한 이 강토에서 평야의 십분지칠이나 되는 산들이 농업단지로 또는 공업단지로 병행 발전하여 세상에서 말하는 낙원이 하루속히 기성되기를 천번 만번 기원할 뿐이다.

크게 말하여 우리나라가 봉건과 교체되려는 국운을 계기로 외침도 쉬지 않아[不息] 일·청, 일·로전, 국사에서는 군대 해산의 여파로 의병의 만연, 민생고로 만주의 광활 지역을 향하여 도망·분산하는 농민의 비극, 최후에는 한일병합 대격변 등 이를 일일이 기록키 어려울 정도이다.

허심탄회하게 걸어갈 길이 열리는가 하면 금방 길이 막히어 못 진행하게 되어 이골목 저골목으로 헤매인 것이 비일비재하였다. 얼마나 고생스러웠던가, 나의 일생을 통하여 보면 올바른 길을 많이 찾아 전진도 하였지만, 도중에 말을 바꾸어 타기도 하였다.

결론은 국가와 사회를 위한 일이었으며 사리는 추호도 없었다. 세칭 송강은 청백한 사람으로 사회를 위하여 공익을 위하여 깨끗이 사시는 분이라고 한다. 과연 나도 인정한다. 소위 돈을 모으려면 거부가 될 수도 있었다. 광산할 시대이든지 또는 자연 등귀에 의한 이득이든지 많이 있었다.

나의 지론은 교육이다. 특히 무산자 교육이다. 아울러 기술 성장을 목표로 공업입국을 나의 일생의 사업으로 전진 전진하였으며 갖은 고생을 낙으로 참고 참고 오늘날까지 견인불발하는 의지 하에서 전진한다. 이 세상은 잡다한 무리(잡다배)와 저급배의 중상모략도 허다함을 알고 있다. 나는 감연한 태도로 불굴 전진하여 여든이 넘도록 생애를 일직선으로 영위하고 있다.

내가 20세 때에 과친께서 서거하시고 내가 재옥 시에 엄친께서 서거하시고 내가 74세 때에 사백께서 서거하셨다. 내가 지금까지는 나이가 제일 많은 편이다. 80세가 내년이다. 내 글씨로 비석까지 써서 완성하여 두었다. 이런 것은 노인이 되면 흔히 있음직한 일이다. 사회활동할 때는 그런 일은 다 할 일이 아니라고 하였는데 아마 기운이 쇠하고 여러 가지 병이 있어 말하자면 매일 5~6알의 약을 이용하게 되어서 생의 의욕이 조금 남아 있어 그런지.

성격상 그러한지 급한 면이 있어 급하다고 생각되면 그곳으로 질주하는 것이 나의 평생의 일이었다. 생각건대 나의 맘이 없으면 아무것도 동하지 아니한다. 좋은 예는 이승만 시대에 상공장관 기용이 그것이다. 맘에 없으면 만금도 불사한다. 그게 장점일런지 나는 국내에서 살고 일하고 죽으려고 결심한 것이 나의 신조이며 청년들을 부지런히 계몽하는 일이 중요하다.

내가 인간으로서의 불량 불의의 일이 있으면 불응하여야 염치이지만 지나간 사실을 회고할 때에 한 일이 전부 애족적이며 대중을 먼저 생각한 일이다. 사리에서 한 일은 추호도 없다. 나는 무신론이다. 그런고로 무교한 과학인으로서의 백지인이다. 이것도 나의 한 특장이 될 것이다. 미신으로 폐해가 많은 우리 사회에 있어서 냉정하게 보면 세상의 변화에 잘 순응하여 전진하되 정의의 신조를 지키는 사람이 있다면 참다운 민족의 귀감이 아닐까 한다.

적은 글이 후인의 참조가 된다면 생각의 만분지일이라도 되지 아니할까 하고 자위자락하는 바이다.

1967년 1월 1일

松崗　李　駿　烈

존경하는 아버님 송강(松崗) 일대기 출판에 즈음하여

┃ 이 기 준 (전 서울대학교 총장)

아버님이 돌아가신 지 30여 년이 되어 간다.

그동안 여기저기 흩어져 있던 자료들을 엮어서 아버님의 발자취를 남기려고 하였으나 차일피일 늦어지고 말았다. 아버님의 삶을 엮으려 한 이유는 평소에 존경하던 분이기도 했지만 그분의 삶이 사회적·역사적으로 의미가 있다고 생각하였기 때문이다.

돌이켜보건대 내가 대여섯 살 때 아버님의 손에 이끌려 화신백화점 옆 견지동에 있던 대동광업주식회사 건물을 찾은 적이 있었다. 아버님은 사회의 많은 문물을 접촉하도록 배려하셨고 여러 사람들에게 나를 소개하였다. 아버님은 훗날 내가 사회에서 일할 때 필요한 넓은 지평을 바라보고 문제의 본질을 꿰뚫어 볼 수 있는 안목을 키워주려고 노력하신 것 같다. 이러한 영향 때문인지 몰라도 나 역시 아버님의 뒤를 이어 화학공학도로서 사회에 기여하기 위해 최선을 다하며 살아 왔다.

아버님은 해방 후 우리나라 공업계 전체 분야를 망라하는 공업기술연맹 이사장을 역임하시고 조선발명학회 회장을 지내신 적도 있는데, 나 자신이 한국과학기술단체총연합회 회장을 지낸 일은 우연이지만 아버님 발자취의 일부분을 따른 것이 되었다. 이는 아버님의 음덕과 보이지 않는 이끄심이 있었기 때문이 아닌가 생각된다.

사람들이 나에게 평소 가장 존경하는 사람이 누구냐고 물으면 항상 "나의 아버님"이라고 당당하게 말하였다. 아버님의 삶은 빼앗긴 나라를 되찾기 위한 애국심과 '고학당'을 설립하여 사회에서 소외받고 있던 가난한 학생들에 대한 교육, 평양의 숭실전문대가 일제의 신사참배 거부로 폐교에 이르자 대신 대동광업전문대의 설립을 건의하고 운영한 일, 그리고 나라의 부강과 공업입국을 위한 이타적인 삶이었다고 감히 정리할 수 있다.

아버님은 돈을 벌겠다고 마음 먹으셨으면 많은 돈을 벌 수 있으셨고 출세하려고 하셨으면 출세의 길을 걸으실 수도 있었다. 그러나 쉬운 길로 가지 않으셨다. 이는 나 자신이 세운 인생의 설계 방향과도 일치한다. 나 또한 학자로서 교육자로서의 길에서 일탈하지 않았고 적어도 남들이 밟고 지난 길을 뒤따라서 편하게 걷는 쪽을 택하지는 않았다. 이 또한 아버님이 나에게 주신 무언의 잠언이 아니었을까 생각한다.

이번 일대기에서는 다행히 숨어 있던 많은 자료들이 발굴되었다. 아버님이 직접 쓰신 또 다른 '수기' 자료가 발견되어 새로운 내용이 추가되었다. 『고학당 일람』과 각종 신문자료 그리고 아버님께서 투옥되실 당시의 일제 경찰 조서 등이 발견되었다. 이는 개인자료와 공적자료의 만남이라는 데 그 의미가 있고, 이를 씨줄과 날줄로 엮은 것이 바로 이 책인 셈이다.

이번 책 출판을 위해 아버님의 흔적을 찾아볼 기회가 있었다. 견지동 대동광업주식회사 사옥은 몽양 여운형 선생이 경영하던 『조선중앙일보』의 사옥으로 서울시문화재로 지정되어 그대로 남아 있었지만 '대동'이라는 기록은 없었다. 동덕여고 앞에 있던 옛 창신동 집도 헐려 식당으로 변하였고 보문동 집터에는 연립주택이 들어서 있었다. 늦었지만 이제라도 그 흔적들을 찾아 정리할 수 있게 되어 다행이다.

이번에 아버님에 대한 일대기를 정리하여 책으로 펴내게 되니, 그동안 마음 속으로 간직하고 있던 아버님의 사랑에 보답하고 아버님께 진 빚을 조금이나마 갚게 된 것 같아 막혀 있던 마음 한구석이 뚫리는 듯하다.

그동안 일대기를 엮기 위해 여기저기 흩어져 있던 자료를 모으고 애써준 여러분들과 가족 특히 이달호 수원화성박물관

장을 포함한 친족들에게 감사드리고 아버님께서 평소에 좋아
하시던 자작시 한 편으로 이 글을 마치고자 한다.

誰能先覺世間事

天不可勝民主民

누가 능히 세상의 일을 먼저 깨달을 수 있겠는가?
하늘도 민주의식이 있는 백성을 이길 수는 없다

책을 내면서

┃ 이 달 호 (수원화성박물관장)

우리 집안의 자랑은 작은할아버지였다. 작은할아버지는 우리나라 최고의 명문 고등학교인 경성제일고보를 거쳐 지금의 서울공대 전신인 경성공업전문학교 응용화학과를 졸업하셨으며 일제 시대에는 독립운동을 하셨다고 한다. 아버님의 표현에 의하면 마치 신화와도 같은 분이셨다. 그렇기에 어릴 적부터 작은할아버지는 우리가 따라가야 할 길이자 존경의 대상이었다.

작은할아버지와의 인연은 필자가 수원에서 서울로 중학교 유학을 하였을 때부터 시작되었다. 중학교에 다니던 3년간 동대문구 보문동의 작은할아버지 댁에서 신세를 지며 혜화동으로 통학을 하였던 것이다. 작은할아버지는 당시 이미 고희를 넘긴 71세셨는데, 이때는 글씨를 쓰시면서 소일만 하실 뿐 자신의 과거에 대해서는 한마디 말씀도 없으셨다.

뒤늦게 대학원에 진학하여 가장 먼저 조사한 것이 작은할아

버지의 행적이었다. 그러나 어디에서도 그분의 행적을 찾을
수 없었다. 한참 후에야 그분의 행적은 '금서'나 그동안 알려지
지 않았던 자료들 속에서 발견되었다. 또 작은할아버지께서
직접 쓰신 1차 자료인 『송강소사』를 6촌 형에게서 받아 볼
수 있었다. 이 자료는 1989년에 처음 접하였는데, 춤추는 듯
흘려 쓴 초서와 옛 한글 투로 쓰여진 문장들을 놓고 장시간
씨름을 해야 했다. 이 1차 자료에는 한말(韓末)의 시대 상황과
3·1운동을 주도한 내용, 5년제 무산자 교육기관인 '고학당'에
관련된 내용, 조선공산당 사건과 관련된 투옥 경험, 이후 대동
광업주식회사와 관련된 내용, 그리고 해방 후 활동 내용 등이
들어 있었다.

당시 석사학위논문을 준비하고 있던 필자는 먼저 '서울파'
조선공산당 사건 관련 내용을 가지고 「1920년대 서울파 사회
주의 운동의 조직 활동과 노선」이라는 제목의 논문을 완성할
수 있었다. 하지만 이후 향토사 편찬과 직장 생활로 인하여
자료는 책장에 넣어둔 채 관심을 두지 못하였다. 이제 20여
년의 세월이 흘러 친족 모임에서 작은할아버지의 일대기를
편찬하기로 결정하여 자료를 찾기 시작했다.

이번에는 당숙 댁에서 처음 『송강소사』보다 더 자세한 '수
기'와 1926년도에 발행된 『고학당 일람』이 새로 발견되었다.
여기에다 학계에서 작은할아버지와 관련된 논문이 여러 편

발표되었음을 알게 되었으며, 대동출판사에서 발행한『광업조선(鑛業朝鮮)』·『농업조선(農業朝鮮)』도 연세대학교 도서관에 보관되어 있어서 귀중한 관련 사진도 수집할 수 있었다.

이러한 작업이 가능했던 것은 작은할아버지와 함께 (주)대동광업·대동공전·대동출판사·대동농촌사 등 일명 '대동콘체른'의 사장으로 있었던, 당시 광산왕으로 불린 이종만 선생의 소식을 접할 수 있었기 때문이다.『한겨레신문』에 소개된, 이종만 선생의 따님인 일선 님의 회고록에는 필자의 작은할아버지와 '대동콘체른'을 함께했던 이종만 선생이 1948년에 월북하여 광업성 고문을 지내다 1977년도에 93세의 나이로 사망하셨으며 지금은 애국열사릉에 묻혀 있다고 적혀 있었다. 또한 일선 님이 1975년도에 아버지 이종만 선생과 평양에서 상봉하였다는 기사 내용도 접하였다. 그리하여 가족이 보관해 왔던 귀중한 사진들을 입수할 수 있었다.

조선이 치욕과 격동의 시대로 접어든 1896년에 태어난 송강은 그 시대의 한가운데서 악전고투하며 온몸으로 시련과 맞서는 삶을 사셨다. 한국 근현대사는 의병활동, 을사늑약, 한일강제병합 이후 3·1운동, 6·10만세운동, 광주학생운동 등으로 이어지는, 피와 땀으로 점철된 민족해방투쟁과 항일무장투쟁을 선두로 한 노동운동, 농민운동, 청년학생운동 등 수많은 희생과 노력의 결과로 인해 해방을 맞이할 수 있었다.

그렇지만 그 해방은 완전한 것이 못 되어 사회는 혼란으로 치달았다.

송강의 삶은 저돌성, 추진력, 비타협으로 특징지을 수 있다. 혈혈단신으로 맨땅에 고학생을 위한 무산자 교육기관인 '고학당'을 설립한 것 자체도 무모한 것이었다. '(주)대동광업' 경영의 경우, 일본의 식민지 기업에 대한 차별정책을 오판한 무모함이 일부 보이지만, 그는 옳다고 생각하면 끝까지 추진하는 성격이었다. 비록 그가 벌인 무모한 사업의 대부분이 실패로 끝났으나 오히려 그렇기 때문에 그의 파란만장한 삶의 기록은 더욱 값진 것이기도 했다.

송강과 뜻을 같이했던 이종만, 허헌, 이영 등은 월북하여 조국통일운동과 광산업 발전을 위해 일한 공을 인정받아 애국열사릉에 안치되었고, 1982년 87세의 일기로 세상을 하직한 송강은 자신이 태어난 충남 아산시 탕정면 갈산리 선산에 자작 묘지석과 함께 자리하고 있다.

송강이 지향했던 '대동'이란 주역의 화천대유(火天大有)의 '대(大)'와 천화동인(天火同人)의 '동(同)'을 합친 글자다. 이는 우리나라의 전통사상인 "널리 사람들을 이롭게 한다"는 '홍익인간' 사상과도 통하며 "크게 소유하여 뜻을 같이하고 힘을 합하여 어지러운 세상을 다스려 태평한 세상을 이루어 고루 잘사는 대동사회를 이룩한다"는 의미다. 이러한 정신은 현재도 유효하다.

이 책이 나오기까지 많은 분들의 도움이 있었다. 카이스트 (KAIST)의 전봉관 교수께서는 본인이 간직하고 있던 이종만 선생 관련 자료를 흔쾌히 사용토록 도와 주셨고, 고인이 되신 연세대학교 방기중 선생의 논문은 대동콘체른 집필에 지대한 공헌을 하였다. 교정을 보아준 주혁 선생, 한문 번역에 도움을 주신 양택동 선생, 자료 수집을 위해 전국을 돌아다닌 김삼석 선생에게 고마움을 표하며 이 책의 출판을 허락하신 오일주 혜안 사장님과 김현숙 편집장님께 감사의 인사를 드린다.

일러두기

1 이 책의 내용은 송강 이준열 선생이 쓴 회고록『송강소사』를 바탕으로
  하였다. 그런데 이 회고록은 송강 선생이 1969년부터 1974년까지
  70대 중반에서 80세가 다 된 시점에서 집필한 것이라 중복된 내용과
  가족 관련 내용이 많은 부분을 차지하고 있다. 이에 요즘 글로 교정
  교열을 하는 과정에서 뺄 것은 빼고 독자의 이해를 돕기 위해 시대적
  상황을 더하기도 한 후 큰 사건별로 묶어 소제목을 달았다.

2 이 책은 본문과 부록으로 구성하였다. 본문은 총 7부로 나누어 송강의
  생애를 서술하였다. 부록에는 이준열이 남긴 시와 인물평, '수기' 자료
  와 관련 단체 자료 사진, 기타 관련 글 등을 실었다.

3 본문에서 이준열과 호인 송강의 명칭 표기는, 고학당 교장으로 활동한
  시점을 전후하여 이준열과 송강으로 나누어 표기하되 단, 역사적
  사실을 서술할 때는 '이준열'을 그대로 사용하기도 하였다.

4 자서(自序) 부분은『송강소사』의 각 부분에서 발췌하여 엮은 것으로,
  교정을 최소화하고 가능하면 당시 말투도 살렸다.

5 본문의 내용 번역 및 윤문은 이달호가 담당하였으며 제4부의 '고학당'
  관련 부분만은 서울대학교 한국교육사고의 남신동 선생이 본인의
  석사학위논문을, 제6부 역시 많은 부분을 전 연세대학교 방기중 교수
  의 논문과 카이스트 전봉관 교수의 글을 참조하여 재구성하였다.

6 초서 번역은 한국서예박물관 명예관장인 양택동 선생과 경기문화재
  단의 윤한택 선생이 도움을 주셨고, 한시 번역은 양택동 선생이 하셨다.

목 차

제1부

반골 집안, 문재 넘친 후손으로 서다

아산 탕정면에 똬리를 튼 고성 이씨 후손

송강 이준열은 고성(固城) 이씨 도촌공(桃村公)의 후손이다. 고성 이씨, 그 중에서도 도촌공파는 역사상 두 번 큰 화를 입었다. 첫 번째는 도촌공 이교(李嶠)의 아들 임(琳)이 고려 우왕의 장인이었던 까닭에 조선 개국 당시 이성계로부터 혹독한 탄압을 받은 것이요, 두 번째는 방계였던 이괄(李适)이 인조반정의 공신 책봉에 불만을 품고 난을 일으켰을 때이다.

고성 이씨는 고려조 공민왕대에 현달하였는데 황(璜)을 시조로 9세인 첫 번째 아들 철성부원군 암(嵒)은 글씨로 이름을 날렸고, 동생 교는 어사대부를 지냈다. 이교는 고성 이씨 중 도촌공파를 이루었는데 조선 개국 당시 이교의 아들 이임이 문하시중으로 우왕의 장인이었던 이유로 정몽주와 함께 거세되었다. 이임은 고려 말 이색, 이성계와 함께 신하가 검을 차고 신을 신고 궁전에 오를 수 있고 왕을 만날 때 절하면서 자기 이름을 고하지 않는 특전이 주어진 인물이었다. 그의 아들 귀생(貴生)과 운로(云老) 등도 모두 이씨 조선 집권자들에 의해 귀향을 가거나 묘도 찾지 못할 만큼 탄압을 받았다.

그 뒤 그 후손이 복권된 것은 세종조 교연(皎然)에 이르러서였다. 교연은 1442년(세종 24년) 갑과에 일등으로 합격하여 사헌부 감찰(정6품)에 제수되었다가 여러 관직을 거쳐 예문관 직제학, 남양 부사, 집현전 직제학, 병조 참의, 형조 참판,

개성부 유수, 충청도 관찰사, 예조 참판, 한성 부윤 등을 지냈다.

이후 크게 현달한 인물이 나오지 않고 약 200여 년간 중급과 하급 관리를 유지해 오다가 1624년 이괄 선조가 난을 일으킨 후 18세 찬(巑)이 처가가 사는 천안 전씨의 동네인 아산 탕정면 갈산리로 낙향한 것으로 추정된다. 그 후 영조대에 24세 요흠(堯欽)·요철(堯喆)·요필(堯弼) 삼형제로 나뉘었다. 막내 요필은 25세 익수(益壽), 26세 선도(善道), 27세 학연(鶴淵), 28세 종풍(鍾豊)으로 이어져 오다가 큰 아들 29세 상열(常烈)과 작은 아들 준열(駿烈)로 이어졌다.

문재를 갖춘 재동이 나다

이준열은 전국을 휩쓸고 지나간 갑오년 농민전쟁의 상처가 채 아물기도 전인 1896년(병신) 8월 12일 충남 아산군 탕정면 갈산리에서 태어났다. 지금은 산너머에 삼성전자가 들어서 있고 탕정초등학교 바로 옆에 자리한 동네이다. 온양읍에서 약 20리 떨어져 있고 아산시를 가로지르는 곡교천을 따라 15리를 가면 이순신 장군을 모신 현충사가 있다. 준열이 태어난 마을은 10여 호 중 고성 이씨가 다섯 집 살고 있었고, 생활 수준은 선문대학교와 삼성전자 사이에 있는 종산과 종답을 약 10만 평 가량 소유한 중농 정도였다.

시대는 근대화를 향한 아래와 위로부터의 농민전쟁과 갑오개혁이 교차하고 있었으며, 조선을 집어삼키려는 일본을 비롯한 구미 열강이 한반도의 패권을 차지하려는 혼돈의 시기였다. 당시 조선은 새로운 개화의 길이냐 아니면 전통을 지키면서 새로운 세계로 나아가느냐의 갈림길에 서 있었다.

송강은 이러한 격동의 흐름 속에서 어린 시절을 보내게 되었다. 어렸을 때 잘 기어다닌다고 해서 기열(驥烈)이라고 불렸는데 그 뜻은 천리마같이 잘 달린다는 것이다. 송강이 네 살 때 지금의 선문대학교 후문쪽 지역인 내금리(안지무레)에서 1.5km 떨어진 여술(여사리)로 이거하였다.

이사간 지 얼마 지나지 않은 어느 날, 어린 송강이 마을에서 보이지 않아 하루 종일 찾아보니 이전에 살던 동네에서 친구들과 놀고 있었다. 불과 네 살 난 나이에 예전에 살던 집을 찾아갔다는 사실은 사물에 대한 기억력이 뛰어났음을 짐작할 수 있다.

7세 무렵 송강의 집 사랑에서 큰 매형인 윤태선에게 천자문을 배우기 시작하였다. 3개월 만에 천자문을 모두 독파하였고, 암송은 물론 음으로 연독한 후 하늘 천부터 야까지 천자를 한숨에 다 읽었다. 마을은 물론 부근 동네에서 문재 넘치는 신동이 나왔다는 칭찬이 자자하였다. 아울러 글씨도 함께 배웠는데 대자(큰 글씨)를 처음부터 시작하였고, 탁월한 글

솜씨를 과시하여 군내 여러 곳에 붙이곤 하였다. 8세가 되어서는 시를 짓기 시작하였고 이어『동몽선습』과『통감』15권을 통독하였다. 읍에 거주하는 서 관찰사 댁에서 빌려온『통감』은 7권부터 스승의 가르침을 받지 않고 스스로 공부하였다. 다음에는 사서삼경을 11세까지 완독하였다. 어린 나이에 이미 소위 글 문리가 트였다거나 글물이 날 정도로 뛰어났음을 알 수 있다.

이렇듯 시골 동네에 그냥 두기에는 아까운 천재가 태어났다고 회자되곤 하였다. 부친 이종풍과 송강보다 열 살 위인 형 이상열은 그에게 신학문을 가르치기로 하였다. 마침 온양에 공립보통학교가 처음 설립되었다. 윤치오의 내종인 학무국장 이주상의 집에 학교를 부설하자 11세 되던 해 가을, 온양보통학교에 입학하였다. 다음 해 3월까지 공부하고 온양보통학교 보습과 졸업생 20여 명과 함께 서울의 상급학교로 진학하고자 집단 상경하였다.

언제나 든든한 버팀목이었던 부모님

부(父) 종풍은 1862년 생으로 고성 이씨 갈산문중의 2대 독자였다. 큰 종가와 3종간인데 큰 종가에 오래 자손이 없어 아버님도 독자이신데도 불구하고 대를 잇기 위하여 큰 종가로 출가하였다. 당시 큰 종가는 전처는 사망하고 후처가 있었다.

큰집에서 후취 몸에서 아들을 낳게 되어도 양자를 되돌리지는 않겠다는 약속을 하며 입양을 요구하여 들어갔던 것이다. 큰집은 천 석 정도 추수를 하고 동리 동북리 산판에 아름드리 나무(연포지목)가 가득할 정도로 막대한 재산을 소유하고 있었다.

그러나 그 후처가 아들을 낳고 이어 2남까지 생산하였고 남자가 별세하고 과부가 된 후 양자를 되돌리겠다(파양)고 제의하자, 선친께서는 이를 용납하지 못하고 끝내 서로 소송을 제기하게 되었다. 선친은 자하문 밖 삼각산록에 있는 산에서 유숙하면서 수원 남문 밖 경기관찰사를 지낸 윤씨 집안의 배경을 업었다.

큰집은 그 외가가 충무공 자손인 덕수 이씨인데 어느 정도 출세한 무인을 배경으로 3~4년에 걸쳐 기나긴 싸움을 계속하였다. 이에 온양 군수가 중재에 나서서 큰집에서 얼마쯤(기허)의 전답과 산판을 주기로 하여 화해를 하고, 안지무래를 떠나 그 아래 동내인 여술(여살)로 이사를 오게 되었다. 그때 준열의 나이 4세였다.

종풍은 슬하에 2남 2녀를 두었다. 큰 누님은 준열보다 열다섯 살 연상으로 윤태선과 결혼하였다. 윤태선은 한학에 조예가 깊었다. 형 상열은 1886년 생이며, 바로 위 누님은 아산시 도고면 화천리에 사는 임달선에게 시집을 갔다. 임달선은 한시와 학문에 조예가 깊었다.

종풍은 결심한 바 있어 사랑채를 신축하고 글방을 세워 본인은 물론 자제들에게 글과 문장 공부에 힘쓰게 하였다. 선친은 학문 탐구에 관심이 많아 한문도 중위 이상이고 글씨도 중위 이상이었다. 사랑을 지을 때는 삼봉산에서 질 좋은 나무를 베어 와 사용하였다.

살림은 추수한 것이 백여 석 가량 되고 토호질을 하지 않는 선비 집이어서 근근이 살아가는 정도에 불과했다. 당시 땔나무 장작은 꽤 비싼 편이었다. 솔잎파리(솔가피) 나무 1단이 5전 정도 하고 점심은 보통 팥죽으로 때우곤 하였다. 서울 방방곡곡에 산재한 설렁탕 장국밥은 한 그릇에 2~3전씩 하여 보통 배 터지게 먹곤[大象食] 하였다. 겨울에 5전짜리 솔가피 한 단을 찬 방에 때면 때는 둥 마는 둥('때동만동') 하였다.

애틋한 가족애를 간직한 어른인지라 12세에 서울로 올라간 막내가 추운 겨울에 얼어 죽지는 않을까 하여 잠을 못 자고 뜬눈으로 밤을 새우는 경우도 있었다. 친구를 만날 때면 말 끝마다 아들 자랑을 토해 내곤 하였다. 과거에 살던 곳에 가서 일가 사람을 만날 때마다 준열의 총명함을 화제로 삼는 경우가 많았다.

아버님은 아들 준열이 점차 독립운동에 깊이 빠져 들어가자 근심이 많아졌다. 직접 만류한 적은 없었지만 자식의 장래와 성공 여부를 항시 걱정하고 계셨다. 준열이 공전을 졸업한 후에도 만세를 부르며 독립운동 하는 것에 대해 조금도 불쾌하게 생각하지 않았다. 가세가 빈곤해져 생활상 고통도 많았으나 자식을 원망하는 말씀은 일체 없었다. 준열의 마음과 생각이 가는 대로 믿고 맡겨 일체 간섭하는 경우가 없었으니 준열에게는 언제나 마음의 등불 같은 존재였다. 집에서는 준열이 사회와 민족의 영웅이 될 것이라는 희망을 놓지 않았으며, 지조, 결백, 사상, 인격을 갖춘 사람이 되도록 배려를 아끼지 않은 든든한 버팀목이었다.

평소 다방면에 재주가 많았던 어른으로 만년에는 민간 의술을 익혀 마을 사람들을 고쳐주었고 머리카락과 여러 가지 기름을 섞어 만든 고약은 인근에 소문이 날 정도로 종기 치료에 탁월한 효험을 보였다.

집안의 막내를 평생에 걸쳐 가장 아끼시던 부친은 정작 준열이 서대문감옥 미결방에 있을 때 운명을 달리하였다. 간수가 전보로 부친의 별세 소식을 전했다. 그야말로 청천벽력이었다. 눈물이 하염없이 쏟아졌고 간수가 편지를 쓰려면 허가하여 주겠다고 하였다. 준열이 편지를 쓰기 위해 봉함엽서에 펜을 드니 눈물이 엽서에 떨어져 쓸 수가 없었다. 30분 이상 침묵하고 눈물만 흘렸다. 억지로 진정하고 '불효 불효'라고만 쓰고 붓을 놓았다.

그리고 감방으로 들어와 저녁도 못 먹고 밤새 이불 속에서 피눈물을 흘렸다. 아침 일찍 눈을 뜬 준열을 보고 주변 사람들이 눈이 부었다고 하며 아버지의 사랑이 극진하였던 모양이라고들 하였다.

부 종풍은 사망 이후 삼봉산 너머에 장지를 썼다. 이곳은 '가학조천(駕鶴朝天 : 이른 아침에 학을 타고 노는 형상)'의 길지라며 두고두고 회자된 곳이었다. 훗날 송강은 선친의 장지에 대해 다음과 같이 언급하였다.

"그 어른 장지를 말고개 종산에 잡을 때 이야기이다. 한 지관이 지세를 살펴 형님에게 권고하여 쓰기로 하고 장일을 택하여 택지를 파니 시체가 들어 있는 여러 가지 증거품이 나왔다. 다른 사람이 이미 쓴 장지로 보여 할 수 없이 동편으로 조금 옮겨 2, 3척 가량 떨어진 곳에 장지를 마련하였다.

이런 말은 과학시대인 오늘날에, 더욱이 자연과학인인 나로서는 좋고 나쁨의 선악을 갖게 된다는 허황된 설에 대해 믿음을 갖지 아니한다. 산소 남쪽 매곡리 후록은 속칭 '가학조천'이라는 조선 제7번째의 길지가 있다 하여 여러 사람이 답사한 곳인데 지금까지 얻지 못했다고 한다. 세상 사람들이 말하기를 '선친의 묘소가 가학조천이다. 참으로 구 장지에서 2, 3척 동쪽으로 비켜서 대지가 있었다는 것은 복인이 길지를 만난(봉길지) 것'이라면서 '가학조천 자리에 무덤을 쓰면 자손이 크게 번창하고 뛰어난 후손을 배출하여 3 성(聖) 8 현(賢)이 나오게 된다'고 하였다. 장지 뒷산이 우리 산인데 삼봉산이다. 속칭 왕자봉이라고 하여 명산으로 여긴다. 산소를 보고 지관들은 감탄하면서 대길지라고 말하였다.”

모(母)는 창원 황씨로 증조인 황기천(黃基天)[1]은 규장각 대제학을 지냈다고 알려진 분이다. 조부는 정언을 역임하였고, 부는 빈한한 선비로 지냈다. 모친의 할아버지 문하에는 많은 사람들이 모여들어 학문을 닦았다. 준열을 처음 가르친 매형 윤태선도 이분 밑에서 학문을 배웠다. 이 같은 집안 분위기에서 성장한 준열의 모친은 매우 현명하고 지혜로운, 한마디로 현모양처의 사표였다. 형 상열이 서울로 입학시험을 보러 떠났을 때는 밤이면 뒤뜰에 맑은 물을 떠놓고 합격을 기원하였다. 기본적인 한문을 깨우치셨고 충분히 해독할 만한 지성과 인자한 성품을 지녀 동네 사람들의 칭송이 자자하였다.

준열은 12세 때에 집을 떠나 서울로 유학하였기 때문에 방학 때만 어머니를 뵐 수 있었는데 돌아가실 때는 하늘의 뜻이었는지 임종을 할 수 있었다. 준열이 20세 되던 1916년

---

1) 본관은 창원. 자는 희도. 호는 능산·후완. 1792년(정조 16) 식년 문과에 병과로 급제하고, 1793년 초계문신에 대한 친시를 시행할 때 제술시험에서 우등하여 전시에 바로 응시하였다. 1798년 6품에 오른 뒤 정조의 총애를 받아 이조정랑이 되었다. 1801년(순조 1) 문사랑에 이어 강동현감, 정언, 지평, 종부시정 등을 거쳐 1806년 장령을 지냈다. 같은 해 사헌부 장령으로 김달순 징토에 참여하지 않았다고 하여 용천에 유배되었다가 고금도로 옮겨지고 1809년 익종의 탄생으로 사면되었다.

음력 12월 26일이었다. 돌아가실 때 연세가 56세였다. 그다지 많은 나이도 아니었지만 일찍 돌아가신 것도 아니었다. 의술이 발달되지 못한 까닭에 당시 유행하던 장질부사에 걸려 고비를 넘기지 못하신 것이다.

사람 좋아하고 우애 깊은 형

준열의 인생에 부모님을 제외하고 크게 영향을 미친 사람은 형 상열이었다. 준열보다 열 살 위인 상열은 힘이 좋고 말술을 즐기던 호인으로서 친구들과 잘 어울리고 관후한 성품을 지녔다. 그 까닭인지 집안 살림은 등한히 하였다.

무엇보다 형 상열과 준열의 형제간 우애는 어린 시절부터 깊고 애틋했다. 준열이 경기고보 재학 당시 시골 곳곳에는 '진흥회'가 설립되어 있었다. 이 단체는 상열과 준열의 형제간 우애가 두터워 내외에 모범이 된다고 하여 상과 함께 쇠고기를 수여하여 부모를 기쁘게 한 적도 있었다. 형은 동생 준열의 머리가 좋은 것을 보고 학업을 지원하고 출세를 시키려는 욕심이 컸다. 그만큼 아우에 대한 사랑이 극진하였다. 아버지는 애족적인 면에서는 관심이 적었으나, 형은 아우가 애국자로 성장했으면 하는 바람도 강했다.

형 상열은 서울에서 공업시습소를 마치고 집으로 돌아와 한동안 사업에 진력했던 적이 있었다. 이 일은 준열의 학업과 관련하여 식비를 마련하는 과정에서 비롯되었다.

때는 준열이 경성고공에 재학하던 시절로, 종로3가에 있는 동향인 윤병대의 집에서 살고 있었다. 어느 날 큰 매형이 준열을 찾아와서는, 1학년 2학기부터 내수동 김일이라는 보성고보 교감 집에서 그의 동생인 김제순과 같이 있기를 청하였다. 식비를 200원만 선금으로 주면 1년 반 뒤 졸업 후에 원금을 돌려받는다는 조건이었다.

이 이야기를 듣고 준열은 고향 집으로 연락하였다. 형 상열이 아버지와 협의를 거쳐 갈산리 앞들의 '둠벙배미'로 불리는 양질의 수답 11두락을 500원에 팔고 200원을 식대 명목으로 김일 씨에게 전달하였다. 훗날 이 200원은 돌려받지 못했다.

남은 300원은 가계 살림과 형 상열이 관립공업전습소(官立工業傳習所)2)에서 실과 1년을 마친 뒤 고향집 마당에다 도곡기를 제작하는 철공서를 설치하는 비용으로 썼다. 물품은 장날

---

2) 1899년 6월 개항 후 실업교육기관으로서 상공학교관제가 칙령 제28호로 반포되어 학부대신의 지휘 감독 하에 놓였다. 농상공학교는 농상공부로 이관되어 1906년 4월 20일 한성 이화동에 관립학교로 설립되었다. 당시 관립학교로는 공업전습소를 비롯하여 농림학교, 상업학교 등이 있었다. 처음에는 학생 74명으로 수업을 개시하였다. 소장은 고등공업학교 출신인 노다 주조(野田忠藏)가 임명되었고 기타 기사, 기수, 서기 등은 일본인으로 보충되었다. 수업 과목은 염직과·도기과·금공과·응용화학과·목공과·토목과 등 6개 과로 하였다. 이후 1916년 경성공업전문학교가 설립될 때 부속공업전습소로 되었다가 1922년 경성공업학교로 독립하였다.

경성고등공업학교 건물이었으며 해방 후 국립중앙연구소로 사용(현재 방송통신대학교)

마다 근방 시장에 내다 팔았다. 상열과 함께 사업을 한 사람들은 춘천 사람 이○종, 안성 사람 홍사성 등 2명이었다. 그들은 출자는 하지 않고 사업 운영과 경영을 맡았다. 그런데 1년에 걸쳐 홍 씨는 시장에 내다 판 수입금을 부정한 방법으로 기십만 원을 절취한데다가 이 씨는 동리에 사는 부인과 부정을 저지르다 발각되어 다른 곳으로 도망간 일이 발생하였다.

그 와중에도 형 상열은 도곡기 생산을 멈추지 않았다. 어느 날 아산 군수 원은상 씨가 도곡기를 주문하자, 다시 사업을 확장할 목적으로 갈산리로 가는 길의 둑 아래 땅 5두락을 팔았다. 상열은 여러 사람을 고용하여 도곡기를 제작하였는데, 일이 꼬이려고 그랬는지 원 군수가 논산으로 직장을 옮긴데다가 일본인 서무주임이 제품을 받지 않고 개량품을 매입하겠다고 하였다. 정식 계약을 맺지 않고 일을 진행하여 피해가 막심하였다.

연이은 사업 실패에도 불구하고 온양시장 부근의 좌랑리에 비교적 큰 규모의 공장을 신설, 이전하고 백미는 집에서 공급하여 공인 4~5인에게 식사를 제공하면서 도곡기 생산을 계속하였다. 그러나 수지가 맞지 않아 큰 결손이 생긴데다가 천안읍 윤광주의 아들 윤병익 형의 보증 하에 중국인 고리채를 얻어 작업을 계속하다가 차압까지 당하는 처지에 놓였다. 사업에 따른 빚은 고향 앞 곡교천변 황무지 기만 평과 전답 수십 마지기를 주고 청산하였다. 결국 자금 고갈로 공장은 헐어 민가에 판매하여 버렸다.

형 상열은 사람 좋아하는 호인이었지만 그것이 부메랑으로 돌아왔고 사업 수완의 부재와 자금 고갈로 뚝심을 갖고 추진한 사업은 실패로 끝나고 말았다. 이 일은 집안 살림을 궁핍하게 하고 준열의 학업에도 적지 않은 영향을 미쳤다.

한편 1920년대에 고향 아산에 소학교가 없는지라 상열은 평소 알고 지내던 안교일 내외를 통해 학교 설립에 나섰다. 형 상열이 소학교 교장으로 재직하면서 전심전력을 다했다.

이후로도 오랫동안 상열과 준열은 형제간의 돈독한 우의와 공경하는 마음을 공유하였다. 형 상열은 1960년 75세를 일기로 세상을 떠났다.

아래로부터 본 구한말 사회상

준열이 태어나 성장하고 1910년 일제의 식민통치를 받기 이전까지를 일반적으로 '구한말' 사회라고 한다. 이 시기는 나라 안팎으로 봉건과 근대의 흐름이 교차하면서 사회 변동이 격렬하게 진행되고 있었다. 도회지가 아닌 농촌의 성격이 짙었던 아산 지역은 반봉건의 기치를 든 아래로부터의 움직임이 활발했던 곳이었다.

1890년대 후반 아산군도 갑오농민전쟁의 여파로 활빈당(活貧黨)[3]과 같은 의병들이 곳곳에서 활약하고 있었다. 중농 정도의 생활 수준이었던 준열의 집안은 이들의 타도 대상까지

---

3) 활빈당은 구한말에 남부 지방에서 봉기한 농민군 가운데 강력한 세력을 떨쳤던 집단을 가리킨다. 농민전쟁 이후 농민군은 1896년부터 의병운동에 가담한 후, 흩어져 화적(火賊)으로 지내며 독립협회 등에 희망을 걸었으나 여의치 않자, 1899년부터는 여러 가지 이름의 집단을 만들어 저항운동을 전개했다. 이들 중 활빈당은 『홍길동전(洪吉童傳)』을 사상 배경으로 삼고, 각지에 출몰하여 부호의 재물을 빼앗아 빈민에게 나누어주는 활빈(活貧) 활동을 벌였다. 그들은 평등의 실현, 빈부격차의 타파, 국정혁신을 목표로 하였고, '곡물 수출 금지', '영세한 상인 징세 철폐', '균전법 실시' 등 다양한 구국안민책(救國安民策)을 내세웠다. 1905년 이후 의병에 흡수되었다.

는 아니었지만 같은 길을 갈 처지도 아니었다. 준열의 집안은 조선 인조대 이괄의 난 이후 낙향하여 거의 300여 년을 살던 터를 등지고 활빈당을 피하여 이웃 마을로 피신했던 것이다.

농민전쟁의 여파에다 연이은 군대 해산 조치 이후에는 군인들까지 의병 혹은 활빈당이라는 이름을 갖고 떠돌아다녔다. 삼삼오오 떼를 지어 각지를 돌아다니면서 젊은 사람을 차출하고 양식을 구하러 다녔다.

어느 날 7, 8명의 해산병 출신 활빈당이 동네에 들어왔다. 동네에서는 준열의 집이 가장 컸다. 어머니와 준열만 집에 남았고 식구들은 다들 산으로 피신하였다. 조금 있으니 활빈당이 준열의 집으로 들어와 벽장과 장롱 속을 샅샅이 뒤지고 나서는 볏짚에 불을 붙여 초가집 지붕 추녀에 대었다.

그들은 "집안 사람들을 불러오라. 안 그러면 집에다가 불을 지르겠다"고 위협하였다.

당시 8세 전후의 어린아이에 불과했던 준열은 볏짚을 들고 있는 사람의 팔목을 붙잡고 "우리 아버지를 찾아오겠으니 불을 놓지 말아 달라"고 사정을 하며 도와주기를 간절히 빌었다. 그 사람들은 귀찮아하며 "어린 녀석이 팔에 매달려 울고 있으니 그만두고 이웃동네로 가자"며 옆 동네인 맹골로 가서 마을 곳곳의 집에 불을 질러서 대낮에도 불꽃이 하늘 높이 솟구쳤다. 그 동네에 백석, 천석 하는 부자가 많이 있었기 때문이다.

또 하루는 밤중에 소위 의병 6, 7인이 와서 20세 된 형 상열의 손을 묶고 의병에 입대시키겠다고 하면서 구 갈산리로 데려가는 일이 발생했다. 소식을 들은 부 종풍이 곧 그 동네로 가서 의병을 만나 "나의 자식은 나이가 어리니 내가 대신 가겠다"고 자원하여 형은 귀가할 수 있었다. 얼마 후 부 종풍은 다른 곳으로 이동하던 도중에 무리에서 이탈, 도망하여 집으로 돌아왔다. 집안 식구 모두가 좋아 어쩔 줄 몰라했다.

당시 전국에서 벌어진 의병 활동과 관련된 또 하나의 일화가 있다. 준열의 집에는 동네에서 제일 힘이 좋은 30세 정도 된 노비 송만복이라는 사람이 있었다. 어느 날 의병 10여 명이 총을 소지한 채 송만복의 집에서 3, 4일을 머물렀다. 그리고는 만복이 힘이 장사이므로 의병에 입대시키겠다면서 그를 데리고 밤중에 집을 나와 동네를 떠났다. 3개월 후 구 아산군 헌병대의 보조원이 준열의 집으로 와서 송만복의 행장을 조사하고 꼬치꼬치 묻는 등 야단법석을 떨었다. 그 사람들이 강도 행각을 하다가 붙잡혔다는 것이다. 마침 헌병대 통역으로 있던 사람이 형 상열과 양잠학교 동창인 관계로 상열이 일부러 찾아가서 석방 운동을 하였으나 뜻을 이루지 못하였다.

그 후 송만복의 행방을 몰랐다가 나중에 그가 살인강도 혐의로 13년간 복역하였고 현 서울시청 헌병청에 있다는 소식이 전해졌다. 그가 소식을 기다리고 있던 옛 시골집으로 편지를 보냈던 것이다. 형 상열이 송만복의 사정을 비로소 파악하고 얼마 후 저녁 무렵 헌병청으로 갔더니 촛불도 못 켜고 귀신들같이 서로 지껄이고 있다가 형 상열이 "송만복 씨를 찾아왔습니다."라고 하니 그 중 한 사람이 "이제 만복이는 살았구나."라고 하였다. 서로 반갑게 인사를 나누고 관계자와 협의를 거쳐 비로소 석방이 되었다.

당시 준열은 경성고보 2학년이었다. 송만복은 1년 후 학교 정문 앞에서 준열을 기다렸다가 "온양 시골로 처를 만나러 갑니다."라고 하면서 인사를 하였다. 이때 준열은 만복의 처가 다른 사람과 산다는 말을 끝내 전하지 않았다. 그는 시골에 갔다가 낙담을 하고 다시 서울로 와서 다른 여자와 동거하며 행상으로 생계를 꾸렸다고 한다.

송만복의 사례에서 볼 수 있듯이 당시 일제강점기 전후 시기에는 중농 규모의 농가에서도 거의 예외 없이 노비를 두었다. 준열이 아주 어린 시절의 일화로, 형 상열이 서울에 갔다오더니 아버지와 상의 후 대대로 전해져 오던 여자 종을 분가시켜 집에서 독립시켜 주는 조치를 단행하였다. 당시 온양 일대에서는 처음 있는 일이었다.

노비문제는 먼 옛날부터 조선시대까지를 관통하여 봉건사회의 모순 중 가장 첨예하고 심각한 사회문제 중 하나였다.

1801년(순조 1년) 공노비가 해방되고 1894년(고종 31년) 갑오개혁의 시행으로 적어도 '공식적으로는' 공·사의 모든 노비가 해방되었다. 그렇지만 법으로는 노비제도가 없어졌지만 그들이 독자적으로 경제생활을 해나가는 데는 어려운 문제가 놓여 있었다.

독자적 경제생활이 보장되지 못하면 노비들은 당연히 그 주인집에서 생활할 수밖에 없었다. 그 여자 종은 '어멈'이라고 불렀는데 훗날 노비에서 해방된 후 여술 고향집 앞에 주막을 차렸다. 주막을 차린 후 돈을 많이 벌어 준열이 독립운동으로 감옥에 갇혔을 때 형 상열은 외상으로 술을 마시기도 하였다. 그 어멈은 나이 어린 전 주인집 아이들에게 용돈을 주기도 하고 명절이면 집에 와서 어른들에게 큰 절을 올리기도 하였다.

어린 시절부터 집에서 노비를 보고 성장했고 이후 신학문을 접하면서 근대화 세례를 받게 된 준열은 노비 해방에 대해 어떤 생각을 갖고 있었을까. 훗날 이에 대해 다음과 같은 회고를 남겼다.

"얼마 전에 시골 사람으로부터 들은 이야기인데 지금은 초상이 나도 하인이 없어 큰일이라는 것이다. 할 수 없는 일이지만 자연 추세로 해방 후부터 완전히 양반과 상인 그리고 백정까지도 없이 무계급의 통일된 계급으로서 상례 시는 누구나 상여를 메고 혼례 시에도 가마를 메고 하여 서로 도와가며(호상 상조) 또 동네마다 애경사에 대한 결의계가 결성되어 서로 봉사중이라고 한다.

우리 집안일 뿐 아닐 것이다. 내 조카가 상경하여 말하는 중에 전일 집에서 부리던 '어멈'네 자식과도 다 같은 결의계에 들어가서 너나 할 것 없이 역사적 조류에 의하여 세계 파도 위에서 배를 같이 타고 파도 없는 신세계로 전진하는 노정이라고 생각이 된다. 아아! 반가운 일이다. 더 발전시킬 요소도 없지 않을 것이다."

이를 통해 준열이 일찍부터 사회문제에 눈을 떴고 진보적인 사상을 갖고 있었음을 짐작할 수 있다.

두둑한 배포와 강인한 성격

준열은 어린 시절부터 탁월한 문재를 보이면서 명민함을 과시하였다. 이와 함께 두둑한 배포와 강인한 정신력을 보여 준 일화를 많이 남겨 주위 어른들을 놀라게 하곤 하였다.

시골에서는 칠월 칠석에 가까운 동네 문장가를 방문하여 차작(借作 : 남에게 시문을 대신 짓게 하는 것)을 하여 그 글을 문장가 여러분을 초청해서 보이는 소위 '파접(罷接 : 글을 짓거나 책을 읽는 모임을 마침)'이라고 하는 주연을 여는 경우가 있었다. 그리고 그 주연에서 제일 잘된 작품을 골라 장원을 주면 그 아동이 끝으로 장원례를 하는 관습이 있었다.

준열의 어린 시절 어느 칠석날의 일이다. 차작을 하기 위하여 약 1.5리 떨어진 마을의 전 모라는 한학 대가의 집으로 나막신을 신고 준열과 5~6세 위인 김 모, 장 모 셋이 함께 가게 되었다. 마침 그 선생이 출타하여 집에 없었다. 한 시간 두 시간을 기다려도 선생이 돌아오지 않아 차작을 포기하고 부득이 집으로 돌아갈 수밖에 없었다. 때는 오후 3, 4시 무렵이었고 점심을 못 먹어서 배가 몹시 고팠다.

집으로 돌아오던 도중 길가에 큰 원두막이 하나 있었는데 텅 비어 있었다. 세 사람은 그곳에 머물렀다. 요기를 하기 위하여 김 모와 장 모를 원두막에서 기다리게 하고 준열이 혼자 참외밭에 들어가 냄새를 맡아 가면서 참외 10여 개를 따가지고 나와 함께 나누어 먹었다.

한참 참외를 먹고 있는데 어느 부부가 어린아이를 데리고 원두막에 와서 앉으며 "주인이 누구인지 참외 5, 6개만 따서 파슈" 하였다. 준열이 "원두막에 올라와 기다리슈" 하며 넉살 좋게 말하고는 혼자 참외밭으로 들어가 참외 다섯 개를 따다 주었다. 그들은 배가 고픈지 모두 잘 먹었다. 그 사이 일행인 김 모와 장 모 두 사람이 없어졌다. 뒷수습이 어려워 둘다 달음박질하여 집으로 도망쳤던 것이다. 그때까지도 원두막 주인은 오지 않았다.

참외를 먹은 부부가 "참외 값이 얼마유?"라고 물었다. 준열이 "참외 값은 그만두슈"라고 하니 그 사람들이 놀라 연신 "고맙다"고 하면서 돌아갔다. 배가 고파 남의 참외를 따먹은 자신의 처지나 그들의 처지가 같다고 생각하여 그렇게 말했던 것이다.

참외밭 주인을 기다려 사정을 말하고자 하여 좀 앉아 있었으나 주인이 끝내 오지 않았다. 결국 준열이 부득이 혼자 집으로 돌아와서 보니, 김 모와 장 모 두 사람은 없고 선생이 노발대발하며 "어린 놈이 남의 참외를 따서 팔아먹었냐"며 종아리를 때렸다. 사실을 잘 알지도 못한 두 사람이 돌아와 선생님에게 준열을 해꼬지하였던 것이다.

준열은 어린 시절부터 공부에 대한 욕심이 많았다. 그리고 분기탱천하는 의로움을 갖고 있어 비록 어른이고 스승이라고 해도 본인 스스로 용납하지 못하면 용감한 행동과 강력한 문제제기로 이어졌다.

매일 공부를 하던 사랑방에 어느 날 윤태선 선생이 목천에 사는 노인 한 분을 선생으로 모시고 왔다. 아침 식사 후 독서를 시작하려는데 선생님이 갑자기 책을 덮고 아침 식사 전에 배운 글을 한 명씩 외워보라고 하였다. 14~15명의 학생들이 같이 배우고 있었는데 준열만 혼자 다 외워 매를 맞지 않았다.

어느 해 겨울의 일이었다. 이때 글방은 준열의 윗집 김용여라는 사람의 사랑채였다. 아침에 주인 김 씨가 성난 얼굴로 들어오더니 선생에게 아이들이 짚더미 속에서 담배를 피운다며 그 아이를 단단히 혼내주라고 부탁하였다. 그리하여 선생이 아이들을 모아놓고 일일이 종아리를 치면서 실토를 하라고 하였다.

준열의 차례가 되어 성난 선생이 매를 들고 치려 할 때였다. 준열은 통감에서 배운 " '명기위적(明其爲賊)이라야 적내가복(敵乃可服)'4)이라는데 증거도 없이 무턱대고 때리면 어떻게 하느냐"고 큰소리를 치면서 매를 잡아 꺾고 문을 발길로 차고 도망쳐 집으로 왔다. 대문을 걸어 잠그고는 글방에서 심부름 온 아이들도 못 들어오게 하였다.

그리고 어머니에게 그간의 사정을 말씀드렸다. 어머니는 "그게 사실이라면 선생님께서 성급히 일을 처리하셨다."며 글방에 가서 사정을 충분히 이해시키고 선생 자신이 집에 와서 무마한 뒤에야 그 다음 날 다시 글방으로 갔다. 준열의 마음과 태도가 마치 개선장군 같았다.

준열의 강인한 정신력을 보여주는 실화로는 11세 때 1박 2일에 걸쳐 90km를 도보로 집까지 걸어온 사실에서 잘 나타난다.

당시 준열은 상급학교에 진학하기 위하여 20여 명의 온양보통학교 학생들과 상경한 지 45일이 지나고 있었다. 준열이 밖에 나가서 놀다 들어와 보니 사랑 댓돌에 삼으로 삼은 긴 미투리 신발이 놓여 있어 속으로 형 상열의 것이 아닐까 하여

---

4) 나쁜 점을 밝혀야 적이 가히 복종(납득)할 수 있다.

급히 안으로 들어갔더니 역시 반가운 형의 얼굴이 보였다.

형제는 반갑게 상봉한 후 다음 해 봄에 다시 상경하기로 하고 시골로 내려갈 준비를 하였다. 그러나 내려갈 노잣돈이 없어 형 상열이 원응상5) 씨를 찾아가 5원을 빌려왔다. 원응상 씨는 같은 고향 아산 출신으로 일본에 유학하여 게이오 의숙(慶應義塾)을 졸업하고 당시 탁지부 사세국장으로 있었다.

마침 이용태 판서 집에 동향인들이 모여 있었는데 차비가 없어 설을 쇠러 가지 못할 형편이었다. 그때는 백미 1되에 20전 하던 시절로, 천안에서 경성까지 3등 기차의 운임이 2원이었다. 그런데 그 사람들이 같이 가기를 청하고 상열도 이에 동의하여 도보로 천안까지 가기로 하였다. 11세밖에 안 된 준열이 갈 수 있을지 의문이 들었으나 그들의 간절한 청을 무시할 수 없었다.

한강 백사장을 터벅터벅 걸어서 한강나루를 건넜고 이어 남태령 고개를 넘어 과천에 도착하였다. 과천 주점에서 밥을 사먹고 사근내(현 의왕시)를 지나 지지대 고개를 넘어 수원에 도착하였다. 수원의 장안문과 팔달문을 지나 현재 수원비행장 근처에 있는 대황교 봉로방에 숙소를 잡고 하루를 묵었다.

다음 날 평택을 경유하여 오후 10시경에 갈산2리 집에

---

5) 호는 범석. 아산 출신. 1895년 11월 관비유학생으로 일본 게이오 의숙(慶應義塾) 보통과와 도쿄(東京) 법학원 등에서 수학하였다. 1902 년 탁지부 주사, 1907년 탁지부 사세국장 등을 역임하였다.

귀가하였다. 어린 준열은 마루에 앉으니 다리가 아파서 일어
날 수 없었고 어머니께 절조차 할 수 없을 정도로 기진맥진한
상태였다. 부축을 받아 안방으로 들어가 저녁을 먹고 그날
밤 바로 곯아떨어져 깊은 잠을 잤다. 무려 90여 km를 도보로
걷는 험난한 1박 2일의 여정이 비로소 끝난 셈이었다.

제2부

청년 시절의 꿈과 기개

상급학교 진학을 향한 열정(경성고등보통학교 입학)

어린 시절부터 탁월한 문재를 보인 준열이 마을에서 한문 공부에 열중하는 한편 온양보통학교를 다니면서 차츰 신학문을 접했다. 당연히 상급학교 진학을 향한 의지는 굳어 갔다. 부모님을 비롯하여 형과 마을 사람들 모두의 바람도 같았다.

보통학교를 마친 1908년 봄에 온양공립보통학교 20여 명과 함께 상급학교 진학을 위해 서울로 상경하였다. 당시 서울과 대도회지에 위치한 대표적인 학교를 꼽아 보면 공업시습소, 관립한성고등학교(1911년 경성고등보통학교, 1921년 경성제일고등보통학교, 1938년 경기공립중학교, 1951년 경기중·고등학교로 분리), 선린 상업, 수원 농림, 기호학교(현 중앙고등학교), 오산학교, 융희학교(폐교), 양정학교 등의 중학교가 있었다.

이 가운데 함께 상경한 온양공립보통학교 보습과 졸업생들과 제일 먼저 입학시험에 응시한 학교는 사립학교인 융희학교(유길준이 운영하던 학교로 1910년 기호학교에 병합)였다. 교사는 전 흥사단 건물이었고 시험 과목은 한문과 산술 2개 과목이었다.

한문 시험은 10여 칸의 대청마루에서 한학자들이 모여 사서 중에 맹자와 논어 등의 원본을 펼쳐 놓고 질문하는 방식이었다. 준열이 응시자 중에 제일 어린 13세였다. 차례가 되어 대청으로 올라가 논어 시험을 보는데, 옛날 서당에서 여러 차례 독파했던 문장이므로 큰 소리로 자신 있게 글을 읽으니 대청이 쩌렁쩌렁 울렸다. 주변에 있던 사람들이 몰려와서 재동이 나왔다고 탄성을 올렸다. 산술 시험은 다음 날 치렀다. 이명칠 씨가 지은 『산학통역』편 중 증수 4측에서 문제가 나왔다. 글방에 있을 때 수시로 자습하던 책이었다. 어려움은 전혀 없었고, 오후에 방이 났는데 당연히 합격되었다.

계속해서 다른 학교의 입학시험에도 응시했는데 기호학교 (김기중 등이 1908년 6월 설립)와 관립 한성고등학교에도 합격의 영광을 안았다. 사립학교인 배재와 휘문 등의 입학시험에는 응하지 않았다. 입학시험을 통과한 학교들을 놓고 이러저러한 고민한 끝에 준열은 관립 한성고등학교로 결정하였고, 형 상열은 공업시습소 간이공업학교에 통학하기로 하였다.

이제 본격적인 서울 유학 생활이 시작된 것이다. 처음에는 내무대신을 지낸 이용태 씨 집에 유숙하면서 그의 아들과 함께 공부하다가 얼마 후 중학동 부근으로 이전하여 형과 같이 지내게 되었다. 당시 1인당 1개월에 백미 4~5두(1인당) 가량 소요된 것으로 짐작되며, 그때부터 돈을 내고 밥을 사먹게 되었다.

형 상열은 공업시습소를 1년간 다닌 후 졸업하고 시골로 내려가게 되었다. 이에 준열은 다시 을지로에 있는 이판옥 씨의 집으로 거처를 옮겼다. 1년 후 이판옥 씨가 안성으로 이사를 감에 따라 준열은 홀로 월 6~7원의 비용이 드는 학생기숙사로 이동하였다.

서울에서 경성고보를 다니던 기간 내내 학업에만 열중할 수는 없었다. 집안 살림이 어렵고 물론 학비도 넉넉지 못하여 곤란을 겪은 적이 많았기 때문이다. 어느 날 철도국에서 전신 교환생을 모집한다는 광고를 보았다. 내용은 전신 교환생을 모집하여 6개월 간 연습을 시킨 후 각 역에 배치하는데 대우가 당시 판임관과 같았고 양복 제모까지 더 주었다. 응모 자격은 지정되어 있었는데 지원 가능한 학교는 법률전수학교(현 서울대학교 법대의 전신), 제1고보, 선린상업, 인천상업이었다. 응시생 중에는 각 학교 4년생도 있었지만 학년에 제한을 두지 않은 까닭에 고보 2학년이었던 준열도 응시하였다. 시험은 일본어 1개 과목뿐이었다. 응시한 80명 중 20명만이 합격하였고, 준열도 등수 안에 들었다. 이후 매일 출근하여 전신 교환생 훈련을 받았다.

그러던 중 2개월 후에 고향에 연락을 하니 부모를 비롯한 가족들로부터 교환생을 그만두고 복교해서 학업에 매진하라는 압박을 받았다. 많은 고민이 오갔지만 준열은 교환생 생활을 접고 밤을 새워 학업에 매진하였다. 고보를 졸업할 때까지의 생활은 집안의 학자금 지원으로 겨우 보충이 되었다. 준열은 오랜 서울 유학 생활 끝에 1914년 3월 23일, 경성고등보통학교 제10회로 졸업하였다. 74명의 졸업생 중에는 김준연(金俊淵)[1] 등이 있었다.

나라는 망했지만 가정은 꾸미고

서울 유학 생활이 2년째로 접어든 15세 준열의 머릿속은 학업과 생활비 같은 현실적인 고민에만 집중할 수 없었다. 나라 안과 밖의 흐름이 풍전등화의 위기에 놓여 있었기 때문이다. 반봉건과 반외세를 목표로 한 국내운동은 급속히 쇠락하는 반면, 일본을 위시한 영국, 러시아, 청, 미국 등의 외세는 조선을 향한 침략의 강도를 높이고 있었다.

1910년 여름에는 "융희사칠월이화락(隆熙四七月李花落)"[2] 이란 시구가 만연될 정도로 민심이 극도로 흉흉하였다. 결국 1910년 8월 29일 <한일병합에 관한 조칙과 칙유 및 병합 조약문>이 발표되어 한국 황제는 한국 전부에 관한 일체의

---

1) 1895~1971. 전남 영암 출신. 일본 도쿄 제국대학을 거쳐 1922년 독일 베를린 대학에서 연구하였다. 『조선일보』 모스크바 특파원과 『동아일보』 편집국장을 역임하고, 제3차 조선공산당 사건으로 7년간 투옥되었으며, 해방 후 한국민주당 간부로 활약하였다. 국회의원·법무부장관을 역임하고 1956년 민주당 최고위원, 이후 통일당 총재와 민중당 총재를 역임하였다.

2) 융희 4년 7월, 즉 1910년 7월에 이씨 조선의 꽃이 떨어진다는 뜻.

통치권을 완전하고 영구히 일본에 양여함을 선포하였다. 한마디로 나라의 운명이 남의 손에 들어간 셈이었다.

전국 각지에서 서울로 유학 온 학생들의 울분도 도처에서 분출하였다. 안국동 대동기숙사(종로경찰서 자리)에 있던 약 300여 명의 중등 학생들은 '나라가 망했는데 공부는 해서 무슨 소용이 있느냐'며 동대문, 남대문, 독립문으로 흩어져 개나리 봇짐을 싸고 귀향 길에 올랐다. 더욱이 전직 고관들은 대부분 작위를 받는가 하면 나라를 팔아먹은 5적이니 6적이니 하는 말들이 떠돌았다. 망국적인 탄식의 공기가 서울에 팽배하였다. 장지연이 「시일야방성대곡」이라는 사설을 써서 울분을 토로하는가 하면 이름 없는 많은 지사들이 할복자살하는 일이 속출하였다.

준열은 당시 이용태(李容泰)3) 판서의 집에 머물고 있었다. 그 집에는 양기탁(梁起鐸)4)과 여러 지사가 많이 출입하였다.

---

3) 1854~1922. 경기도 안성군 서리동 본리가 현주소인 것으로 보아 안성 출신으로 추정된다. 1885년 증광시 병과로 급제. 그 후 규장각 직각, 교서관 교리, 남양 부사, 장흥부사 등을 지낸 뒤 1894년 동학농민전쟁이 일어나자 고부민란을 진압하기 위한 책임자인 안핵사로 임명되었다. 그러나 진압 중에 농민들을 가혹하게 탄압하여 경북 금산군에 유배되었다. 1899년 평리원 재판장을 비롯하여 여러 관직을 거쳐 내부대신과 궁내부 특진관을 여러 차례 지냈다. 1905년 을사늑약에 반대하여 매국노를 처단하는 상소를 올리고 기금을 모금하던 중 체포되어 전라남도 지도로 유배되었다. 1910년 일제의 강제 병합 시 조선귀족령에 따라 남작의 작위를 받고 친일의 길로 들어섰다.

4) 1871~1938. 평남 강서군 쌍용면 출생. 1895년 선교사 게일(J. S. Gale)의

80

나라가 망하자 이용태 판서는 안성으로 낙향하면서 준열에게 함께 가서 자신의 아들 용환·용식과 한학을 공부하자고 제의하였다.

준열은 형 상열과 함께 탁지부 사세국장인 원응상 씨를 찾아가 안성으로 내려갈 속내를 말하였다. 그가 말하길, "나라가 망했는데 한문을 배우면 나라를 찾을 도리가 더 없으니 준열 군과 같이 문재가 있는 사람은 끝까지 학교를 다녀 개화한 학문을 배워 성공해야 한다," "이 판서는 시대를 모르는 사람이다"라고 하면서 낙향에 찬성하지 않았다. 준열은 이용태 판서의 제안을 정중히 거절했다.

일제의 본격적인 식민통치가 시작되면서 정치, 경제, 사회, 문화의 변동과 함께 교육제도에도 적지 않은 변화가 수반되었다. 한성고등학교도 폐지되어 경성제1고등보통학교로 개편되었는데 준열은 2학년으로 편입하였다. 10대 중반의 준열은

『한영자전』의 편찬을 도왔다. 1904년 영국인 베셀(E. T. Bethel)과 영자신문 『코리아 타임즈』를 발간하고 1905년 국한문 신문인 『대한매일신보』를 창간하고 주필이 되었다. 1907년 안창호와 신민회를 조직하고 1911년 '105인 사건'으로 4년간 복역하고, 1913년 총독 암살사건으로 수감되었다. 1915년 4월 출옥 후 북간도 및 러시아 방면으로 건너가 오동진·지청천 등과 독립운동을 전개하고 1925년 고려혁명당을 결성하여 정의부 무장투쟁을 지원하였다. 1931년 상하이로 건너가 1934년 대한민국 임시정부 국무위원으로 선임되었다. 국무위원회에서 주석으로 선출되어 1935년까지 재임하고 1938년 중국 장쑤 성에서 사망하였다.

홀로 여관에서 생활하는 가운데 민족적 울분을 깊이 간직하면서 학업에 매진하였다.

민족 구성원의 의지와는 달리 나라는 쓰러지고 망가졌지만, 개별 인간의 인생사는 정해진 이치에 따라 순리에 따라야 할 것이다. 20대 아니 30대가 대부분 넘어야 가정을 꾸리는 현 추세와는 달리 구한말에서 일제시대에는 남자건 여자건 10대 후반의 나이가 되면 자연스럽게 혼담이 오갔다. 준열은 16세인 경성고보 3학년 시절에 한씨 판서집과 안성으로 낙향한 민 참판가에서도 통혼이 있었으나 모두 집에서 반대하였다. 그러던 중 집에서는 목천군(현 천안시) 산골 처녀인 허씨가 배필로 적당하다며 편지를 보내는가 하면 형님이 직접 서울로 올라와 혼인을 간곡히 권유하였다.

준열은 장차 중국에 가서 공부하면서 애국운동을 할 큰 꿈을 갖고 있었기에 결혼 문제에는 큰 관심을 갖고 있지 않을 때였다. 그러나 사회의 추세와 부모 가족의 마음을 헤아려 얼마 뒤 마음을 달리 먹고 천안시 목천으로 가서 음력 9월 16일 구식 혼인식을 올렸다. 때는 1911년으로 준열이 고보 3학년 때였다.

배필로 맞이한 허정(許椗)의 가문은 유학자 집안으로 본관은 양천이다. 허정은 한글을 깨친 정도였으나 살림 잘하고 어느 모로 보나 현모양처였다. 가정을 꾸린 준열의 사회활동에 반대하거나 간섭한 경우는 없었고, 다만 평생 동안 가족간의 신구 융합에 신경쓰느라 크고 작은 마음 고생이 많았다. 부인과의 사이에는 2남 2녀를 두었다. 큰 아들 기홍은 태양신문사 업무국장, 통신사 등을 경영하다가 철강대리점 등을 운영하였다. 막내 기준은 공학박사로 서울대학교 교수와 총장을 역임하였다. 큰 딸 기인은 일본 교토 대학을 졸업하고 고려대학교 법정대학장을 지낸 윤세창과 혼인하였다. 둘째 딸 기훈은 서울 여의전 재학 당시 월북하여 평양에서 서울대학교 의대 출신 남편을 만나 혼인한 것으로 확인되었다.

경성공업전문학교에 진학하여 민족문제에 눈을 뜨다

준열은 경성고등보통학교를 졸업할 무렵 전문학교 진학, 외국 유학, 식민지 조국이 처한 현실에 대한 대응 등 여러 갈래의 길을 놓고 깊은 고민에 빠져 있었다.

그러던 중 고보를 마치기 전 3학년 때 목천 사람인 동창 곽찬석의 소개로 김완진을 만났다. 그는 중국 북경고등사범학교에 다니던 사람이었다. 그와 친밀한 관계를 유지하고 미리 중국어를 습득하기 위하여 야간에 장표동에 있는 중국어 강습소에 통학하여 일등으로 졸업하였다. 이듬해 학교를 마치고 중국 북경으로 가기로 결심하고 어학을 비롯하여 제반 준비를 착착 진행하였다.

졸업 후에 학교에서 준열이 습자를 잘 쓴다고 하여 강습부 문서과에서 판임관으로 임명하여 사령서 쓰는 일을 맡으라는 연락이 왔다. 그러나 중국으로 갈 마음을 갖고 있던 준열은 이에 응하지 않았다. 북경에 가서 학업을 계속하고 싶다는 꿈을 형 상열에게 말하고 상의하였다. 처음에는 말 한마디 없이 꿀먹은 벙어리더니 마침내 준열의 뜻에 수긍하고 "네 생각대로 하여 대성공이 있기를 바란다"며 아량과 동생 준열의 장래에 대한 기대감을 비추었다.

준열은 너무 기쁜 나머지 바로 천안에 있는 김완진을 찾아가 최종 결심을 알렸다. 1개월 후에 떠나기로 하고 그 사이에 여비와 학비를 마련하였다. 약속된 기일이 다가왔지만 어찌된 영문인지 김완진은 연락이 전혀 되지 않았다. 김완진과는 2개월 후에야 겨우 연락이 되었는데, 경남 어느 학교에 취직이 되었다는 것이다.

준열이 진학하려던 북경고등사범학교는 고보만 졸업하면 입학할 수 있었고 관비여서 학비는 무료였다. 준열은 학업은 물론 그곳에 있는 수많은 애국 선배들과 졸업 후 같이 활동할 수 있다고 생각하여 북경행을 결심하였던 것이다. 김완진의 배신으로 함께 가기로 한 북경행은 무산되지만, 근근이 기백 원의 노자를 준비해서 수많은 고생과 우여곡절 끝에 북경으로 갔다. 중국에서 3개월 동안 머물면서 많은 고민을 했지만 사정이 여의치 않아 준열은 배를 타고 귀국하였다. 다시 일본으로 유학할 의지도 가졌으나 학비의 어려움 때문에 실패하였다.

이후 한동안 고향에 머물면서 다양한 고민에 빠져 있었다. 그러던 어느 날 경성고보 교장으로부터 경성공업전문학교의 입학시험을 알리는 전보가 도착했다. 부친을 비롯한 가족들은 준열이 한동안 묵었던 보성학교 교감 김일 씨 집에 전보 내용을 바로 알렸다. 전보가 도착한 바로 다음 날이 입학 응시 시험을 마감하는 날이었다. 당시 준열은 학비가 부족하여 외국 유학도 어려워진 상황이었던지라 그 학교에 꼭 입학하고 싶었으나 시험 일자가 촉박하여 근심과 걱정에 휩싸였다. 경성공업전문학교는 우리나라 최초로 설립된 전문학교였다.

전보를 들고 내수사 사관에 있는 (경기)고보 교장 강원보 선생 댁을 찾아가 전보를 늦게 받게 된 사정을 말씀드리고 특별히 교섭하여 입학을 할 수 있게 해달라고 도움을 청했다. 선생은 공사 당국과 연락할 터이니 내일 아침에 학교로 오라고 하였다. 준열은 감사 인사를 드리고 그 다음 날 학교 교장실로 갔다. 교장선생은 그 학교로 가보라는 말뿐이었다.

준열은 그 길로 곧 이화여고 구교사로 갔다. 그날이 구두시험 날이었다. 시일 관계로 필기시험은 면제를 받았다. 준열은 경쟁률이 제일 높은 응용화학과에 지원하였다. 그러나 학교의 과장인 하라다(原田)가 토목과로 바꿔 지원하라고 다그쳤다.

이에 준열은 "제1고보 졸업생은 특전이 있는데 타과로 전과시키면 나로서는 불필요한 과를 다니느니 그만두겠다"며 분한 표정을 짓고 큰 소리로 말하였다. 옆에 있던 스즈키(佐佐木) 수신 선생이 부드러운 얼굴로 준열에게 내일 오전중에 학교에 나와보라고 하였다. 준열은 합격이 가능할 것 같아 고맙다고 말하고 나오니, 사무실에서는 우스운 사람 다 보겠다며 웃는 소리가 들렸다.

여관으로 돌아와 형에게 이런 이야기를 들려주니 상열은 십상팔구 합격하지 못할 것이라며 불안한 기색을 나타냈다. 그 다음 날 준열은 학교에 방을 보러 가서 응용화학과 합격자 명단에서 자신의 이름을 확인하였다. 기쁨은 이루 말할 수 없었다. 응용화학과에 모두 15명이 합격하였는데 조선인 5명, 일본인 10명이었다. 일주일 후 입학식을 치르고 완전한 공전 학도로서 첫걸음을 시작하였다.

준열의 공업전문학교 시절은 평탄치 못하였다. 반골 기질이 있었던데다 일본인에 대한 적개심이 남달랐기 때문이다. 입학한 지 제1주일이 되자 일본인 반장과 4, 5명이 점심시간에 뒷산으로 산보를 가자고 친절히 말을 걸었다. 동숭동 낙산 속으로 같이 가더니 함께 발길질을 하며 마구 때리기 시작했다. 준열은 혼자였던 까닭에 일방적으로 얻어맞을 수밖에 없었다. 그들 중 한 명이 말하기를, "네가 일본인을 멸시하여 실험실 청소도 한번 안하고 우리만 부려먹으니 이런 일이 있을 수 있느냐"며 "처음이라 이번에는 특별히 용서한다"면서 학교로 내려갔다.

준열은 그들과 말하기도 싫어하여 각 과를 통하여 일본인의 횡포에 항거하기 위하여 학교가 끝난 후 조선인 학생 전체를 뒷산으로 모이게 해서 맞은 사유를 설명하고 "나의 일이 곧 조선인 전체의 일이니 이런 일이 다시는 없도록 단체로 항거하자"고 절규하였다.

준열은 우선 "동맹휴학을 하자"고 주장하였으나 의견 통일이 이루어지지 않았다. 부득이 그는 후일 "그런 일이 또다시 생기면 다시 방법을 강구하자"며 일단 흩어졌다.

얼마 후 저항을 제대로 하기 위하여 핵심 단체가 필요함을 느끼고 일요일 어느 날 조선인 학생 전부가 신흥사에 모여 점심을 먹으며 '공우회'라는 단체를 결성하였다. 비밀결사체로 운영되었고 재무는 요업과에 다니는 허종환이, 간사는 주종선이, 단체의 회장은 준열이 맡았다. 회비를 매월 1인당 15전씩 졸업할 때까지 거두었고, 비밀이 탄로나지는 않았다. 학교에서는 『공우(工友)』라는 잡지를 발행하기도 하였다. 1920년대 일제가 시행한 문화통치 이후에 우리나라에서 첫 번째로 발행된 잡지는 휘문고 교장인 장 모 씨가 간행한 『효성

(曉星)』이었다.

졸업반 때의 일로 일본인 학생들과 같이 일본에 견학차 3주일 예정으로 떠난 적이 있었다. 나라(奈良)의 여관에서 저녁 때 각자 기십 원씩 돈을 내어 술을 먹었다. 술에 취하자 일본인 학생 3, 4명이 평소 자기들과 관계가 좋지 않았던 3, 4명을 구타하였다. 이를 보다 못한 준열이 일본인 학생 중 중심이 되는 사람과 담판을 벌이니, 여러 가지 면에서 자신들과 발이 맞지 않아 일본인 전체가 창피해서 보복을 한 것이라 하였다. 귀국하는 기차 안에서 회의를 하고 등교 후 대표 5, 6명을 선출하여 교무주임 우야라 씨 댁으로 찾아가 사건의 내용을 설명하였다. 그는 앞으로는 그런 일이 없도록 그 생도들에게 주의를 줄 것이라고 하여 그대로 귀가하였다.

어른을 받들고 종중의 전통을 복원하다

준열은 형 상열과의 애틋한 우애를 간직함과 동시에 집안 및 친지 어른을 공경하고 종중을 봉양하는 일에도 열성을 다할 정도로 고성 이씨 후손으로서의 자부심이 대단했다. 다음은 준열이 20대 전후에 어머니 기일에 방문한 조객에 대해 예우를 갖춘 과감한 행동과, 유실되었던 16대조 공안공 묘역을 회복한 실화를 재구성한 것이다.

준열의 고향 여술 앞에는 곡교천이 흐른다. 이 하천은 광덕

산과 연기군 쪽에서 소하천으로 이어져 탕정면 갈산리 부근에
서 큰 하천을 이루고 현충사 앞을 지나 아산만으로 흘러든다.
강의 폭은 거의 50m 이상이고 여름에는 큰 물이 나는 까닭에
건너기가 쉽지 않고 겨울에도 얼음이 얼어 건너기가 매우
불편하였다.

　장항선은 천안에서 장항으로 가는 철도인데 우선 온양까지
는 1922년 6월 개통되었다. 그러니까 때는 장항선이 생기기
훨씬 전이었다. 장항선의 천안과 온양 사이에 있는 조그만
모산역에 내려 약 5리 정도 가면 곡교천이 나오고, 이 내를
건너면 준열의 고향인 여술이란 동네에 다다른다. 준열은
경성고등보통학교 시절 겨울방학 때 어머니의 첫 번째 기일
(1916년)을 맞아 집에 머물고 있었다. 누가 와서 전갈하기를,
동리 앞 개천에서 조객이 내를 건너지 못하고 도로 갔으니
상주에게 전하라고 하였다. 그 조객은 당나귀를 갖고 와서
좁은 다리를 건널 수 없는 형편이었다. 개천은 수심이 4~5m
정도 되는데 얼음이 꺼질 위험이 있고 말까지 채찍질을 하여도
다루기 어려운 처지였다.

　준열이 형 상열과 나가 보니 준열 집안과는 의형제 사이로
매우 가까운 권혁래 면장이었다. 권 면장은 40리 가량 떨어져
사는데 일부러 인사를 하러 먼 길을 온 것이었다. 인사 후
부득이 돌아갈 수밖에 없다고 하였다. 때는 황혼이었다. 준열

이 억지로 만류하며 다리를 걷고 맨발로 당나귀의 고삐를 잡고 끌어당기며 개천의 얼음 위를 달렸다. 다행히 얼음은 꺼지지 않았다. 이를 옆에서 지켜본 권 면장은 어른에 대한 예를 갖출 목적으로 어려운 지형적 조건에서도 준열이 보여준 과감한 판단과 행동을 두고두고 극구 칭찬하였다.

준열이 고성 이씨 종중 일에 크게 기여한 것은 공전 1학년 때였다. 여름방학 때 시골집에 갔는데, 집안 어른들로부터 장단군(현 파주시) 상도면 고랑포 뒷산에 준열의 16대조인 공안공의 묘가 있었는데 잃어버렸다는 말을 들었다. 공안공은 세자의 빙부로 개성유수를 역임한 인물이었다. 조정에서 국장으로 예우하였고 조회를 철폐하고 사방 십리의 산판을 내렸다. 그러나 그 묘소는 이괄의 난 때 유실된 이후 종중에서 찾지 못하고 있던 상황이었다.

어느 날 장단군에 거주하던 이용신 진사가 집에 와서 공안공의 묘소가 있는 곳을 안다고 하였다. 집안 어른들은 방학이 되면 준열을 그곳으로 보내자고 의견을 모았다. 준열이 마침 1개월 이상 휴가였던지라 종중 사람 3~4인과 같이 기차로 장단에 도착하였다. 역에서 산소까지 40리가 넘는데 탈것[乘物]이 없어 걸어서 산소가 있다는 곳까지 가보니, 사패지인만큼 산소도 크고 좌우에 수목이 울창하였다. 서울에서 구경한 능과 맞먹을 정도로 훌륭하였다. 그들이 여기저기 구경을 하는데 산소 후방에 구멍이 크게 뚫려 있는 것을 보았다. 사람들 말이 묘역에 들어 있는 매장품이 도굴당한 흔적이라고 했다. 산소를 돌보는 사람이 없으니 그런 변이 생겼던 것이다.

산의 소유주는 100호 규모의 앞동네에 사는 심씨 성을 가진 사람이었다. 마을에 내려와 물어보니 한 50세 정도 되는 농부인데, 그 집을 방문했을 때는 마침 일하러 나가고 없었다. 어쩔 수 없이 명함을 맡기고 주막에 머물러 있었다. 저녁에 산 주인이 주막을 찾아와 인사를 나누고 묘역과 관련된 이야기를 나누었다.

원래 산소의 주인공은 고성 이씨로 공안공 이교연인데 인조반정 때 이괄의 난으로 관군과 전쟁하다 패하여 이천으로 도망하던 중에 참살되어 그 직계는 물론 방계 자손들까지 풍비박산되었던 사연을 세세히 들려주었다. 이후 300년 동안이나 종중에서 알 수 없었는데 지금 와서야 소재지를 확인하게 되어 종중의 큰 경사라는 말까지 하고, 너무 기쁜 나머지 온양에서 일부러 이곳까지 와보니 다행히 주인께서 여러 대를 통하여 보호하여 주셔서 무어라 감사의 말을 전할지 모르겠다는 인사도 아울러 전했다. 그간의 수고 비용은 후하게 주기로 하고 '지금부터는 종중의 산이 되었으니 주객지간이 서로 사이좋게 지내자'는 덕담을 주고받았다. 구체적인 문제는 나중에 다시 와서 상의하겠다고 하고서 술 몇 잔을 나누고 작별한 뒤에 종중 사람들은 장단읍으로 향했다. 당시 장단 군수가 준열이 경성제1고보에 다닐 때에 국어선생으로 있던 허성 씨였다. 준열은 군청으로 가서 인사를 올리고 저녁에 그 댁으로 가서 그간의 자초지종을 차분히 말씀드렸다.

그러자 허성 선생은 "다음 해 봄에 산림 측량이 시작되니 그리 알고 돌아가면 그대 집으로 통지하겠다"며 "그때 기술인을 같이 데려와서 입회하라"면서 "심씨 집안과 타결이 되면 자신도 여러 모로 응원하겠다"고 하였다. 준열은 일어나 감사를 드리고 연초 두 상자를 선사한 후 그 길로 온양 고향으로 돌아왔다.

준열이 문중 어른들에게 그동안의 일을 보고하니 모두 기뻐하였다. 이듬해 봄에 구체적인 측량이 실시되었는데, 준열은 학교를 결석할 수 없어 형 상열이 측량인 윤씨를 데리고 가서 일을 마무리지었다. 타협의 내용은 심씨가 관리하는 산 면적이 도합 30만 평이었는데, 산소 중심으로 약 6만 평을 고성 이씨 종중이 갖고 그 외는 전부 심씨 소유로 한다는 것이었다.

그 후에 종중 돈으로 봄과 가을에 제향을 올리고 산지기도 1명을 두어 그곳에서 살도록 하였다. 이 사실을 200여 호 가량 되는 포천과 서천 지역의 종중에게 통지해서 시향에 다들 모이도록 하였다. 공안공의 제일 큰 집이 서천파, 그 다음이 온양파, 셋째 집이 포천이었다. 장단군 내에는 행촌공, 도촌공, 공안공의 3위의 선현 묘역이 있어서 고성 이씨의 대묘지로 인정되던 곳이었다.

이후 모든 것을 온양파가 책임지고 관리하였는데 6·25전쟁 이후에는 산소가 미수복 지역으로 들어가는 바람에 소식이 끊겨 그 형편을 알지 못하고 있다.

3·1운동과 민족주의운동

동맹휴학 위원장으로 3·1운동을 이끌다

준열은 어린 시절부터 고향 아산에서 활빈당을 비롯한 반봉건의 흐름을 보고 느꼈고, 서울의 상급학교에 재학하면서 나라가 망하는 과정을 지켜본 바 있었다. 그 과정에서 근대화와 민족문제에 눈을 떴고 애국의 길로 한발 한발 더 들어가고 있었다. 본격적으로 사회운동에 뛰어든 것은 20대에 들어서였고, 특히 1919년 3·1운동[1]에 참여한 사실은 이후 준열의 현실 인식에 큰 영향을 미쳤다.

3·1독립만세운동 당시 준열은 공전학생 동맹휴학 위원장으로 피선되었다. 학생들과 서로 연락하고 오후 2시에 파고다 공원 북문으로 들어가니 운집한 군중이 대략 4000명을 헤아렸다. 거기에 중등학생은 많이 보이지 않았다. 조금 있으니 팔각정에서 북쪽을 바라보고 독립선언문을 낭독하는 사람이 있었는데 해주 출신인 정재용 씨였다.

선언문 낭독 후 시위 군중은 "대한독립 만세!"를 재차 부르

----

1) 일제의 폭압적인 식민통치에 전 민족적으로 항거하여 일어난 민족독립운동. 3·1운동이 일어나기 이전 당시 국제사회에서는 1917년 러시아혁명을 시발로 유럽 소수민족과 약소민족들이 독립운동을 전개하기 시작하였고, 미국의 윌슨 대통령이 제1차 세계대전 강화 원칙을 발표하면서 패전국가의 식민지 처리에 민족자결주의를 적용하자고 주창하였다. 이에 식민지 약소민족의 민족해방운동이 촉발되었고, 국내 민족운동가들은 정의와 인도의 원칙에 기대를 걸고 독립의 꿈을 실현시키고자 하였다.

며 공원 남문으로 몰려갔다. 2진으로 나뉘어 1진은 동대문으로, 또 다른 진은 서대문 방향이었다. 종로 파고다 공원 정문에서 종로4가까지 남녀노소가 흰 두루마리를 입고 있어 하얀색으로 뒤덮였다. 서대문으로 행진하던 도중 목이 말라 만세 부르기가 어려워서 상점에 들어가 냉수를 얻어먹으며 행진하자, 거리에는 시민들이 찬 물동이를 문 앞에 놓고 나누어주는 모습이 보였다.

그러면서 "만세를 왜 부르고, 무슨 일이 났느냐"고 질문들을 하였다. 시위대의 대답이 "파리 강화회의에서 대한 독립을 승낙받았다"며 기쁜 나머지 시가를 휩쓸고 다니는 것이라고 하였다.

이에 고무된 수많은 민중들이 큰 무리를 지어 종로에서 서대문까지 늘어서 있었다. 우선 프랑스 영사관에 가서 만세를 부르고 다음에는 미국 영사관에 들러 만세를 부르는데 얕은 담에는 어린 사람들이 올라가 만세를 불렀다.

이때 준열은 종로에서 김대우 군과 마주쳤고 담 위에 앉아 만세를 부르는 신태악(辛泰嶽)2) 변호사와도 눈인사를 나눴다.

---

2) 1902~1980. 함북 부령군 부곡면 출생. 1920년 경성공업전문학교를 졸업한 후 일본으로 건너가 교토 세이소쿠(正則) 영어학교에 입학한 후 1921년 귀국하여 오성학교 교사로 부임하였다. 조선청년연합회와 조선청년총동맹에 가맹하여 사회주의자로 활약하던 중 일본으로 건너가 공산단체 일월회에 가입하고, 1931년 와세다 대학을 졸업하고 고등문과시험에 합격하여 변호사가 되었다. 1941년 친일 활동단체인

그 길로 남대문역 광장으로 달렸다. 역 광장은 인산인해였다. 주변에는 평범한 복장을 한 형사와 헌병들이 수백에서 수천 명 미리 알고 와서 진을 치고 있었다.

당시 준열은 대열의 중간쯤에 끼어 있었던 까닭에 진퇴양난에 빠졌다. 진고개 남쪽 골목으로 빠져나가 한양공원으로 갔다. 거기서 일본인 여자 몇 명이 "무슨 일이 있는가, 조선인들이 왜 저렇게 소란을 피우느냐"고 물었다. 이에 준열은 "대한독립이 파리 강화회의에서 결정되어 독립만세를 높이 부르며 방방곡곡에서 환호하는 도중이니 당신들은 급히 도망하는 것이 안전할 것이다"라고 대답하였다. 그녀들은 반신반의하는 얼굴로 급하게 걸음을 옮겼다.

운집한 군중들은 헤아리기 어려울 정도로 많았는데, 족히 2만 명은 넘어 보였고 각 방면으로 분산하여 만세를 소리 높여 외치는 가운데 3월 1일의 만세 행진은 끝났다. 준열은 헌병이 서 있는 종로로 향했다. 헌병들이 만세 부르던 사람 여러 명을 묶고 말 위에서 끌고 가는 것을 보았다. 여인숙에 당도하니 때는 오후 8시경이었다. 집 식모를 보고 무슨 말을 하고자 했으나 목이 쉬어서 목소리가 나오지 않았다. 저녁을

임전보국단에 가입하여 적극적으로 활동하고, 1945년 매국노인 박춘금이 주도한 대의당에 가입하였다. 1949년 이승만을 지지하는 대한국민당 선전부장, 1953년 자유당 감찰위원, 1958년 대한변호사협회 회장, 1966년 신민당 운영위원장, 1971년 국민당 정무위원을 역임하였다.

먹고 쓰러져 정신없이 잠에 곯아떨어졌다.

다음 날 준열은 동지들의 집을 찾아갔지만 대부분 볼 수 없었다. 이어 3월 4일 오전 9시에 남대문역 광장에 모여 제2차 만세를 부르기로 각 동지들에게 연락하고 당일 약속 장소인 남대문역으로 갔다. 학생들은 4일 고종의 인산이 끝난 것을 계기로 민중이 쉽게 많이 모일 수 있는 남대문역 광장을 택했지만 일본 헌병들이 이를 미리 파악하고 있던 까닭에 수많은 동지들이 검거되는 운명에 처했다. 되돌아서 남대문을 지나 본정(이현, 지금의 명동)에 있는 한일서방 앞까지 오니 헌병들이 통행을 막고 자동차 위에서 총 끝에 검을 꽂고 앞으로 나아가는 사람들을 찔렀다. 앞 줄의 몇 사람이 쓰러지자 대열이 흩어져서 후퇴하기 시작하였다. 남대문역에서 제2차 만세 운동에 실패한 후 시위대는 뿔뿔이 흩어졌다.

준열이 내수사 기숙사로 가보니 주인 여자가 말하기를 "곧 나가라"고 하였다. 이유를 물으니 "당신 친구 5~6명이 와서 기다리고 있었다"며 종로경찰서 형사 두 명이 와서 당신을 찾는데 '없다'고 하니까 방에 있는 인장을 일일이 조사하고 갔으니 "이곳에 있지 말라"고 주의를 주었다.

그 말을 듣고 동대문 근처 아는 사람의 집으로 가서 제3차 만세운동 장소를 경성부청 앞 광장으로 몰래 정했다. 당일인 3월 6일 8시경에 약속 장소로 갔다. 헌병들이 모여든 사람을 마구 쳐서 피가 낭자한 사람이 하나둘이 아니었다. 우선 죽어가는 사람을 업고 또는 끌고 인근 병원으로 옮기는데 시간이 갈수록 그 수가 늘어만 가고 다시 그 광장에 모이기는 어려웠다.

준열은 동지들과 밀회하여 각 중학교와 여학교를 연결하여 각 동 단위로 만세를 부르기로 하고 한편으로 인왕산 꼭대기에서 봉화를 올리기로 하여 이를 각 지방에 알렸다. 이때에 각 동리 단위로 퍼져 있는 팔괘라는 택견인들이 봉기하여 전차에 돌을 던져 운행이 불가능하였다. 동네마다 청년 단위로 파출소에 돌을 던져 파괴하였다. 경찰들은 외출이 불가능하였다. 배후에서 일주일을 숨어지내며 독립선언문을 바짓가랑이에 넣어 각 방에 투입하는 등 운동을 지도하는 한편, 운동이 지방 각지로 확산되도록 동지들 수십 명이 역할을 분담하였다.

시장을 이용하기도 하고 깊은 밤에 산에 올라 봉화 만세 부르기를 기십일 계속하였다. 준열은 전북 금산에 조씨라는 아는 사람을 찾아가 운동자금을 모아 시위 확산을 꾀했다. 밤중에 금산에서 회덕역까지 걸어와서 기차를 타고 서울로 왔다. 다시 충남 지방으로 돌아다니며 만세를 선동하다가 검거를 피하여 또 서울로 와 동지들을 만나서 운동의 확대를 도모하였으나, 기간이 길어지고 검거가 강화되어 가자 차츰

3·1운동의 열기가 식어가는 것을 느낄 수 있었다.

전문학교 대표와 만세를 부르다가 검거된 수백 명은 거의 수감이 되었다. 준열은 행인지 불행인지 지방으로 돌아다닌 관계로 검거를 피하였다. 1919년 후반기에 재판이 벌어졌는데 대부분 집행유예로 나와 함께 시위에 참여한 동지들은 반가운 얼굴로 환호 상봉하게 되었다. 검거된 학생 중에는 집행유예 또는 경범죄로 복역한 경우가 많았다. 하지만 옥사한 사람도 더러 있었다.

서울에서 시작되어 전국으로 파급된 3·1운동의 거센 흐름 속에서 시위에 주도적으로 참여한 많은 학생들이 졸업시험을 보지 못했다. 그렇지만 졸업장을 개인에게 주게 되어 집행유예로 나온 친구들과 검거되지 않은 학생들은 졸업장을 받고 전문학교를 마칠 수 있었다.

상해임시정부의 군자금 모집 활동

3·1운동은 일제의 간담을 서늘하게 했지만 결국 소기의 성과를 보지 못하고 끝났다. 이후 그 열기를 계승하기 위해 한편에서는 임시정부를 건립하고자 기독교도를 중심으로 서울에 모여 선거를 실시했는데 이승만이 대통령으로 선정되었다. 그 외 여러 사람들이 상해에 임시정부를 조직할 준비를 하고 있다는 소식이 전해졌다.

준열은 무슨 방법으로든지 중국으로 갈 뜻을 굳혔다. 시위가 잠잠해진 후 집에서 소일을 하고 있던 준열은 평소 알고 지내던 광산인 이근식을 찾아가 중국으로의 밀행을 도모하였다. 그의 안내로 두루마기에 개가죽 5매를 사서 메고 선천을 경유해 신의주까지 갔다.

광산인이 경영하는 명월관 내실에 들어가 1박하고, 그 다음 날 저녁에 여권을 지니고 그와 함께 안동현으로 건너갔다. 명월관의 기생들 숙소에서 유숙하는데 새벽이 되니 기생들끼리 서로 가려워 죽겠다고 하면서 일어로 '시라미 닥상, 시라미 닥상'이라는 말로 놀려댔다. 이 말은 '이가 많다'는 뜻이다. 십수 일 동안 내복도 갈아입지 못하고 목욕도 못하였으니 그런 말이 나오는 것도 무리는 아니었다.

안동현 여인숙에 머무르며 이제나 저제나 서울로부터 노자가 도착하기를 기다렸으나 끝내 오지 않았다. 일제의 철통같은 우편 검열로 인하여 한인들이 중국에 송금을 하려 해도 불가능했기 때문이다. 부득이 준열은 봉천에 남고, 이근식은 상해로 가서 1개월 후에 돌아왔다.

당시 상해임시정부는 재정이 고갈되어 심각한 곤경에 처해 있었다. 이에 봉천에 남아 있던 준열은 삼남 지방 재정 연락관이라는 명함판으로 된 임명장을 받았다. 훗날 준열이 남긴 회고록에서도 상해임시정부의 군자금 조달과 관련하여 서술

한 내용이 있다.

> "이 임명장은 재무를 맡아보던 이시영 선생의 밀서를 가지고 어떤 사람이 서울로 왔다. 삼남 민정 특파원이라는 사령장(명함판)을 받았다."

위 서술로 보건대 준열은 서울에서 임명장을 받았다고 기억하고 있었던 것 같은데, 당시의 여러 현황을 종합해 보면 봉천에서 받았을 확률이 높다. 중요한 것은 서울이건 봉천이건 준열이 삼남 지방에서 상해임정의 군자금 조달과 관련된 중요한 역할을 수행했다는 점이다.

임명장을 받은 준열은 여러 계획을 세워 임명장을 지니고 밤에 신의주로 몰래 들어와서 광산까지 걸어갔다. 그리고 이근식의 집에서 3~4일 있다가 기차로 금천을 거쳐 서울로 들어왔다. 우선 충남을 비롯한 지역에서 유능한 사람들을 군대표로 하여 자금 조달과 연락 임무를 위촉하고 비밀리에 활동을 시작하였다.

어느 날 한 시골 마을에 밀행을 하여 남씨라는 성을 가진 면장과 연락이 되었다. 그 집에서 명함판 임명장을 보이고 "상해임시정부가 설립된 후 삼남 각지에서 군자금을 모집하고 있으니 자금을 모아 보내는 운동을 방방곡곡에서 벌이자"고 제의하였다.

남 면장은 나이가 좀 많아서 그런 일에 적당할 것으로 생각하여 사정을 말한 것인데 "나는 곤란하지만 나의 친지나 인주 면장인 이 모가 있다. 그런 일이라면 나라 일이므로 응낙을 할 것이오"라며 연락을 취하겠다고 하였다.

이렇듯 중국에 뜻을 두고 상해임시정부의 군자금 조달과 관련된 활동을 부지런히 하면서 한때 취업을 한 적이 있었다. 고향 집에 거의 반년 가량을 머물러 있었는데 경성공업전문학교 학교과장으로부터 전보 1통이 왔다. 의주 왕자(王字)제지회사 기술자로 부임하라는 것이었다. 비슷한 시기에 또 보성중학교 교감 김일 씨로부터 선천 신성중학교 물리교사로 부임해 달라는 요청을 받았다.

준열은 고민하다가 신성중학교는 주목을 많이 받는 곳이라 단념하고 제지공장을 선택하였다. 상무과장이 말하기를 자기 회사에 한인이 수천 명 있는데, 그 사람들을 통솔 지도할 한인 사원이 필요하다고 하였다. 한인으로서는 취직하기 어려운 곳이었는데, 과장은 준열을 그 적임자로 판단하였던 것이다.

준열은 속으로 신의주라면 중국과의 국경지대이고 큰 강 하나만 건너면 안동현 땅이니 중국 상해로 가기 쉬울 것이라 판단하여 요청을 수용하였다. 부임해 있는 동안 한인들을 모아 야학도 하고 초등과 중등 과정의 교육을 실시하였다.

한편 금주회를 조직하여 술을 엄격히 금지하였다. 준열이 금주회장이 되어 명령체계를 세워 생활하는 도중 신의주 정차장 지하도에 어느 날 밤 폭탄이 투하되는 사건이 일어났다.

당연히 신의주 일대에 비상이 걸렸다. 다음 날 아침 경찰서 형사대가 몰려왔고, 준열은 동료 직원들과 함께 검거되어 서에 구금되었다. 형사대는 회사의 화학 실습 연구실에서 폭탄을 만들어 사용자에게 제공해 주었을 것이라는 억측 하에 제지공장 사원 7~8명을 일시에 검거하였던 것이다. 십여 일 동안 모진 고문을 받았지만 증거가 없어 2, 3명만 남기고 대부분이 석방되었다. 석방된 뒤 준열은 바로 고향에 다녀온다고 하고 서울로 와서 우편으로 사임서를 우송해 버리고 회사를 그만두었다.

식민지 청년이 겪을 수밖에 없는 슬픈 이야기이다. 그만큼 준열의 민족적 울분은 커져만 갔고 독립에 대한 의지도 더욱 강해졌다.

중국과 일본에서 불태운 독립의지

준열은 국내보다는 국외에서 독립운동에 대한 활로를 모색하였다. 그는 임시정부가 있는 상해로 가기로 마음먹었지만 여권은 물론 돈도 없었다. 마침 아는 사람 가운데 동향 사람으로 민원식과 민흥식이라는 사람이 있었다. 두 사람은 중국어도 전혀 모르고 중국 구경도 못해 본 사람이었다. 반면에 여권은 쉽게 만들 수 있는 사람이었다.

두 사람 말고도 고종사촌의 소개로 강화에 사는 송두열이라는 청년을 알게 되어 세 사람분의 노자를 대주는 조건으로 북경만 구경하고 돌아오기로 약속하고 함께 중국으로 떠났다. 준열은 이 사실을 집뿐만 아니라 지인에게도 알리지 않았다.

중국에 함께 간 민 군의 목적은 상해나 남경으로 가서 공부하는 것이었고, 준열 자신은 일단 북경의 분위기와 주변 구경만 한다는 약속 하에 여권을 얻을 수 있었다. 조선을 출발하여 봉천서탑 한인 숙사에서 1박하고 그 다음 날 북경에서 대궐도 구경하고 천진항에 있는 장안여관에 투숙하여 3일 동안 천진을 두루 구경하였다.

그 과정에서 준열은 민 군과는 의견이 너무 맞지 않는 것 같아 하루속히 헤어지는 편이 좋겠다고 생각하였다. 일단 여비를 각자 서로 나누고 하루 더 생각한 후 밤차로 제남을 거쳐 남경행 기차로 하관까지 갔다.

남경에 있는 금릉대학에 가서 몽양 여운형 선생을 찾았으나 요즈음은 상해 거류민단 한인처장으로 있다는 말을 들었다. 가서 보니 남경은 전란의 피해가 심각하였다. 준열은 부두로 나와 황포행 기선을 탔다. 운임이 기차보다 싸서 배 안에서 1박하고 상해 황포강 부두에 도착하여 하선하였다. 중국 여인

숙에 투숙하여 1박 후 소문을 들은 대로 불란서 조계의 한인 거류지로 갔다. 이곳 건물은 성교회에서 2층으로 간단하게 지어 싸게 빌려주는 곳이었는데 건물이 열을 지어 늘어서 있었다.

준열은 중국 땅에 온 후 처음으로 한식을 먹었다. 식대는 매우 저렴하였다. 아침은 소병이라는 만두를 5개씩 뜨거운 물과 함께 먹고 저녁만 여인숙에서 먹고 잠을 잤다. 함께 간 송 군은 중국 중학교에 다니며 영어 공부에 열중하였다. 얼마 뒤 준열이 임시정부 사무실을 찾아갔는데 2층집 문이 닫혀 있었다. 이리저리 사정을 알아보기 위하여 삼익대학에 다니며 영어를 배웠다.

이후 준열은 1년 넘게 상해에 머물렀다. 처음에는 짧은 시간을 체류할 생각으로 중국행을 결심했지만 막상 와서 보니 애국지사들의 동선도 파악하고 싶었고 본인 역시 그 흐름에 점점 빠져들게 되었다.

그곳에서 전 임시정부 재무장관 이시영(李始榮)[1] 선생을 대면하였고 그의 총애를 받으면서 자주 왕래하였다. 일본 경찰은 대표적인 독립운동가의 이러한 관계를 파악하고 있었

---

1) 1869~1953. 자는 성옹(聖翁), 호는 성재(省齋), 서울 출신. 독립운동가이자 정치인. 상해에서의 인연으로 1948년 대한민국정부 수립시 부통령이었던 이시영은 송강을 초대 상공부 장관으로 추천하여 내정하였다. 그러나 송강은 단독정부에 반대하는 입장에서 이 제의를 거부하였다.

다. 일본 외무성 외교사료관에 소장되어 있는 1920년(大正
9) 9월 30일자 자료에는 준열을 '밀정'으로 표현하고 있다.

한편 임시정부 요인들은 대부분 흩어져서 극도로 궁핍한
생활을 하고 있어서 장개석 정부에서 그 세가 점차 약해지고
있었다. 또한 이제 막 세력을 키우고 있던 좌익 상해파가
있어서 서시베리아는 물론 해외 각지에서 좌우투쟁이 날로
심각해져 가는 상황이었다. 국무총리 이동휘 씨는 소련에
머물고 있었고 노백린 장군은 서거하고 생존해 있던 몇몇
사람들의 생활 상태는 말로 형언할 수 없을 정도로 비참했다.

1년 넘게 상해에 머물던 준열은 영어나 배우고 있는 것이
무의미함을 깨닫고 일본으로 건너가 노동운동을 해볼 생각으
로 밀항선을 타기로 하였다. 상해에 있는 송두열 군과는 눈물
로 작별을 하고 배를 타고 3일 만에 일본 나가사키 항에 도착하
였다.

나가사키 항에서 내려 오사카로 가려고 했으나 그 꿈은
산산히 부서졌다. 배에서 내리자마자 형사 2인이 준열을 수상
선 3층으로 인솔해 가서 독방에 가두었다. 한참 만에 누추한
차림의 한국인 한 사람이 들어왔다.

"나도 상해에서 오다가 검거되었소" 하며 "상해에 있을
때에 임시정부에서 이일 저일 하다 귀국하려고 나가사키에
왔는데 형사에게 붙잡혀 이곳에서 고생하고 있소"라고 하면

서 친근하게 달라붙었다.

준열은 그가 자신을 정탐하려 한다는 낌새를 금방 알아차렸다. 잠시 후 형사 두 명이 큰 사진첩을 한 아름 들고 와서는 준열의 얼굴과 하나하나 대조해 나갔다. 아침 식사 후 준열은 한국으로 보내졌고 종로서 구치감에 갇히는 신세가 되었다. 그리고 1주일 동안을 갇혀 있었으나 아무 증거가 없었기 때문에 출감하였다.

경찰서를 나와서 민홍식 집으로 찾아가 그를 만났다. 민홍식은 천진에서 북경으로, 다시 천진에 가서 각지를 찾아다니는 동안 발이 다 부르트고 고생한 일을, 준열은 상해에 가서 영어 공부를 하다 나가사키에서 검거되어 귀국한 일 등을 서로 늘어놓았다. 서로간에 지난 일은 원망하지 말자고 하면서 사흘을 쉬고 고향으로 내려왔다.

이후 준열은 일본 경찰들에게 항시 요시찰 인물로 주목을 받게 된다. 그의 일거수 일투족이 모두 경찰의 감시망에 들어가는 주요 인물로 부각되었던 것이다.

제4부

무산자교육기관 '고학당'

3·1운동 이후 고학의 열기와 고학당

송강이 직접 작명한 고학당(苦學堂)은, 교명에 명시되어 있듯이 고학생들을 위한 학당으로 애초에는 1920년대 고학생 구제를 목적으로 설립되었다. 1920년대는 통상 문화통치시대 혹은 신문화, 신청년, 신여성의 시대라고도 일컫는다. 민족주의 진영에서는 "배워야 산다"라는 구호를 내세우며 실력양성론을 주창하였다. 이 새로운 '문화정치' 시대의 어두운 그림자로 무산계급 청년의 가출과 '고학(苦學)'의 풍경이 그려졌다.

1910년대만 하더라도 조선인들은 일제가 세운 보통학교를 기피하고 서당에서 공부하는 경향이 대세였다. 그러다 보니 매년 입학기가 되면 일본인 교사와 면서기, 경찰이 3인 1조를 이루어 서당을 덮쳐 아동들을 보통학교로 강제 취학시키는 일도 있었다. 그러니 조선인들은 서당 공부를 할 때 망을 보기 위해 보초를 세워두기도 하였다. 학비도 면제해 주고 학용품도 공짜로 준다고 설득해 보아도 조선인들의 반응은 여전히 냉담하기만 했다. 보통학교에 취학한 아동들이 머리를 깎고 체조를 하고 노래를 부르자, 사람들은 신식학교는 일본 병정을 만드는 곳이라고 여겼다. 그래서 행여 손주가 보통학교에 강제 취학하게 되면 할아버지, 할머니가 학교운동장에 주저앉아서 통곡을 하기도 하였다.

그러나 3·1운동이 끝나자마자 상황은 갑자기 역전되었다.

매년 입학기마다 입학지원자가 쇄도하여 학교는 문전성시를 이루었다. 부득이 보통학교에서는 멘탈 테스트(mental test)를 통해 입학지원자를 선발하였다. 조선인들은 이 보통학교 선발 제도를 '명태알 테스트'라며 비꼬기도 하였다. 배우려는 열기는 폭발하였으나 취학의 기회가 절대적으로 부족하였다. 1918년부터 3면1교제가 실시되었으나 1922년까지 보통학교 취학률은 10%를 넘지 못하였다. 중등교육과 고등교육의 취학 기회는 거의 빈약한 수준이었다. 1922년에 초등교육, 중등교육, 고등교육의 인구 만 명당 취학자 수는 각각 138명, 5.2명, 0.2명이었다. 보통학교 취학자가 증가하면서 특히 문제가 된 것은 중학교 입시난이었다. 1920년대 초반 고등보통학교의 1/3, 여자고등보통학교의 1/2은 경성에 집중되어 있었다. 1922년의 경성부 중학교 입학경쟁률은 약 5 : 1에 육박하였다. 당연히 중등학교 입학 기회는 모두 상층계급이 독식하였다. 당시 중학생의 1개월 수학 비용은 약 25원이었는데, 이는 일반 노동자들의 한 달 임금에 버금하였다. 그러나 이러한 객관적 제약조건도 배우려는 의지 자체를 냉각시키지는 못했다. 무산계급 출신의 청년들은 '고학'을 통해 성공하겠다는 포부를 안고 팔도 각지에서 상경하여, 고학생 숫자는 1920년의 180명에서 1923년 이후 약 2000명 수준으로 급증하였다. 그 중에는 여자 고학생들도 약 300명이나 되었다.

"저는 싀골서 보통학교에 단기엿스나 열두 살에 졸업을 하고
난 즉 다시는 문 밧게 한 걸름을 아니 보내시고 싀집갈 준비를
식히시엿슴니다. 그래서 지복에 갓처 안저서 그냥 저냥 사 년
동안을 보내다가 열여섯 살 되는 해 봄에 싀집가라는 핍박은
우심하고 공부하려는 욕심은 불ㅅ길 갓고 하야 서울로 도망하야
올나왓슴니다."(朱麟碩, 「속깊이 뭇어주신 한 가지 정신」, 『新女
性』 1924년 3월호, 39쪽)

고학을 통한 '성공'과 좌절

청년들에게 '고학을 통한 성공'이라는 모토가 유행하면서
고학의 열기는 날이 갈수록 고조되었다. 당시 청년들에게는
걸식하면서 성공한 한신과 인쇄직공 출신으로 대통령이 된
하딩이 고학을 통한 성공의 모델이었다. 고학은 빈곤한 청년들
에게 희망의 빛줄기처럼 느껴졌다. 『조선일보』, 『동아일보』
등 민족주의 언론지들은 실력양성론을 전파하면서 '자조수학'
하는 고학생들을 실력양성론의 상징적 존재로서 언급하며
그들의 동정을 연일 보도하였다.

"아 고학의 명칭이여. 얼마나 신성하며 또한 유혹적인가. 당대
이 소녀남녀가 만강의 열혈을 약케 함도 결코 무리가 아니로다."
(『동아일보』 1923년 6월 21일)

그러나 실상을 보면, 상경한 고학생들이 고학을 통해 성공

할 가능성은 매우 희박했다. 주경야독하는 고학생들은 아침에는 우유나 신문 배달을 하고 저녁이 되면 일제히 경성 시내 번화가로 쏟아져 나와서 보따리를 들고 술집이나 여관 손님들을 대상으로 약, 만두, 엿, 학용품 같은 물건을 팔았다. 어떤 고학생들은 여관의 사환이나 공장노동자, 인력거, 일용직 노동자로 일하였다. 이들의 존재는 1920년대 대도시의 일상적인 풍경이 되었다. 시내 여관의 한 투숙객은 하룻밤에 평균 10명의 고학생들의 방문을 받기도 하였다. 유흥업소에서 술을 마시고 있던 부르주아 학생들은 물건을 팔기 위해 밀실 커튼을 열어젖힌 이 불청객들에게 미안한 마음이 들었던지 "꼭 성공하라"는 덕담과 함께 물건도 받지 않고 그냥 돈을 내주기도 하였다. 하지만 강매와 다를 바 없는 고학생들의 집요한 매상 행위 때문에 짜증이 난 손님들과 종종 시비가 붙어 몸싸움이 벌어지기도 하였다. 고학생들은 자신들의 '경제 활동'에 대해 당당하였으며 수치심 따위는 전혀 느끼지 않았다. 만약 손님이 일본 사람이라면 고학생이라는 끈끈한 연대의식으로 안면부지의 동료 고학생들이 몰려들어 동료를 도와 함께 패싸움을 벌이기도 하였다.

고학생들 가운데는 돈이 없어서 노숙하는 경우도 많았는데, 운이 좋으면 '고학생갈돕회'나 '여자고학생상조회'에서 마련한 기숙사에서 잠을 자기도 했다. 어떤 고학생들은 화광

원 같은 노동자 합숙소에서 하루에 5전씩을 내고 지내기도 하였다. 이곳에 거주하는 고학생들은 조밥과 소금국을 먹었는데 한 달 생활비가 3원이었으며 며칠씩 끼니를 거르는 일은 빈번했다. 고학생갈돕회 소속 고학생들의 생활상도 별반 다르지 않았다. 효자동에 있는 갈돕회 기숙사에는 100명의 남자 고학생들이 기거하였는데 한 끼 식대료 9전을 내지 못하는 학생들이 평균 1/3 정도 되었다. 고학생들은 전기세를 내지 못해 밤에는 깜깜한 어둠 속에서 지냈다. 갈돕회 고학생들은 함께 양말공장도 운영하고, '갈돕 만두'를 만들어 팔고, 순회연극회나 강연회를 통해 모금 활동도 하였다. 그렇지만 사선에선 그들의 생활고는 여전히 극복되기 어려웠다. 그렇다고 해서 고진감래의 결과가 주어진 것도 아니었다. 경성 고학생들은 대부분 학비를 지불할 수 없어서 비인가 사설교육기관이나 강습소에서 공부를 했고, 약 10%만이 정규 교육기관에 재학하였다. 상황이 이러한지라 그야말로 '고학'의 생활을 버티지 못해 귀향하는 경우도 많았으며, 비관 자살하는 고학생들의 사건 사고가 종종 신문지상에 보도되기도 하였다.

국내 학원 설립에 뜻을 두다

송강은 중국과 일본에서 펼치려던 독립운동의 꿈을 접고 국내에서 새로운 방향을 모색하였다. 1922년 어느 날 경성고공 동창 최의창 군을 거리에서 만나 다방에서 앞으로 어떻게 살 것인가에 대해 논의하였다. 최 군은 신문사를 그만두고 전공한 화공 기술을 응용하여 보급시킬 수 있는 공예 관련 학원을 같이 설립하자고 권고하였다. 송강도 지금은 놀고 있다면서 학원 설립에 뜻을 함께했다.

자금은 충남 당진에 사는 송 모를 끌어들여 2000원 정도를 마련하기로 하고 4~5인이 발기하여 구사관 돈화문 앞 2층집을 얻어 학원을 열었다. 학생을 모집하니 의외로 많은 사람들이 몰려들었다. 같은 해 가을 송강은 대구에 지원을 하나 개설할 목적으로 대구로 내려갔다.

여관에 투숙하였는데 그 집 주인이 박상진1) 선생의 친동생인 박상○이었다. 그는 송강이 경성고보를 다니던 시절부터 알고 지냈으며 특별히 송강을 아꼈다.

어느 날 여관에 박상진 선생의 아들로 보이는 박 모가 찾아왔다. 그는 대구의 중학교 학생이었는데 송강이 묵고 있던 방을 자주 찾아와 친해졌다. 한 번은 그가 외국에 갈 수 있는 방법에 대해 물었다. 송강은 외국행 출국 허가는 불가능하며 경찰의 눈을 피해 밀항을 하는 방법이 있지만

---

1) 박상진은 조선독립을 목적으로 광복단을 조직하고 만주를 왕래하면서 국내 각처를 돌며 부호들을 협박하여 군자금을 모금하고 있었다. 그는 경상북도 칠곡군의 갑부 장승원을 협박하였다가 거부당하자 그를 살해하였다. 박상진과 김한종 등은 1921년 7월 20일 사형되었다.

그럴려면 여비가 충분해야 하는데 그러한 결심을 할 용기가 있느냐고 물었다. 학생은 자기 부친이 운동할 때에 군자금 명목으로 기증받은 거액의 땅문서가 있다고 말하였다. 그 땅은 경북 봉화군에 있는데 큰 연포지 지목으로 산 200정보라고 하였다.

그러면서 그 학생은 그 기증문서를 선생님에게 증여하되 다만 자신의 유학 비용만 제외하고 모두 선생님이 생각하고 있는 사업에 사용해도 좋다고 제의하였다.

송강은 그 땅문서를 갖고 서울 수표교에 있는 조선일보 사장 남궁억 선생을 찾아가 상의한 결과, 그 자원으로 학생들이 어려운 때니 전부 학교 설립에 쓰기로 하였다. 다음 날 신문 사설에는 학생 구제에 대한 송강의 계획과 사업의 전모가 실렸다.

그러나 며칠 후 종로서 형사가 찾아와 사업 내용과 돈의 출처를 묻는지라 부득이 박상진 씨에게 기증된 산판이 그 아들에게 양도되어 그것을 매도하며 설립자금으로 사용할 계획임을 말하고 이제 매도를 시작한다고 답했다.

형사 말이 우선 상부에 보고한 후 그 결과를 알릴 것이라면서 돌아갔다. 그리고 다음 날 다시 와서 서장은 문서를 압수할 것이니 땅문서를 갖고 동행할 것을 요청하였다. 서에서 만난 서장은 그 땅문서는 독립단체에 기증되었던 것이니 다시 그

산주인에게 돌려주겠다며 문서를 강탈하였다. 경찰의 이러한 횡포에도 속수무책으로 당할 수밖에 없었다.

고학생 구제를 위한 고학당의 설립

식민지 경찰에게 속수무책으로 당한 송강은 그대로 주저앉을 수는 없었다. 고학생 구제 문제는 조선인 교육계의 심각한 쟁점으로 대두되었다.

국내 학원 설립에 실패한 송강은 집으로 돌아와 여러 날을 고민한 끝에 자본 없이 학교를 설립해 보겠다고 마음을 먹었다. 그의 결론은 고학생을 공부시키고 자립을 꾀하는 가장 현실적인 사업이 학교 설립이라는 것이었다. 남궁억 선생과 논의한 바와 같이 무산청년들을 위해 무상으로 5년제 중학교육을 실시한다는 획기적인 사업구상을 추진하기로 결정하였다.

송강은 고학생을 위한 배움의 전당이라는 의미에서 학교 이름을 '고학당(苦學堂)'이라고 지었다.

송강은 천도교의 권동진(權東鎭)[2] 선생의 협조를 얻어 천도

---

2) 1861~1947. 경기도 포천 출생. 함안 군수와 육군 참령을 지냈다. 개화당에 참여했다가 1882년 임오군란이 일어나자 오세창과 함께 12년 동안 일본으로 망명하였다. 천도교주 손병희의 인정을 받아 도사가 되었고, 1919년 민족대표 33인의 한 사람으로 체포되어 3년간 복역하였다. 출옥 후 1927년 신간회 부회장으로 활약하다 광주학생운

교당 내에 임시 사무소를 설치하고 4월 2일부터 학생 모집에 들어갔다. 비록 학력이 인정되지 않는 '주변부' 교육시설이었지만, 고학당은 식민지 교육 현실에서 상대적 박탈감과 소외감을 겪었던 무산청년들에게 극적인 탈출구가 되었다. 고학생들은 배움에 대한 '타는 목마름'으로 고학당으로 몰려들었다. 1923년도 제1회 모집 시에는 500여 명이나 되는 고학생들이 입학지원서를 냈으며 그 중 88명이 선발되었다.

고학당 설립사업이 한창 추진되고 있던 1923년 4월경 『매일신보』(1923년 4월 6일)에서 "고학당 사업자금이 5만 원에 달한다"라는 보도가 나가자 종로경찰서가 송강을 호출하였다. 일본경찰은 고학당 설립자금의 출처를 집요하게 추궁하고서는 고학당 설립자금 일체를 압수하였다. 당시는 이미 1923년 2월부터 고학당 모집광고가 나가 100명 모집정원에 500명의 고학생들이 지원한 상황이었다. 궁여지책으로 송강은 자신의 가옥을 처분하여 훈정동 2번지의 허름한 창고를 전세로 얻었다. 1923년 5월 1일 고학당은 마침내 개교하였다.

5년제 중등교육 과정을 운영하는 데 필요한 각 교과 담당교사도 10명 가까이 확보하였다. 배재학당의 권덕태와 미국서 유학하고 나온 이대우가 참가하였고, 한문과 역사를 박형남, 수학을 조중식, 영어를 남상목과 최성반, 일어를 연학년 등이

동에 연루되어 1년간 복역하였다. 광복 후 신한민족당 총재.

맡았다. 체조와 수신은 송강 자신이 맡았다. 송강의 공전 동창생과 경성지역 중등학교에서 교편을 잡고 있던 일선 교사들도 고학당으로 영입하였으며, 토월회 멤버였던 연학년과 그의 동료들도 고학당에서 교편을 잡았다. 고학당의 교가 가사는 추후 카프(KAPF : 조선프롤레타리아예술가동맹)의 일인자가 된 김복진 선생이 직접 지었다. 당시 일본에서 고학을 통해 성공한 사례로 유명하였던 동세현 선생도 고학당 운영에 참가하였다. 뜻있는 일부 일본인 교사들도 고학생 구제사업에 관심을 갖고 교편을 잡아주었다. 고학당 교사들은 모두 보수를 받지 않고 고학당에서 가르쳤으며, '고학당협회'를 매개로 고학당의 재정사업에도 헌신하였다.

야시장의 실패와 교사 이전

개교 후 당장 직면한 문제는 학생들의 숙식문제 해결과 학교운영비의 조달이었다. 고학당은 집단적인 협력체제를 구축하여 재정난에 대처하였다. 먼저 학교의 재정사업을 전담할 '고학당협회(苦學堂協會)'가 5월 12일에 발족되어 각종 재정사업을 관장하였다. 협회 구성원의 대다수는 교사들이었으며, 학생들 역시 학우회를 매개로 학교 재정사업에 능동적으로 참가했다. 최초의 고학당 재정사업은 현미 빵공장에서 시작되었다. 이종만(李鍾萬) 씨가 출옥하여 '고학당협회'의

간사를 맡으면서 빵공장이 설립되었고 학생들에 의해 자치적
으로 운영되었다.

　그러나 고학당의 재정난은 쉽게 극복되지 않아 1923년
6월 18일부터 야시장(夜市場)을 운영하였다. 야시장은 방과
후 공평동(公平洞) 68번지에서 180번지 사이에 개장되었다.
학생들이 '물산장려회'에서 빌린 20대의 손수레로 상품을 운
반하여 저녁 7시부터 자정까지 교가를 '쩌렁쩌렁'하게 부르며
물건을 판매하여 많은 행인들의 시선을 끌었다. 그러나 경험
부족, 미숙한 회계처리, 잦은 도난 사고, 여름 장마 등으로
야시장 사업은 적자를 보았다. 야시장 실패로 재정난이 더욱
악화된데다 설상가상으로 개교 후 3개월 만에 훈정동 교사가
강제 철거되었다.

　건물주(한일은행)는 고학당에게 아무런 사전 통보도 없이
한 일본인에게 건물을 매각하였고 수업 도중에 철거 용역반이
들이닥쳤다. 이후 고학당은 가회동 천도교당에 임시 교실을
마련하여 1개월 정도 머물렀으며, 10월에 동대문 밖 숭인동(崇
仁洞)에 있는 경성의학전문학교의 부속실을 얻어서 교수 공간
으로 활용했다. 도수장(屠獸場)으로 사용되었던 그 공간을
교실로 개조하기 위하여 고학당은 10월 25일 종로청년회관에
서 음악회를 개최하여 소정의 공사 비용과 교구 비용을 마련했
다. 당시 입장료는 네 가지 수준에서 걷었는데, 백(白)표는

1원 50전, 청(靑)표는 1원, 홍(紅)표는 60전, 학생 50전이었다.
당일 행사에서 입장료 이외에 동정금만 300원이 걷혔다.

숭인동 시절 교실(천정에서 잠을 자는 숭인동 시절 토막집 형태의 고학당 기숙사
고학생들)

이러한 노력에도 불구하고 교육 환경은 여전히 열악하였
다. 낮에는 돌 바닥에 긴 나무 걸상을 놓고 수업을 진행했으며,
밤에는 이곳에서 고학생들이 잠을 잤다. 기숙 공간이 부족하
여 절반 정도의 남학생들은 효자동에 있는 '갈돕회'3) 기숙사에

---

3) '갈돕' 또는 '칼톱'으로 표기하는데 이 명칭은 이상재 선생이 지은
   것으로 "서로 돕는다[相助]"는 뜻이다. 이상재(李商在, 1850~1927)
   선생은 충남 서천 출생으로 1867년 과거에 응시하였으나 낙방하였다.
   서울에서 박정양과 사귀어 1882년 박정양의 수행원으로 일본을 시찰
   하였다. 이때 홍영식·김옥균과 교류하게 된다. 1882년 홍영식의 권유
   로 우정국 총무로 근무하던 중 갑신정변으로 반년 만에 사임하였다.
   1890년 주미공사 박정양을 따라 미국 워싱턴에 부임하였으나 역시
   반년 만에 사임하였으며, 1894년 갑오개혁 후 여러 관직을 역임하고
   의정부 총무국장을 지냈다. 1898년 독립협회 부회장, 1907년 중앙기독
   교청년회 종교부 총무, 1925년 조선일보 사장을 거쳐 1927년 신간회

서, 여학생들은 안국동에 있는 '상조회' 기숙사에서 통학했다. 10월부터 날씨가 추워지자 월동 준비를 위해 송강은 학생들과 함께 직접 교사 뒤편에 움막집 세 채를 지었다. 이 움집에서 40~50명 정도의 학생들이 숙식하였다.

집단협력의 결실, 신교사 설립

고학당협회의 적극적인 활약으로 마침내 1925년 '서울고무공장'과 계약을 맺어 학생들의 불안정한 고용 문제가 상대적으로 해소되었다. 고학당 학생들은 당시 성인 남성 노동자들의 평균 임금에 해당되는 월 30원을 벌어들일 수 있었다. 초창기의 존폐 위기 상황이 진정되자, 고학당은 명실상부한 중등학교로 성장할 발판을 마련하게 되었다. 교내에 도서실도 만들었으며, 고학당 부속시설로서 노동야학기관인 '광성학원'을 설립하여 인근 지역의 빈민계급을 대상으로 초등 수준의 문해 교육을 실시하기도 하였다. 광성학원의 교사로는 고학당 학생인 이학종이 활동하였다.

1925년 학생 수가 300명 수준으로 늘어나자 고학당은 신교사의 설립을 추진하게 된다. 5년제 중등교육 과정의 정상적인 운영을 위해 신교사 건축은 처음부터 고학당의 숙원사업이었다. 더욱이 1925년에는 제3기 입학생이 입학하면서 학생 수가

회장으로 추대되었으나 같은 해 사망하였다.

약 200~300명에 달하였기 때문에 기존의 움집 교실은 포화 상태였다. 이 숙원사업을 위해 고학당의 교사와 학생들이 총력을 기울였다. 우선, 1925년 4월 고학당협회의 인적 구성을 재편하여 이종만(李鍾萬), 동세현(童世顯), 이준열, 김동선(金東鮮), 송주상(宋柱祥), 신미철(申味徹), 권태석(權泰錫), 박형남(朴亨南), 백홍균(白泓均), 이대우(李大宇) 등을 운영위원으로 위촉했다. 학생들도 여름방학을 맞아 학우회 주최로 1925년 7월부터 8월까지 전국 순회 강연회를 개최하여 모금사업을 전개했다. 강연대는 2개 조로 나뉘어 조선 남부 지방의 40개 지역, 북부 지방의 47개 지역을 순회하였다.

○ 제1대 안성, 회양, 청주, 경주 등 남부 지방
    연사 : 이학종(李學鍾), 이상각(李相珏), 이기(李基)
○ 제2대 개성, 황주, 원산, 성천 등 북부 지방
    연사 : 이병호(李棅鎬), 김태래(金泰來), 정관진(丁寬鎭)

이처럼 정관진, 김태래, 이학종, 이상각 같은 재학생들이 참가한 전국 순회 강연회를 통한 모금활동과 '고학당협회'의 적극적인 활동의 결과 충북 지역의 한 유지로부터 자산을 기부받아 동대문 밖 숭인동에 300평 규모의 학교 부지를 마련할 수 있었다. 하지만 공사 비용을 후원하기로 한 사업가

서울 숭인동에 위치한 경성 고학당 교사와 학생들

백인기 씨가 약속을 제대로 이행하지 않아 공사가 늦춰지기도 했고 어느 날은 화가 난 공사 관계자들이 송강 선생을 폭행하는 일도 벌어졌다. 이런 우여곡절 끝에 착공한 지 1년 만에 4개의 교실, 3개 실의 기숙사, 이발소, 사무실, 인쇄소, 취사장 시설을 갖춘 신교사 건물이 완성되었다. 인쇄소 설비를 마련하기 위하여 1926년 9월부터 학생들이 전국순회 활동사진회를 개최하여 2000원을 모금하였다. 구내에 설치된 인쇄소, 이발소, 취사장 외에 각종 학교 사무는 모두 학생들이 직접 관장하였다.

신교사의 설립을 계기로 고학당의 자력갱생 성과가 전 사회에 미담으로 알려졌다. 이러한 분위기에 힘입어 1927년 3월에는 전국의 유지 150여 명이 발기인으로 참여한 '고학당유지회(苦學堂維持會)'가 창설되었다. 본 회의 이사진은 연학년

126

(延鶴年), 김영순(金英順), 현득영(玄得榮), 유두환(劉斗煥), 명청세(明淸世), 윤일병(尹逸炳), 이준열, 신효범(申孝範), 김연중(金演重), 신시철(申時澈) 등 10명으로 구성되었으며, 조철호(趙喆鎬), 유병민(劉秉敏) 외 유지 150여 명이 발기인으로 참가하였다. 이처럼 고학당은 고학생 구제운동의 가장 성공적인 사례로서 전 사회의 지지와 이목을 집중시켰다.

'룸펜 – 인텔리겐차'를 위한 학습공동체

고학당은 식민지 시기 어떤 교육기관에 비해도 사제지간 관계가 돈독하였다. 이는 고학당 특유의 학풍과 조직 문화가 있었기 때문이다. 고학당의 체험은 당시 무산 청년들에게 무산자 운동이 지향하는 미래사회의 축소판과도 같았다. 고학당의 일상 곳곳에는 진보적인 사회운동의 가치가 짙게 스며 있었다. 고학당의 헌신적인 교사들과 운영진들은 모두 무보수로 교편을 잡으며 대중들에게 중등학교 지식을 전파하는 데 혼신의 힘을 기울였다. 학생들은 선생들의 그러한 모습에 마음 속 깊이 감복하였으며, 그 보답으로 치열하게 학습하였다. 특히 고학당에는 학내 민주주의가 천명되어 학생들이 학우회 자치제도를 통해 학교 운영 및 사상운동을 주도하였다. 경성 시내에 주요한 강연회나 시위가 있으면 고학당 학생들은 무리를 지어 움직였다. 또한 고학당은 기숙제를 갖춘

고학당 교기(校旗)
왼쪽의 고학당 학우회 깃발은 무정부주의를 상징하는 흑색 바탕에 사회주의를 상징하는 적색 도끼와 펜촉이 교차하는 형상이다. 도끼는 노동을, 펜촉은 학습·지식을 상징한다. 이 둘의 결합은 노동과 학습을 병행하는 고학생들의 존재를 상징한다. 그림은 『조선일보』 1931년 7월 16일.

중등교육기관이었으며, 당시로서는 전례가 없었던 남녀공학제였다. 학생들은 새벽에 일제히 기상하여 알통 구보를 하며 허공을 향해 함성을 질렀다. 학내에서는 사상운동이 적극 권장되어 학생들은 '자치적 교양방법'의 일환으로 기숙사 방별로 맑스-레닌주의를 학습하였으며 정치토론회도 개최하였다. 또한 교사와 학생들은 혼연 일체가 되어 학교를 공동으로 운영하였으며, 학생들은 '룸펜-인텔리겐차'로서 노동과 학습을 병행하며 신지식과 새로운 사회운동 사조를 익혀 나갔다. 당시에 고학생들은 자기 스스로를 '무산계급의 지식인'으로 호명하였으며, 이러한 고학생들의 자기 정체감은 고학당의 깃발과 모표(帽標)의 문양에도 상징적으로 표현되었다.

'도끼'와 '펜촉'의 교차가 상징하듯, 이 학습공동체는 1920년대 무산자 교육운동의 가장 대표적인 사례이다.

1920년대 한국 사회주의운동의 '사관학교'와도 같았던 이 학교에서, 무산 청년들은 날카로운 지적 감성과 현실 인식을 바탕으로 스폰지가 물을 빨아들이듯 당시의 진보적인 사상운동과 이념을 영혼 깊숙이 체득하였다. 그 결과 1920년대 중·후반의 사회주의 학생운동 및 향후 진보적 사회운동의 간부들이 대거 양성될 수 있었다.

고학당의 '무산자 교육운동'

기숙제를 갖춘 교수 공간의 마련, 두터워진 사회적 지지의 획득, 그간의 난관을 극복해 온 집단적 성취감, 그리고 집단적 협력체제에 의한 학교운영 경험 등은 이후 고학당의 교육활동이 질적으로 발전할 수 있는 주·객관적인 토대가 되었다. 이와 같이 고학당이 명실상부한 중등학교로 성장해 가는 동안 대외적으로는 계급운동이 격화되고 있었다.

신교사 이주 후 고학당은 대외의 정치정세에 능동적으로 대응하기 시작했다. 1926년 송강은 국내 소장파 사회주의 세력인 서울파의 김사국(金思國)[4]·이영과 교류하기 시작했

---

4) 1892~1926. 충남 연산 출생. 1896~1907년 금강산, 양주 등 사찰로 떠돌아다니며 공부하였고 1910년부터 만주, 시베리아, 중국 등지를 전전한 후 1916년 귀국하였다. 1916년 모사건으로 3년간 복역하고, 1920년부터 1921년 노동대회와 조선청년연합회 간부로 활동하면서 서울청년회를 발기하였다. 1921년 여성운동가 박원희와 결혼하였다. 1924년 중국 간도에서 동양학원을 설립하고 이후 대동학원을 영고탑에 설립하였으나 중국 관헌에 의해 해산당했다. 같은 해 6월 폐병으로 귀국하였으나 1926년 사망하였다. 대대적인 사회장으로 장례를 치렀

으며, 9월에는 '고려공산동맹'에 가입하였다. 그리고 1년 후인 1927년 2월경 송강은 자신의 자택에서 고학당 학우회를 이끌고 있던 정관진, 김태래, 이학종과 함께 비밀회동을 열었다. 그 자리에서 향후 항일학생운동을 주도하기 위한 목적에서 '조선학생혁명당(朝鮮學生革命黨. 이하 혁명당)'을 결성하였다. 정관진이 조직부를 맡고, 김태래가 재정부를, 이학종이 정치문화부를 맡았다. 혁명당은 1929년 3월 '조선학생전위동맹(朝鮮學生前衛同盟)'으로 개편되기까지 특별히 대외적인 조직사업을 전개하지는 않았고 고학당 재학생들을 중심으로 운영되었다. 1927년 2월 혁명당이 결성된 이후 고학당 재학생 한경석(韓慶錫)과 정종근(鄭鍾根)이 10월에 가입하였다. 이후 조직을 개편하여 정관진이 정치문화부를, 한경석이 정치부를, 김태래가 조사조직부를 맡았다. 혁명당의 취지는 "조선 학생에게 과학지식 보급과 정치적·경제적 혁명을 기하"고 "각 학교별로 혁명투사를 양성"하는 데 있었다. 이러한 취지에 따라 고학당은 교육목표와 교육활동 차원에서 전면적인 자기 쇄신을 기했다.

고학당 내에 '혁명당'이 결성된 이후 학교의 교육방침은 1928년부터 '무산자 운동의 엄정 확립'을 보다 강조하였다. 교육운영 방침으로는 "모든 일은 학생군의 힘으로"라는 표어

고, 유족으로는 동생 김사민과 딸 사건이 있다.

하에 '자치적 교양방법'을 도입하였다. 자치적 교양방법이란 각 반 단위로 조직되어 집단적으로 전개된 고학당의 '공식적' 인 교육과정이었다. 이 자치적 교양방법은 세 가지 활동으로 구분되어 진행되었는데 ① 사회과학 학습, ② 토론회, ③ 좌담회가 그것이다. 사회과학 학습은 맑스-레닌주의 지식을 '연구토론'하는 과정이며, 토론회는 반 단위로 '조사부'가 특화되어 '매일 매일 사회에서 발생하는 산 사실'을 조사하여 토론하는 시사·정세 토론의 장이다. '좌담회'는 각종의 학급운영에 관한 토론 및 학생들의 친목을 도모하는 취지에서 진행되었다.

당시 학생들의 사회과학 학습은 기숙사에서 이루어졌다. 기숙사는 '사회과학 팸플릿을 윤독하고, 혁명가요를 부르고 토론회도 갖는' 장소로서 학생들의 정치의식화가 이루어지는 제2의 학습조직이었다. 기숙사 방별로 대략 7~8명이 1개 팀으로 조직되어 주 1회 정도 토론회를 열었으며, 고학당의 저학년 학생들은 『자본주의(資本主義)의 기교(機巧)』나 『사회주의 대요(社會主義大要)』 등과 같은 사회주의 입문 서적류를 읽고 토론했다.

"한마디로 말하면, 사회적 생산에 따른 사회적 소유이다. 빈자가 없는 사회, 반목이 없는 사회, 투쟁이 없는 사회, 착취하는 자와 착취당하는 자가 없는 사회, 압박하는 자와 압박당하는 자가 없는 사회, 모든 사람이 자유롭고 평등하고 안락하게 생활할 수 있는 진정한 공동생활의 사회, 그것이 우리의 이상이다."(堺利彦, 『改正 社會主義 大要』, 東京 : 無産社, 1928, 30쪽에서 인용)

조선학생전위동맹의 결성

송강은 1928년부터 연학년에게 교장직을 인계하고 서울파 인사들과 함께 대외적인 정치활동에 전념하였다. 일제의 '탁월한' 치안유지능력에 의해 1925년에서 1928년에 이르기까지 네 차례에 걸쳐 공산당 검거 선풍이 불어 대다수 핵심 요원들이 검거되었다. '화요회' 계열의 조직원들은 1927년 제3차 공산당 사건 이후 대다수가 검거되었으며, '서울파' 구파도 1927년 '춘경원' 공산당 결성 직후 대다수 조직원들이 희생당했다. 상황이 이렇게 악화되자, 그때까지 고학당 내의 사상운동 및 혁명당 활동에 주안을 두고 있던 교장과 학생들은 각기 서울파 공산당과 공산청년계로 진출하여 검거 선풍에 따른 조직의 공백을 메웠다. 송강은 1928년 5월 '서울파'의 춘경원 조선공산당 중앙위원을, 1929년 1월에는 서울-상해파 중심으로 발족된 공산당 재건사업에 참가하여 국내부 책임비서와 해외연락부를 맡았다. 같은 해 3월에 정관진과 김태래는 공청계에서 각각 청년운동부와 학생부 책임자가 되었다.

혁명당을 결성했던 정관진, 김태래, 이학종은 1929년도

봄에 고학당을 졸업하자 재학생들을 충원하여 조직을 확대 개편할 필요를 느꼈다. 이에 1929년 3월경 고학당의 한경석과 중앙고보의 김순희(金淳熙)를 방문하여 조직원으로 "일제의 기반으로부터 조선을 이탈시켜 사유재산을 부정하고 조선에 공산제도를 실현한다"는 혁명당 대의를 전달하였으며, 즉석에서 김순희는 동 조직에 가입하였다. 당시 회동에서 혁명당은 '조선학생전위동맹'으로 개편되었다.

【조선학생전위동맹 강령 및 행동강령】
　강　　령
1. 우리는 레닌주의의 입장에서 제국주의 교육에 항쟁한다.
1. 우리는 노동자 농민의 세포자 양성을 기한다.
1. 우리는 조선 학생의 당면 문제를 과학적으로 자결(自決)하는 것과 동시에, 공고한 조직을 기한다.

　행동강령
1. 학생의 언론, 집회, 출판의 자유를 획득하자.
2. 학문의 연구 비판의 자유
3. 조선내 교육기관은 조선 학생 본위를 주장하자.
4. 교육상 용어는 조선어 기본을 주장하자.
5. 조일 학생의 민족적 차별, 특혜 철폐를 주장하자.
6. 종교 배제
7. 입학생의 신분 및 재정조사 철폐
8. 남녀 학생의 교육적 평등을 주장하자.
9. 사상단체 가맹의 자유

10. 남녀 학생의 사교 자유

11. 교내 학생회의 자치 확립

12. 직원회에 학생대표 참가를 주장

13. 최고(最高) 수업료제 확립

14. 수험금 및 입학금 철폐

15. 학생 필요 이외의 경비 학교 부담

16. 수업료 납입 기간을 1년간으로 연장

17. 기숙사생 외출 면회, 통신 자유

18. 선수 본위 운동제 폐지

19. 교과서 선택의 학생 본위

20. 모든 교내 선거의 민주주의화

21. 조선 좌익운동 지지

22. 국제적 좌익운동 지지[5]

정관진은 '서울파' 청년부 책임자로서 경기도 청년 야체이카 조직을 담당하면서 학생운동 일선에서 물러나고, 이학종은 고학당 부설 노동야학(광성학원)에서 교편을 잡았다. 혁명당과의 연계성을 고려하여 김태래가 잔류하여 전위동맹의 책임비서가 되었고, 고학당의 한경석과 중앙학교의 김순희가 각각 선전부장과 조직부장을 맡았다. 1개월 후 고학당의 허미순(許美順)도 결합했다.

---

5) 출전은 鐘路警察署, 「三一運動記念日ニ際シ不穩計劃ニ關スル件」, 京鐘警高秘 第2601號, 京城地方法院 檢事局, 『思想ニ關スル情報綴和』第三冊, 昭化5年(1930).

‘조선학생전위동맹’의 강령 및 행동강령은 설립 이래 이미 고학당 내부에서 적으로 구현돼 온 것들이다. 이를테면, 고학당은 공교육의 이념을 구현하여 무상으로 교육 기회를 보급하였으며, 남녀공학제를 운영하여 교육 기회의 배분에서 성차별을 극복하였다. 또한 1920년대 중반 이후 “모든 것은 학생군의 힘으로”라는 표어 아래 학생 자치제를 전면적으로 실시하는 등 교내 민주주의를 적극 구현하였으며, ‘자치적 교양방법’을 통하여 학생들이 정치사상 학습을 주도하고 있었다. 즉, 창립 이후부터 고학당에서 축적돼 온 집단 경험과 교육적 실천이 전위동맹의 이념적 ‘모태’가 된 것이다.

광주학생운동의 발발과 조선학생전위동맹의 활약

전위동맹의 주요 활동은 각 학교별 독서회를 조직하는 것이었다. 전위동맹은 1929년 5월 제1차 중앙부위원회를 개최하여 경성에 위치한 각 사립중등학교를 대상으로 조직의 확대를 결의하고, 중동학교와 경신학교 등과 같은 사립학교를 중심으로 독서회 조직을 정비하였다. 경신학교의 경우 1928년에 학생들이 맹휴를 통해 일정 수준의 ‘학생자치권’을 쟁취한 학교였다는 점에서, 그리고 중동학교는 고학생들이 가장 많이 재학하고 있었다는 점에서 조직사업이 용이했다.

전위동맹의 조직사업이 비밀리에 진행되는 와중에 1929년

11월 3일 전남 광주에서 학생시위가 발발하였다. 사건 발발 4일 후 전위동맹은 부건(경신학교), 권유근(경신학교)을 광주로 파견하여 진상 조사에 나섰다. 사건의 진상을 파악한 전위동맹은 제5차 중앙집행부회의를 열어 광주학생사건을 경성으로 파급시킬 것을 결의하고, 경성 각 중등학교 학생들에게 총궐기를 촉구하는 내용의 격문을 제작하였다. 김태래가 격문을 작성하고, 정종근이 인쇄 살포 책임을 맡았으며, 권유근의 자취방에서 정종근과 중동학교의 신용우가 격문을 인쇄했다. 인쇄된 격문은 12월 2일 오후부터 3일 새벽 사이에 경성제대를 비롯하여 경성 내 중등학교 학생들의 책상 서랍에 배포되었다. 등교하여 배포된 격문을 본 경성시내 중등학교 학생들은 곧바로 맹휴를 선언하며 연합시위를 전개하였다.

사태를 미처 예상하지 못한 일제는 당혹감을 느끼며 시위 참가자들을 검거하면서 주동자를 색출하였다. 검거된 학생들을 심문하면서 일본경찰은 그제서야 전위동맹의 실체와 조직의 배후인 고학당의 정체를 파악하였다. 고학당의 한경석, 중동학교의 김인배·윤영순, 경신학교의 정종근·유축운 등 핵심 동맹원들이 구속되어 이듬해 2월에 재판을 받았다. 책임비서 김태래는 '서울파' 재건운동원들이 대부분 검거되자 운신의 필요성에 따라 책임비서직을 중앙학교의 김순희에게 인계하고 만주로 피신하였다.

1930년 1월 초, 시위 여파로 조기에 실시된 겨울방학이 끝나자마자 다시 경성에서 2차 시위가 촉발되었다. 그러나 무기 휴교령, 주동자 검거, 맹휴 지도자와 구속된 학생들의 퇴학처분 등의 강경책이 내려지면서 사태는 점차 소강 국면으로 접어들었다. 2월 초순경 전위동맹은 기미년 3·1 만세시위를 기념하는 형식으로 3차 시위를 계획하였다. 그러나 잠복한 경찰에 의해서 전위동맹의 2대 책임비서 김순희가 2월 27일에 종로경찰서에 검거되면서 전위동맹의 잔존한 조직원들 대다수가 구속되었다. 당시 송강은 공산당 재건운동을 벌이다가 이미 1929년 6월에 검거되어 8년 징역형을 선고받은 상태였고, 김태래, 정관진, 이학종, 한경석 등 고학번들은 모두 검거되거나 수배중이었기 때문에 상부의 지도노선은 완전히 붕괴된 상황이었다. 그러나 이 조건에서도 고학당의 재학생들(鄭允弼, 金鍾源, 李元鳳, 趙成澤)이 1930년 3월 16일에 전위동맹 후계조직(2차 전위동맹)을 결성했다. 이원봉을 제외한 나머지 3인의 재학생들은 당시 2학년에 불과했다. 그러나 이미 전위동맹의 전모를 파악한 일제에 의해 이들 역시 모두 검거되었다.

고학생 이종, 고학당 학생이 되다

1930년도 초 겨울방학이 끝난 날 경성에서는 제2차 광주학

고학당을 수료한 이종 선생 (당시의 고학당 교복 차림)

생운동 만세시위가 일어났다. 한 엿장수 청년이 엿판을 가슴에 지고 요란하게 가위질을 하면서 "엿 사시오~!"를 외치며 경신중학교와 성신여학교 사이에서 엿 행상을 하고 있었다. 그때 성신여학교 학생들의 "조선독립 만세"라는 집단 함성소리가 귀를 찢듯 울려퍼지며 엿장수의 목소리를 완전히 먹어버리고 만다. 순간 경신학교 쪽의 학생들도 교실 안에서 유리창을 요란하게 두드리며 연대의 함성 소리를 더한다. 그러자 곧이어 요란한 말발굽 소리와 함께 기마 경찰대가 출동하여 시위에 나선 여학생들을 교내로 밀어붙이기 시작했다. 사복 경찰들이 경신학교 안으로 돌진하였다. 도처는 시위대 여학생들의 비명 소리로 가득하고 거리는 온통 아비규환 상태가 된다. 그러나 여학생들은 물러서지 않고 "조선독립 만세"를 절규하며 진압 경찰에 맹렬하게 대항한다. 밀고 당기는 몸싸움이 격렬하게 일어났다. 이 상황을 지켜보던 엿장수 이종은 순간 피가 거꾸로 솟는 전율을 느낀다. 그의 두 다리는 그 자리에 그만 얼어붙는다. 시위 진압 과정에 대한 공포심보다 일본 경찰의 폭력에도 굴하지 않고 독립만세를 외치는 여학생들이 보여준 당당함과 용기에 대한 외경심 때문이었다. 그는 그 상황에서 아무것도 할 수 없었던 자신이 한없이 작아지는 것을 느꼈다. 이종은 그날 장사를 그만 접기로 하였다.

평소에 기거하던 엿방으로 돌아온 이종은 침침한 다락방에서 고학을 목적으로 상경한 자신의 신세가 한없이 초라해지는 것을 느낀다. 그는 1911년에 몰락한 양반가문 5대 종손의 외아들로 태어났다. 어린 시절에 부친을 여의고 편모와 함께 어렵게 생활하였지만, 일찍부터 한문을 공부하며 문리를 터득했다. 그리고 조선에 '개화'의 바람이 불어닥치는 시절에 성장기를 맞이하면서 『개벽』 같은 잡지를 읽으며 신학문을 배워야겠다는 마음을 키우기 시작하였다. 12세의 나이에 모친의 권유로 원치 않은 조혼을 한 이래 "대처로 나가야 한다"는 그의 포부는 점점 부풀어 올랐다. 그럴수록 그의 일상은 점점 갑갑하게만 느껴졌고, 심경은 우울해졌다. 신식학교에 등교하는 또래들, 그리고 그들의 금빛 단추 달린 교복은 한없이 부러운 동경의 대상이 되었다. 자신의 처지를 비관하던 끝에 그는 결국 대도시를 향한 무단 가출을 단행하기 시작하였다. 물론 고학을 하겠다는 마음 하나만 있었을 뿐이다. 아무런 소득 없이 가출과 귀향을 네 차례나 반복하였다. 큰 맘을 먹고 상경하였지만, 하루하루 입에 풀칠하기도 어려웠고 돈이 떨어지면 걸인처럼 남의 집 대문 처마 밑에서 노숙하는 경우도 있었다. 노숙을 하던 어떤 아침에는 집주인의 몽둥이 세례와 욕질을 받으며 쫓겨나기도 하였다. 고학은 계속 실패하였지만 예전 같은 대롱과도 같은 세계로 다시 귀환할 수는 없었다. 일제 순사에게 뺨을 맞고도 무력한 태도로만 일관하는 마을 사람들, 할 일 없이 노름이나 하는 향촌의 모습을 보고 있노라면 질식할 것만 같았다. 그에게 고향은 더 이상 향수를 불러일으키는 대상이 아니었다. 그러나 신학문에 대한 꿈만 있을 뿐, 그 포부를 실현할 기회는 좀처럼 주어지지 않았다.

그렇게 자신의 처량한 신세를 한탄하고 있을 때, 옆에서 엿장수가 책보를 펴더니 그날 야학당에서 배운 내용을 복습하고 있었다. 그에 따르면, 여기서 15분쯤 걸으면 고학당이라는 곳이 있는데 낮에는 무산 청년들에게 중등교육 과정을 가르치고 밤에는 동네 주민들이나 아이들에게 초등교육 과정을 가르친다는 것이다. 그리고 고학당은 학생들에게 월사금을 전혀 받지 않고 무료로 강습해 준다고 했다. 이 말을 듣고서 이종은 그날 잠을 이루지 못했다. 날이 밝는 대로 이종은 동료 엿장수가 알려준 길을 떠올리며 숭인동 쪽으로 걸어가 박영효 저택 뒷담을 끼고 있는 '고학당'을 찾아갔다. 탑골 승방으로 통하는 길 옆 민가와 이어진 곳에 정방형의 함석 건물이 나타났고,

먹빛이 바랜 '苦學堂'이라는 현판이 눈에 보였다. 현관에는 빗장이 걸려 있었고 대못이 쳐져 있었다. 후일 들었지만 고학당 학생들이 광주학생운동을 주도하다가 검거되었고, 이를 계기로 고학당에 강제 휴교령이 내려졌다고 했다.

이듬해 4월 고학당이 다시 학생모집에 들어갔으며, 이종은 입학시험을 거쳐 꿈에 그리던 중학생이 될 수 있었다. 그러나 이종이 2학년이 되던 1931년 7월 고학당은 일제에 의해 끝내 강제 해산되었다. 이종에게 고학당의 수학 경험은 2년이 채 되지 않았지만, 이때의 학습 경험은 향후 그의 평생을 결정지었다. 이종은 고학당이 폐교되자 고학당의 가르침을 몸소 실천하고자 귀향하여 충북 영동 지방에서 야학당을 열어 농민 계몽운동을 주도하였으며, 해방 후에는 남로당 청주시당 위원장으로 활동하였다. 그리고 6·25전쟁을 거쳐 한국 현대사의 질곡 속에서 소위 '비전향 장기수'의 삶을 살았다. 2001년 북으로 송환되기 직전까지도 이종은 "고학당의 정신으로 지금까지 살아 왔다"고 회고한 바 있다.

고학당의 강제해산

1925년 이후 공산주의운동과 노동자·농민운동이 고조되면서 행정적 통제로부터 상대적으로 자유로운 조건을 지닌 노동야학기관들이 계급운동과 결합하는 경향을 보이자, 일제는 노골적으로 사설강습소를 탄압하기 시작했다. 일제 헌병대는 1928년도에 이미 고학당을 포함한 80여 개의 '불순한' 노동자 교양기관 일람표를 작성해 두었다.[6] 1930년대 초 고학당을 비롯한 진보적인 노동야학·농민야학·강습소에 가해진 일제의 탄압은 이미 예고된 것이었다.

일제는 1930년 1월 20일경 학생시위가 격렬했던 각 학교에 무기휴교령을 내렸다. 그리고 고학당을 '극좌파 학생들의 아지트'로 파악하여 고학당 교문에 못질을 하였다. 연학년 선생(제2대 고학당 교장)의 노력으로 1930년 4월에 고학당은 다시 '닫힌 교문'을 열 수 있었지만, 일제의 탄압으로 학우회 활동과 교내 집회는 원천적으로 금지당했다. 이처럼 모든 것이 수세적인 상황에서도 학생들은 기숙사에서 사회과학 학습을 비밀리에 진행하였다. 일제는 고학당 내부의 움직임을 철저히 감시하였으며, 형사들이 기숙사를 급습하여 팸플릿이나 노트를 압수하고, 독서회 관련 여부를 수사하기 위해서 상급 학생들을 강제 연행하였다. 메이데이 전날에는 '위험' 인물들의 '예방구금'이 가해지기도 했다.

일제가 고학당을 강제 폐쇄시킨 법적 명분은 1929년 2월에 개정된 사립학교규칙이다. 이 규칙의 적용으로 수많은 노동야학기관들이 폐쇄되었다. 일제는 고학당에게 사립학교나 강습

---

6) 朝鮮總督府憲兵隊, 「勞動者 敎養機關 一覽表(昭和3年)」, 李在華·韓洪九 編, 『韓國 民族解放運動史(2)』, 경원문화사, 1988.

소로 양자택일할 것을 강요했는데 이는 사실상 폐교 조치의 명분에 불과했다. 당시 시행된 사립학교규칙의 내용상 고학당은 사립학교 자격에 미달하였고, 5년제 중등교육을 실시하는 입장에서 강습소로 하향적인 인가를 낼 수도 없었다. '진퇴양난'의 비인가 상태가 지속되자 경기도 학무국은 1931년 4월경 고학당 측에 자진해산할 것을 통보했다. 자진해산하지 않을 경우, 일제는 용산 헌병대를 동원하여 폭력적으로 해산을 강행할 기세였다. 1931년 7월 8일 선생들과 학생들은 "무산학생 교양소로서 거의 존재의 임무를 다하지" 못하는 상황을 성토하며 강요된 해산식을 거행했다.

"2, 3일째 선생들의 얼굴에 어두운 기색이 보이더니 갑자기 전원집회를 소집했다. 교장선생이 침통한 어조로 총독부 학무국장(시오바라 도키사부로 鹽原時三郎)이 불러서 갔더니 고학당이 인가 없는 사설일 뿐 아니라 불순분자를 길러내어 치안유지에 문제가 있으니 해산하라며 만일 자진해산하지 않으면 용산 헌병대를 출동시켜 강제해산시키겠다고 위협하더라는 것이었다. 격한 감정을 누르느라 한참 말을 중단했다가 다시 이어갔다. '남은 문제는 끝까지 투쟁해 보느냐, 저항 없이 해산하느냐의 두 길이 있을 뿐인데 현 정세와 역량으로 보아 그간 생각해 보고 사의도 해본 결과 투쟁을 포기할 수밖에 없다'며 광주학생운동은 민족적인 의분을 불러일으켜서 일반 학생과 민중을 동원시킬 수 있었지만 고학당 폐쇄 문제는 민족적인 입장보다 계급적인 견지에서 보고 있기 때문에 호소력과 호응을 얻기 어려우니 성과 없는 희생만은 낼 수 없다는 것이다. 손수건으로 연이어 눈물을 닦으며 말을 마치자 참고 있던 학생들의 울음이 터졌다. 선생들과 학생들이 함께 흐느꼈다. 떼어질 수 없는 스승과 제자의 눈물이었다. (중략) 무의 터전에서 맨주먹으로 오직 민족적 각성과 계급적인 투지로 피나는 고난을 겪으며 가르치며 배우던 고학의 집, 유일한 프롤레타리아 교육의 장이 강제 폐쇄되고 만 것이다." (이종, 『회고록』 중에서)

고학당 제자 김태래

고학당 출신 운동가로는 남로당 2인자였던 김삼룡을 비롯하여 광주학생운동 때 선봉에 섰던 수많은 제자들이 있다. 송강은 광주학생운동 당시 감옥에 있었기 때문에 고학당이 1931년에 일제에 의해 강제 해산되었다는 소식은 들었지만, 함께 동고동락했던 교사들과 학생들의 소식은 자세하게 듣지 못했다. 특히 광주학생운동 당시 활약했던 고학당 제자들인 정관진, 김태래, 이학종, 유축운, 이능종, 이원봉, 정윤필, 최석진, 허미순, 김종원, 조성택 등에 대해서는 소식을 알 수 없었다.

특히 송강이 타계할 때까지도 눈에 가장 밟혀했던 첫 제자는 김태래였다. 그는 매우 명석하였으나 극빈한 가정환경 탓에 제대로 공부할 기회를 갖지 못한 청년이었다. 김태래가 고학당에 입학하자 그의 모친은 몇 푼 안 되는 가세를 모두 털어 경성에 셋방을 얻어 자식의 성공을 기원하였다. 두 모자의 생활은 너무도 궁핍해서 거의 걸식을 하며 하루하루를 연명해야 할 정도였다. 결국 그의 모친은 제대로 먹지도 못한 채 병까지 얻어 안타깝게 세상을 떠났다. 모친 장례를 치를 비용도 없었던 김태래 군은 쪽방에 모친의 시신을 두고 어찌할 바를 모르고 있었다. 그의 딱한 사정을 알게 된 고학당 동료들은 자신들도 매일 굶기 일수였음에도 약 행상 등으로 벌어둔 생활비를 5~10전씩 갹출하였다. 고학당 선생들도 돈을 모금하였지만 장례 비용은 턱없이 부족했다. 송강 역시 월세 3원짜리 단칸방에 기거하고 있었던 처지인지라 별 뾰족한 수가 없었다. 송강은 처의 유일한 패물인 은가락지 한 개와 은비녀 한 개를 전당포에 맡기고 그 대금으로 김 군을 도왔다.

송강은 출옥 후에 김태래 군의 안부가 궁금하였으나 아무도 그의 행방을 아는 이가 없었다. 해방 후 찾아온 김상룡 군 역시 그의 소식을 잘 알지 못하였다. 김태래 군은 1929년 광주학생운동이 발발한 당시 '조선학생전위동맹'의 책임비서로 활약하고, 이후 일경의 검거 선풍을 피해 북간도로 피신하였다는 소식만 전해들었다.

고학당 시절 송강의 몇 가지 일화

고학당을 운영할 당시의 구체적인 몇 가지 일화를 통해

송강이 고학당에 쏟은 애정과 관심도를 살펴보자.

고학당 설립 이후 부속으로 광성학원을 만들었다. 부근에서 학교에 다니지 못하는 가난한 농가의 아이들을 위한 야간학교가 절실히 필요했기 때문이다. 당시는 송강이 신문배달을 할 때였는데 오후 8~9시경에야 배달을 끝내고 학교로 돌아올 수 있었다. 피곤한 몸을 이끌고 다시 한 시간에서 두 시간씩 아이들을 가르치고 나면 아동의 학부모인 농민들이 와서 기다리고 있었다. 송강을 선술집인 모주집으로 데려가 술을 대접하려는 정성스런 마음의 표시였다.

그들을 따라가면 큰 대접에 모주를 가득 부어주었고, 안주로는 주로 피국(선지국) 한 그릇씩이 나왔다. 아동의 아버지들은 술을 단숨에 마셨지만, 송강은 서너 번에 걸쳐 나누어 마셨다. 그 모양새가 그들의 눈에는 술을 마시기 싫어하는 것처럼 비쳤던 것 같다. 송강이 이를 눈치채고는 단숨에 들이켰다. 이러한 일을 며칠 계속하다 보니 체증이 생겨 술을 마시기 힘든 상태가 되었다. 그러자 대접하는 술이 약주가 아니어서 마시지 않는 게 아닌가 하여 좋은 술집으로 안내하는 일도 있었다. 비록 고마운 마음을 담아 성의 있는 대접을 하려 한 것이었지만 송강에게는 고통스러웠던 셈이다.

송강이 고학당 활동에 전념하던 어느 날, 동대문 밖 청년들이 조직한 TS구락부라는 축구단체 관계자로부터 회장에 취임해 달라는 권유를 받았는데 몇 번을 거절한 끝에 수락하였다. 이후 20여 단체가 모여 용두동 경전운동장에서 춘계 축구 대운동회를 개최하였다. 연희전문학교 신국권 씨가 심판을 맡아 경기가 시작되었는데, 얼마 뒤 한 명이 뼈가 부러지는 불상사가 생겼다.

운동장 분위기가 험악해지자 경기가 중단되었다. 송강은 부상당한 이를 곧 병원으로 보내고 다시 경기의 시작을 촉구하였다. 경기는 다시 시작되었지만 열을 받은 선수들은 축구보다는 거의 거친 몸싸움에 더 집중하는 모양새가 되었다. 이에 송강은 경기를 중단시키고 운동장에 모인 사람들에게 일장 연설을 시작하였다.

"싸움터에서 부상병이 생겼다고 하여 전쟁을 중단할 수는 없습니다. 끝까지 싸워 보자는 그런 기백으로 우리가 일어설 때까지 과감하여야 하며 적과 싸울 때를 예상해야 합니다."

라고 부르짖었다. 청중들은 박수로 환호하고 경기는 계속되었다. 송강은 축구경기를 통해서도 식민지국가 청년으로서의 올곧은 자세를 언급하였던 것이다.

한 번은 파고다 공원에서 어떤 외국인이 공중에 돈을 뿌리며 이를 쫓아가는 사람들을 사진으로 찍고 있었다. 주변을 지나다 이를 본 고학당 학생 박일 군은 민족적 모멸감을 느끼고 그 자를 구타하고 사진기까지 파손하였다. 이 일로 검거되어 종로경찰서에 구속당하고 말았다. 고학당 학생이 몸소 보여준 이러한 기백은 송강이 내세운 고학당의 사상을 단적으로 증명하고도 남음이 있다.

고학당이 중심이 되어 반일(反日)의 뜻을 직접 표출한 일도 있었다. 일본 천황이 1928년(昭和 3년) 4월 20일 즉위 후 소위 '어대전'이라는 식을 거행하기 하루 전이었다. 고학당 교장인 송강을 중심으로 몇몇 동지들은 일본 천황을 위한 대전일에 직면하여 민족적 자존감을 표하기로 뜻을 모았다. 즉 이 같은 상황을 그대로 감수하고 침묵만 할 수 없으니 민족정기를 되살리는 방안으로 격문을 직접 작성하여 선전하기로 했는데, 인쇄보다는 엽서판 사진으로 격문을 찍어내는 방법을 선택했다. 이렇게 만들어진 엽서판 격문 200매를 박 동지가 야음을 타서 대전일 전야에 동아, 조선, 매일 등 각 신문사와 각국 영사관, 각 학교 등지에 투입하였다.

격문은 송강이 직접 기획해서 내용을 채웠고, 사진은 하숙방에서 박 동지가 찍어 제작했다. 여러 군데 뿌려진 격문에 일본 경찰이 각 인쇄소와 사진관을 비롯하여 여러 곳을 탐문수사하는 등 신속하고 빠른 대응조치가 이루어졌다. 신문에까지 게재된 사건이었지만 범인은 잡히지 않았다. 비밀은 영원히 박 동지와 송강 2인만 알고 있었다.

송강은 해방 후에야 엽서판 사진 격문 이야기를 처음 밝혔
고 그 내용을 회고록에 남겼다. 송강이 기초한 내용은

"소위 대전이라는 것은 일본 제국주의 최후의 발악적인 유희이
다. 이때를 맞이하여 우리 민족이 궐기하여 우리는 일본 기반으로
부터 해방하는 운동을 전개하여 완전 독립을 위한 결사투쟁을
과감히 발족하여 최후의 승리를 전취하기까지 혈전 전진하자"

는 것이었다. 고학당 교장이자 당시 사회주의 사상으로 무장
한 송강의 현실인식을 잘 보여주고 있다.

제5부

민족주의에서 사회주의로 방향전환

조선공산당과 '후계조직'의 결성

송강이 1923년부터 1920년대 후반까지 고학당 활동과 사회주의 활동을 병행하는 사이, 국내에서는 다양한 계파별로 공산당 조직이 생성, 활동, 와해되는 부침을 거듭했다. 서울파 계열인 송강도 국내 사회주의운동에 점점 깊이 관여하며 핵심적인 인사로 부각되고 있었다.

당시 조선에서는 3·1운동 이후 운동 경향이 민족주의에서 사회주의로 급격하게 전환되는 추세였다. 국내에서는 1925년 4월 15일 화요파를 중심으로 제1차 조선공산당이 조직되었다. 책임비서에는 김재봉이, 고려공산청년회의 책임비서에는 박헌영이 선임되었다. 다른 파들은 자신들을 제외한 조직의 결성에 대해 격렬하게 반대하였다. 이 조직은 같은 해 11월 대부분의 당원들이 검거되면서 와해되었다.

그러자 1926년 2월 26일 강달영과 김철수 중심의 제2차 조선공산당이 결성되었고 책임비서에 강달영, 고려공산청년회 책임비서에 권오설이 선출되었다. 그렇지만 1926년 6·10 만세운동으로 조직원이 검거되면서 재차 와해되었다.

이후 ML파, 서울신파, 상해파의 3파 연합으로 김철수 중심의 제3차 조선공산당이 1926년 12월 6일 재건되었으나 이 또한 1928년 4월과 6월 조직원들의 잇따른 체포로 와해되었다.

제3차 조선공산당의 당권은 ML파가 장악하였고 서울파 구파들은 소외되었다. 그리하여 당에서 소외된 서울·상해파는 1927년 12월 '춘경원 공산당'을 결성하고 송강과 절친한 서울 구파 이영(李英)[1]을 책임비서로 선출하였다. 이 또한 1928년 4월 신의주에서 조직원이 대거 검거되면서 와해되었다.

그 후 1928년 3월 차금봉을 책임비서로, 고광수를 고려공산청년회 책임비서로 하는 제4차 조선공산당이 결성되었다. 이 당도 1928년 7월 검거로 와해되었으며 1928년 국제공산당으로부터 승인이 취소되었다. 각 계파별로 진행된 조선공산당 조직 사건은 엄청난 희생과 함께 민족해방운동 진영에 여러 가지 교훈을 준 사건이었다.

한편 고학당 교장인 송강도 1926년 9월경 서울파의 중심인물인 이영의 권유로 고려공산동맹에 가입한 것으로 추정된

---

1) 1887~1960. 함남 북청군 출신, 원적은 이곡면 노초리. 1910년 경성고등보통학교, 1914년 중앙청년회관 중등과, 중국 남경강령제일실업학교를 졸업하였다. 호는 청농(靑農). 북청에서 3·1운동에 참여하여 서대문감옥에 수감되었다. 1921년 '서울청년회'에서 김사국에 이어 2인자로 활동하고, 1925년 조선공산당이 조직될 때는 '화요회'와의 대립으로 참여하지 못했다. 1928년 '서울파'와 '상해파'가 조직한 '춘경원 공산당' 사건으로 경찰에 체포되어 4년간 옥고를 치렀다. 1948년 4월 남북정당·사회단체대표자연석회의에 근로인민당 대표로 참가하고, 1948년 조선민주주의인민공화국 창건 때 최고인민회의 부의장을 거쳐 1953년 12월부터 의장을 지냈다. 1957년 9월부터 조국통일민주주의전선 의장단에서 활동하였다. 묘는 평양 애국열사릉에 있다.

다.[2] 그리하여 고학당 내에 서울파의 간부계와 공청계 세포조직이 완결되었다.

송강이 깊이 관여했던 서울파가 신·구파로 분열된 이후 조선공산당 제3·4차당에 가담했던 인물들과 독자적으로 '춘경원 공산당'을 결성했던 인물들은 대부분 검거되었다. 남은 사람들은 해외로 도피하거나, 표면 조직에 나서지 않고 이면에서 관여한 인물들이었다. 그리하여 서울파 당재건 운동은 서울파의 비밀 세포조직의 하나였던 고학당 야체이카를 중심으로 진행되었다.

서울파 '전위당'의 결성은 '춘경원 공산당' 검거 때 잡히지 않은 이운혁이 조선공산당 재건을 위해 고학당 교장 송강과 상의함으로써 이루어졌다. 이운혁은 송강과의 협의를 통해 자신은 당분간 한국에서 활동하기 어려울 것이라고 보고 블라디보스토크로 가서 해외 동지들과 연락하기로 하고, 이민용·방한민 등과 함께 전위기관의 결성을 당부하고 1928년 8월경 국외로 탈출하였다.

이후 1928년 12월에 코민테른 집행위 정치서기국은 <조선 농민 및 노동자의 임무에 관한 테제>를 채택하였다. 일반적으

---

2) 사회주의운동이 비밀리에 진행되었고 이에 대한 일제의 감시를 감안하면 송강이 서울파에 가입한 시기는 더 일렀을 것으로도 보인다. 서울파의 영수였던 김사국과 이영과는 3·1운동 이후 잘 알고 지내던 관계였다.

로 <12월 테제>라고 불리는 이 결의는 주로 노동자, 농민을 기초로 하여 공산당을 재건해야 한다는 내용을 담고 있었다. 이 같은 코민테른의 조선 문제에 대한 결정에 기초하여 만주에서 조선공산당 재조직 운동이 일어났다.

재조직 운동은 서상파의 조선공산당 재건설 만주부, ML파의 조선공산당 중앙집행위원회 만주 총국, 화요파의 조선공산당 만주 총국 등 3개 파로 갈라져 전개되었다. 서상파의 주요 인물은 김철수, 김영만, 윤자영, 오성세, 김규열, 김영식, 안상훈 등으로 이들은 1929년 3월 하순에 조선공산당 재건설 준비위원회를 조직하였다.

서울파 후계 조직원들은 '전위당' 결성을 모의하는 과정에서 <12월 테제>를 두 가지 경로를 통해 입수하였다. 하나는 이운혁을 통해서이고, 다른 하나는 '서상파'의 '당재건설 준비위원회'로부터다. 서울계였던 이운혁은 송도호와 정근을 밀사로 1929년 1월경 조선에 입국시켜 송강에게 동 <테제>를 교부하고, 송강을 책임비서로 하는 조선공산당의 잠정 조직에 착수하였다.

한편 서상파는 코민테른 당국이 요구하는 노동자와 농민을 당 조직의 기초로 하는 새로운 요소의 조선공산당을 건설하기 위하여 모스크바 동방노력자 공산대학 출신인 안상훈을 파견하였고, 재차 같은 해 5월에 송무영을 국내에 파견하였다.

이렇듯 서상파의 당재건 논의와 구체적인 움직임은 송강을 중심으로 1929년 초부터 본격적으로 시작되었다고 볼 수 있다. 다시 말해 '전위당' 결성은 서울파 전위조직 고려공산동맹에 관여한 송강을 중심으로 한 간부계와 고학당 내의 학생혁명당을 학생전위동맹으로 개칭한 공청(共靑)계가 결합하여 이루어졌다.

송강은 이민용, 정헌태, 방한민 등과 함께 1929년 1월 하순경 '조선공산당' 후계조직을 결성하였다. 동 조직의 중앙 간부로는 공산당 책임비서 겸 해외연락부에 이준열, 조직부에 이민용, 정치부에 정헌태, 조사부에 방한민 등으로 결정되었다. 또한 1929년 3월 상순 정관진, 김태래, 한경석 등이 모여 학생혁명당을 조선학생전위동맹으로 개칭하고 동 동맹의 중앙 책임에 김태래, 선전부에 김순희, 조사부에 한경석을 선임하였다.

조선공산당 후계조직 중앙 간부들의 면면을 살펴보면, 송강은 고학당 교장으로 서울파 지하조직 '고려공산동맹'원이었고, 이민용은 보통학교 졸업 후 가정교사를 하고 있던 역시 같은 동맹원이었다. 그리고 방한민은 김사국의 영향을 크게 받은 인물로 서울파 영수인 김사국이 만주에서 사회주의 청년들을 양성한 동양학원의 교장이면서 당시 조선일보 기자였다. 정헌태는 경성제1고등보통학교(현 경기고)를 중퇴하고, 도쿄

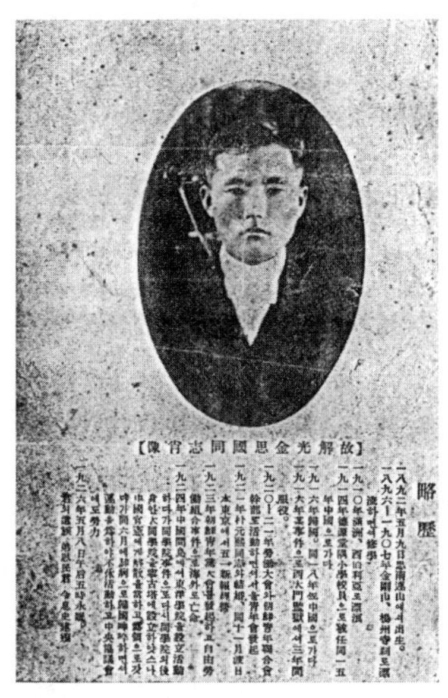

김사국의 사진과 약력

의 일본대학 사회과 전문부에 입학한 후 중도 귀국한 인물이었다. 그는 도쿄에서 협동조합사의 간부로 활약하고 있었다.

간부계와 공청계 조직을 완료한 이들은 야체이카, 고려공산청년회, 조선피압박동맹회 등의 조직에 착수하였으며 이어 세포단체로서 각 학교에 독서회를 조직할 것을 결의하였다. 그리고 조직부 위원 정헌태는 운동방침을 지식계급 중심으로 할 것을 결정했다.

앞서 언급한 후계조직은 1929년 6월 12일부터 이준열, 안상훈, 정헌태, 이시목, 방한민, 이민용 등이 검거됨으로써 와해되었다. 조직이 발각된 것은 과거 동지였던 허일(許一)의 변절과 간첩 소행으로 말미암은 것이었다. 검거 당시 약 150명 정도가 종로서에 수감되었는데, 그때 송강의 나이 33세였으며 단오 다음 날 아침이었다. 당시를 회고하는 송강의 글을 보자.

"무산자 교육을 하는 동안에 일본 제국주의의 압제와 학정에 대한 반항심은 날로 커가고 무산운동은 날로 왕성하여 갔다. 때마침 김사국, 이영 등은 3·1운동 때부터 알고 지내던 동지들이었다. 그분들과 자주 만나 우리 정세를 분석, 비판하고 서울파에 가입하게 되어 화요파와 대립하여 겉에는 나서지 않고 이면에 있되 고학생의 계급의식을 고양하였다. 토막 속에서 교양도 하고 조회 시간이면 일본인을 가상 적으로 돌격운동을 하며 당가를 고창하기도 하였다.

전국의 무산운동자의 검거가 시작되었다. 이영도 검거되었다. 사전에 내가 서울파를 대표하여 비서로 재조직 활동하기로 선출 되었다. 안상훈이가 노령서 귀환하여 활동하다 동지였던 허일이 란 자의 간첩 소행으로 150여 명이 종로서에 검거되었다. 33세 되던 단오 익일 아침에 고학당을 등지게 되었다.”

당시 각 신문지상에서는 사건의 명칭을 다양하게 표기하며 기사화하였다. 『동아일보』 1931년 1월 2일자에는 ‘제5공산당 (第五共産黨)’ 또는 ‘열성자 사건’으로 표기하였다. ‘제5공산당’ 이라고 한 것은 공산당 조직 및 발각이 다섯 번째라는 의미이 며, ‘열성자 사건’이란 당 간부의 조직방식에 초점을 둔 명칭이 었다.

한편 간부계의 검거에도 불구하고 동 공청계인 ‘학생전위동 맹’원들은 다행히 검거를 피할 수 있었다. 검거를 면한 정관진, 김태래 등은 도주하여 ‘학생전위동맹’ 조직을 확대 개편하였 고, 이어 광주학생운동에 깊이 관여하여 서울시위 확산에 중요한 역할을 맡았다.

이상에서 알 수 있듯이 1920년대 후반 코민테른의 <12월 테제>가 국내 사회주의 계열에 전해지고, 이는 각 계파별로 전위당의 재건 움직임으로 연결되었다. 송강도 1929년 6월 검거될 때까지 서상파를 대표하는 핵심적인 인물로서 깊이 관여했다.

후에 송강은 회고록에서 1920년대 후반 당시 일제 식민통치의 성격과 국내 사회주의운동 및 좌우합작 등 구체적인 현실인식을 다음과 같이 기록하였다.

"동양척식(주)은 군소 전답을 고리로 대여하여 결국은 강제로 수탈하였고 조선식산은행(朝鮮殖産銀行)은 고이자로 대액 대여하여 착취에 거보(巨步)가 있었고, 각 군과 큰 면지에는 금융조합이 산재하여 착취의 식민정치가 감행되는 동시에 헌병―치안 행정으로 울던 어린 아이가 헌병만 보면 그칠 정도였다. 한인의 부호들은 고리대금업에 도취되어 소작인들을 착취하기에 여념이 없고 ……

그 당시 사회운동 관계로서 최초에 북풍회, 상해파, 서울파, 화요파, ML파 등등이 산재하여 국내 국외를 파벌적으로 연결하여 파쟁이 일대 국가적 운동이 되어서 국제공산당 본부에서도 그의 장래가 허무하였다고 추정이 되었던지 모든 관계를 단절 반성하고 다시 앞으로의 완전 발전을 기약하고 있던 때였다. 나는 깊이 생각한 바 있어 좌는 좌, 우는 우로 단일조직의 순수한 운동단체를 재규합 결성하되 좌운동계는 청년 핵심으로 중심 결성하고 우단체는 역사적 생장에 순응하여 ……

국내외를 통하여 강력히 좌우합작을 시도할 수 있게 되면 시발하기로 결심하고 …… 국내에는 좌파 각 인의 통합을 그리고 우파로는 신간회를 결성하여 내외 합작 통일 강력조직을 결성하여

좌우를 통하여 일제 기반으로부터 해방운동을 강화하고 …… 일
본으로부터 독립운동을 감행함과 동시에 무계급 사회를 구성하
여……"

신간회 활동

송강은 서울파에 몸담으면서 고학당 내에 청년학생을 중심
으로 한 전위조직을 만드는 한편 좌우합작운동에도 적극 참여
하였다. 조선공산당 검거사건으로 와해 위기에 직면한 사회주
의자 계열과 비타협적 민족주의 성향을 가진 인사들이 몇
차례 회합을 통해 조직 결성을 도모하였다. 그 결과 1927년
1월 조직 계획이 발표되고 2월 15일에 신간회(新幹會) 창립으
로 이어졌다.

당시 사회주의자 인사들은 '민족문제'를 고민하면서 민족
주의자들과의 통일전선을 염두에 두었고 민족주의자들 또한
'비타협적 민족해방운동'에 대한 고민이 있었다.

송강은 신간회 창립 당시 식민지 조선의 사회경제적 진단,
신간회 창립 멤버와의 인연, 가담하게 된 계기 등에 대해
다음과 같은 구술을 남겼다.

"참으로 형극의 나라이며 염라대왕의 지옥의 표적이 되었다.
이런 중심에 일면 잊고 빼서는 안 될 것은 지방 호농들은 필요한
숫자로 친일파를 조성하여 중추위원 또는 도의원이니 감투를

씌우고 외면만으로 일본인과 한인의 일시동인을 부르짖어 내외 각칭으로 멸종할 계획 하에 억압을 감행하는 반면 소위 한인의 부호들은 고리대금업에 도취되어 소작인들을 착취하기에 여념이 없을 탐욕이 늘어 ……

이런 사태가 기미년 대한독립만세를 비롯하여 임시정부가 탄생되어 해방될 때까지 대세는 큰 변화가 없었다. 한심하였다. 민족의식이 있는 사람들은 해외로 거의 도망하여 독립군 양성 또는 직접 항일투쟁을 실행하는 반면 국내의 중년층 이상 중에 애국지사는 드물고 청년 대부분은 해외로부터 몰려오는 사회운동에 봉기되어 결국은 좌우합작의 민족사회의 합작운동으로서 신간회라는 일대 운동체가 조직되었다 ……

단연 우파의 민족주의자가 거의 전체이며 좌경도 일부 있었다. 광주학생사건으로 허헌, 조병옥 양씨는 서대문감옥에서 나와 같이 고생하였다. 이들 배후에 허헌 씨는 그의 딸 허정숙 씨가 연결하였고 연희전문에서 교편 생활을 하던 조병옥과 정헌태 군은 나와는 서로 알고 지내던 사람이었으며 친한 사이였다.”

송강은 신간회 경성지회에 소속되어 활동하였다. 1927년 경성 종로경찰서장이 경성지방법원 검사장에게 보낸 <신간회 경성지회 제2회 정기대회 개최의 건>에는 당시 활동가들의 사상 문제에 대한 조사보고서가 들어가 있었는데 대표 회원 후보 인명에는 신석우 등 민족주의자와 이준열 등 사회주의자의 명단 72명이 보인다.

또한 검거되기 직전 1929년 5월에도 송강은 동대문 중심의 신간회 경동지회 창립 발기 대회에서 주도적 역할을 담당하였

다. 그렇지만 신간회는 일제의 탄압과 내부 분열 그리고 공산
주의자들의 좌경적 해소 논쟁으로 1931년 5월 와해되었다.
신간회 해소는 모처럼 마련된 좌우합작 통일전선체가 무너진
것을 의미하였다.

날개를 잠시 접은 영욕의 감옥 생활

송강은 1929년 6월 검거 이후 종로서, 서대문감옥, 그리고
대전감옥 생활까지 7년이 넘는 긴 수감 생활을 하면서 사회
현실과 떠나 있었다. 그것은 시대를 실천적으로 고민했던
지식인으로서 영욕의 시간이었다. 더욱이 안타깝게도 그토록
존경했던 선친께서 돌아가실 때조차 임종을 지켜볼 수 없었
다. 이제 그 속에서 그가 체험했던 구체적인 일화와 다양한
사건에 앵글을 맞추어 보자.

서대문감옥 시절의 일로 1929년 11월 발생한 광주학생항일
운동[3]으로 검거된 학생 500여 명이 입감되었는데 송강이
있던 감방에도 8명이나 들어왔다. 학생들은 송강을 알아보고
"유물사관에 대해 강의하여 주십시요"라며 거듭 간청하였다.
이에 송강은 간수들에게 들리지 않게 틈을 타서 강의를

---

3) 1929년 11월 전남 광주에서 민족차별 및 식민지 노예교육 등에 반대하
여 일어난 학생항일운동. 발생 이후 전국 각지의 학교들이 호응하여
시위나 동맹휴학운동을 전개하였다. 전국적으로 190여 개 교, 5만
4천 명이 참여하였고 이 중 580여 명이 퇴학과 함께 실형을 언도받았다.

시작하였다. 그러나 2~3일 후 그만 간수들에게 들키고 말아 5일간이나 수갑을 차는 벌을 받았다. 수갑은 식사할 때도 잘 때도 풀어주지 않았고, 잘 때에는 등에다 대고 누워 있어야 했기 때문에 괴롭기 짝이 없었다. 그런데 송강은 신체적으로 몸에 비해 손이 작은 편으로 손목도 매우 가늘었다. 그러다 보니 수갑이 헐거워서 마음대로 뺄 수가 있어 잘 때는 수갑을 빼어 놓고 자게 되었다. 다음 날 아침 기상 후에 수갑 점검 시간이 되었는데 수갑을 빼고 자서 그런지 손목이 부어 수갑이 들어가지 않았다. 아무리 끼워도 듣지 않는지라 또다시 큰 벌을 받게 될 상황에 처했다. 어떻게 이 위기를 모면할 수 있을까 고민하다가 방에 있던 냉수에 손목을 담갔다가 수갑을 끼우니 비로소 간신히 들어갔다. 순간의 재치로 위기를 모면한 것이다.

서대문감방에서는 3명이 동거하였다. 교장으로 있던 고학당의 학생들이 푼돈을 모아 가끔 사식을 차입하여 주었다. 어느 날 오후 사식이 들어왔는데 뚜껑을 열어보니 고기 몇 점이 들어 있었다. 밥을 먹을 때에 동지들이 신경 쓰여서 한 점씩 나누어 주었다. 밖 시찰구 앞에서 이를 가만히 엿보던 일본인 간수가 문을 열고 송강을 불러냈다.

"감옥 규칙상 사식을 타인과 나누어 먹지 못하는 것은 그대도 잘 알고 있지 않은가?"라고 소리를 지르며 "어찌하여 그런

범행을 하였는가"라고 하면서 질책하였다. 이에 송강은 "인정상 고기를 도저히 혼자 먹을 수 없어 잘못된 일인 줄 알면서도 한 점씩 나누어 주었다"고 대답하였다.

일본인 간수는 "나를 무시하는 것이냐"라며 결박을 하고 승마줄로 한 시간 이상 어깨와 등을 무자비하게 패기 시작하였다. 송강은 그런 폭력에도 이를 꾹 악물고 참았다. 간수는 그를 때리다 못하여 한참을 발길로 차고 욕설까지 퍼붓다가 할 수 없었던지 감방으로 돌려보냈다. 기진맥진한 송강은 너무도 분하여 소장과 담판할 목적으로 면회를 청하였다. 그러나 끝내 관철되지 않았다. 폭압적인 매질에도 송강의 독립에 대한 의지와 사상을 빼앗을 수는 없었지만, 당시 감옥에서 얼마나 심하게 매질을 당했던지 평생 동안 피로하면 어깨를 구부릴 수 없는 불치의 병으로 고생하게 된다.

감옥 안 동지들과의 연락과 소통을 위해서는 사상범만이 알고 사용하던 암호를 작성해서 보급 이용하였다. 암호는 감방의 벽을 손으로 톡톡톡 두드리는 것이었다. '가'는 한 번, '나'는 두 번, '다'는 세 번을 치고 마찬가지로 'ㄱ'은 한 번, 'ㄴ'은 두 번 하는 식으로 '가'를 한 번 치고 또 한 번을 치면 각이 된다. 간은 '가'를 한 번 치고 다시 두 번을 쳐서 ㄴ을 표시한다. 이렇게 말을 엮어 벽을 치면 똑똑 소리를 듣고 알게 되는 것이다. 예를 들어 단식투쟁을 할 경우 모두

대전형무소

이런 방법을 써서 연락하여 일제히 한날 한시에 궐기하였던
것이다.

사상범과 보통범을 분리한다는 일제의 정책에 따라서 송강
은 서대문형무소에 있던 안창호, 구연흠(具然欽),[4] 최익한 등
32명과 함께 1933년 3월 28일 기차로 대전형무소로 옮겨졌다.

이송되기 전날 4~5인씩 각각 감방에 갇혀 있다가 그 다음
날 대전행 기차 한 칸에 함께 타고 가게 되었다. 서로 모의하기
를, 대전역에서 하차하면 만세를 부르자고 하여 송강이 주동

---

4) 1883~1937. 경기도 양주 출생. 한학을 수학하다가 과거에 급제하여
1900년부터 하급 관직을 두루 거쳐 1907년 내부서기랑 판임관 7급에
임명되었다. 1923년 홍명희 등과 신사상연구회를 조직하고 조선공산
당 사건 때 검거를 피하여 상해로 도피하였다. 1930년 일본경찰에
체포되어 6년형을 언도받고 1935년 만기 출옥하였다.

자 역할을 맡기로 하였다. 상황에 따라서는 가형도 각오해야 할 일이었는데, 이 계획은 전에도 유사한 사례가 있어 경계가 삼엄했던 까닭에 할 수 없이 포기하고 묵묵히 입소하였다.

형무소에는 사상범만 모여 작업하는 휴지공장이 있었다. 약 30여 명의 동지가 모여 공작을 하고 작업이 끝나면 독방으로 각자 돌아갔다. 그곳에서 최익한(崔益翰),[5] 박낙종(朴洛鍾),[6] 하필원, 주청송, 권오돈 등이 모여 가끔 한시를 지었다. 특히 최·박·권 3인은 우수한 작품을 많이 지었다. 휴지공장 말고

---

5) 1897~?. 경북 울진군 북면 출생. 중동학교를 1년 마친 후 기독교청년회 관에서 영문학을 배웠다. 임시정부 군자금 모금 건으로 체포되어 징역 4년형을 선고받고 서대문형무소에서 복역하였다. 출감 후 와세 다 대학에 입학하고, 1925년 안광천 등이 결성한 일월회에 가입하였으 며 조선공산당 일본부에 입당하였다. 1928년 제3차 조선공산당 검거 사건으로 체포되어 징역 6년형을 선고받았다. 조선건국준비위원회 조사부장에 선임되었고 1946년 통일전선체인 민주주의민족전선 기 획부장으로 활동하였다. 3당 합당 때 박헌영 중심의 남조선노동당에 반대하여 여운형의 사회노동당에 가입하고 이어 근로인민당 중앙위 원이 되었다. 1948년 월북하여 황해도 해주에서 열린 남조선인민대표 자대회에서 대의원에 선출되었다.

6) 1899~1950. 경남 사천 출생. 중동학교를 다니다가 1926년 와세다 대학 정치경제과를 졸업하였다. 일본에서 김약수 등과 사회주의 단체 인 북성회를 결성하고, 북성회를 해체하고 1924년에는 일월회를 결성 하였다. 1927년 조선공산당 일본부 책임비서를 거쳐 1928년 제3차 조선공산당 사건 때 검거되어 징역 5년을 선고받고 서대문형무소에 수감되었다. 1946년 통일전선체인 민주주의민족전선 중앙위원을 거 쳐 5월에 소위 '위조지폐 사건'인 정판사 사건으로 검거되어 무기징역 을 선고받고 6·25전쟁 때 총살당했다.

도 대전감옥에는 어망을 뜨는 공장도 있었는데 그곳에서 사상범 동지 60여 명과 작업하였다. 낮에 그물을 뜨다가 깜박 한두 번씩 졸거나 하면 밤을 꼬박 새워야 했다.

당시 신경쇠약과 위장병으로 고생하던 송강은 감옥에서도 소량의 식사밖에 할 수 없었다. 7등의 콩밥을 반씩 덜어 한 그릇의 밥을 1회 70번 이상씩 씹어 거의 물과 같은 상태로 만들고서야 목으로 넘길 수 있을 정도였다.

감옥에서는 관례대로 정월 초하룻날 아침에 쌀밥 한 그릇과 정어리 한 마리, 그리고 밀감 한 개에 모찌(왜떡) 두 개씩을 나누어줬다. 송강이 쌀밥을 받은 후 반을 갈라 강도범으로 징역 14년형을 언도받은 소제부에게 넘겨주었더니 그가 도로 돌려주면서 "드시지 왜 나에게 주느냐"고 물었다. 송강이 말하길, "위장병으로 수년간 습성이 몸에 배어 7등 밥을 반씩 먹는다"면서 그 소제부에게 다시 내주었다. 소제부가 말하길 "1년에 겨우 한 번 먹게 되는 쌀밥을 안 먹다니, 그게 무슨 말씀이오. 나 같으면 먹고 곧 죽어도 다 먹겠다"며 고맙게 받아갔다.

송강은 부당한 대우를 개선하기 위해 옥중투쟁동지회의 책임자로 선출된 일도 있었다. 노동절을 축하하기 위하여 메이데이인 5월 1일 모두 소리 높여 만세를 부르고 목에 피가 나도록 요구 사항을 외쳐댔다. 대우개선을 위한 단식투쟁은 이후에도 송강과 동지들이 여러 차례 벌인 옥중투쟁이었다.

전향 공작과 사상범들의 놀이문화

한편 감옥의 사상범들에 대한 일제의 전향 공작은 집요하고 끈질기게 이어지고 있었다. 일제는 전향 공작을 위해 최남선이 지은 「かんながらのみち(惟神)」라는 일본어로 된 팸플릿을 돌렸다. 내용은 일본 천조대신(天照大神 : 아마테라스오미카미)과 단군이 형제이므로 일본과 조선[內鮮]이 하나가 되어[一體] 일본 천황에게 충성하라는 것이었다. 여기에 일본공산당 당수 사노 마노부(佐野學)가 감옥에서 전향한 글도 돌리는 등 독립운동가들의 마음을 돌리기 위해 온갖 수단을 다 동원하였다. 이에 따라 서대문감옥과 대전감옥에서도 여러 명의 전향자 및 감형을 받은 출옥자가 나왔다.

감옥에 있을 당시 수감자들의 모습과 일제의 전향 공작에 대해 송강은 다음과 같은 회고담을 남겼다.

"서대문감옥에는 허헌·조병옥 등이 신간회 사건으로 들어왔는데, 조병옥 씨는 무슨 까닭인지 매번 통곡을 하여 평판이 자자하였다. 대전감옥에는 몽양 여운형, 도산 안창호, 김창숙 씨가 있었다. 김 씨는 간수들에게 명령조로 '~해라'라고 해서 유명하였다. 박낙종, 최익한, 유림 등의 60여 명이 재감중이었다. 여운형과 안창호 두 분은 행장이 좋고 겉으로 사상을 고쳤다고 하여 상도

타고 수개월씩 형기를 감하여 출옥하였다. 김창숙 씨는 병이
들어 병감에 오래 있었으며 사상 표리가 곧아서 간수들이 취급에
애를 썼으며 감형도 없었다.”

사상범들에게 일본 천황이 새롭게 탄생했다는 이유로 약간
씩의 은사가 있었으며 송강도 8개월 가량 감형이 되었다.
　일제의 지속적인 전향 공작에도 송강을 비롯한 대부분의
동지들은 감옥 안에서 묵묵히 시간과의 싸움을 계속하고 있었
다. 때로는 단식투쟁과 메이데이를 기념하는 외침 등의 몸짓
도 있었지만 그들끼리의 조용한 토론과 놀이 문화도 만들어
소통하는 시간을 만들었다.
　송강은 이곳에서 사회주의운동을 하다 들어온 거의 대부분
의 사람들이 ‘감옥을 나가면 이혼하겠다’는 말을 수시로 들었
다. 그들이 내세운 이혼의 첫 번째 이유는 동지가 아니라는
점, 두 번째는 무식하다는 점, 그리고 세 번째는 나이가 많다는
점 등이었다. 그야말로 감옥 생활을 함께한 동료들의 셋 중
둘은 한마디로 ‘이혼파’에 해당하였다.
　조용히 이 문제에 관해 토론하던 중 송강이 발언할 기회가
있었다.

“나의 처 또한 무식하고 부모가 강제로 결혼시켰으며 연령
또한 1세 위이다. 물론 동지라고도 할 수 없다. 그러나 나의 일이라

면 무조건 돕는다. 그리고 몸은 건강하다. 서울에 있는 고무공장에 다니며 내 옥바라지를 하고 있다. 고학당 학생들이 1인당 5전 모금하여 1칸짜리 전셋집을 얻어주어 겨우 생활하고 있다.

나는 방금 소방복을 입고 소방차를 타고 불을 끄기 위해 출동중이다. 도중에서 꽃동산을 보았다. 불이 타는데 생각을 잊고 꽃구경을 하러 갈 수 있느냐. 우선 불을 끄고 그런 문제는 뒤에 생각하기로 하자.”

그의 말은 다수를 이루던 ‘이혼파’들에게 신선한 충격을 던졌다. 묵묵히 듣고 있던 동지들 대부분이 마침내 송강의 말에 수긍하면서 고개를 끄덕였다. 송강의 말이 ‘이혼이라는 행동이 혁명운동에 지장을 초래하니 하나도 열도 온갖 힘을 혁명에 집중하여 잠시라도 속히 갱생의 길로 돌진 매진하라’는 의미로 다가갔던 것이다.

당시 송강의 처 허정은 단칸방에서 어린 남매 3명과 함께 살고 있었다. 고무공장 노동자로 취직하여 쥐꼬리만한 월급으로 입에 풀칠도 못한 채 오직 남편의 석방만을 손꼽아 기다리고 있었던 것이다. 허정은 독립운동이니 공산주의니 하는 말들이 무엇을 의미하는지 몰랐어도 남편이 하는 일은 마땅히 올바른 일이라고 생각하였다.

감옥의 각종 공장에서 진행되는 공동작업은 일임과 동시에 동지들끼리의 대화와 놀이문화를 공유할 수 있는 휴식시간이기도 했다. 어망 만드는 일은 50여 명의 사상범만이 집합하여 오랫동안 했는데, 한 자리에 다섯 명씩 일렬로 앉아 그물을 떴다. 그물을 뜰 때는 그 작업 자체가 일종의 안식처가 되었다. 큰소리를 지르는 것은 금지되었지만 조그만 목소리로 대화하는 것은 가능하였다. 여러 가지 잔잔한 물결처럼 퍼져나간 이야기들은 잡담이 대부분이었으나 때로는 시를 짓는다든가 각자 살아 온 이력과 경험담을 주고 받기도 하였다.

어느 날 나이 젊은 동지들을 뽑아서 기생조합을 만들어 얼굴이 예쁘고 나이 어린 사람들에게 사회에서 부르는 기생 이름을 붙여 춘화, 춘강, 추월, 홍도 같은 별명으로 불렀다. 송강이 조합의 장으로 피선되어 기생조합장의 직함을 얻고 임원도 선정하였다. 어떤 기생이든 지명을 받으면 주변 눈치를 보면서 자신의 재주를 한 가지씩 보여주어야 했다. 대개는 실없는 엄한 소리였다.

지루한 감옥 생활에서 잠시 웃고 즐길 수 있는, 무료한 시간을 잊고자 만들어 낸 심심풀이 놀이문화라 할 수 있다.

외유내강의 목석 같은 전무님

송강이 영욕의 시간을 보내고 있던 1920년대 후반에서 1930년대 중반의 세상 밖 식민지 조선의 현실은 매우 비참하고 암울했다. 만주 침략의 깃발을 든 일제의 폭압은 날로 그 강도가 심해져 민중의 생활은 점점 열악해져 갔고 더욱이 국내 사회주의운동 진영은 큰 타격을 받아 회복 불능 상태에 빠졌다. 간간히 전해지는 세상 소식을 들으면서 송강의 기나긴 감옥 생활도 마침표를 찍어가고 있었다.

송강은 1937년 음력 12월 30일 만기를 채우고 석방되었다. 송강이 감옥에서 나와 8년 만에 들른 고향 온양의 시골집은 살림은 쇠락하고 형 상열은 중병에서 겨우 회복한 상태였다. 당연히 서대문감옥에 있을 때 돌아가신 아버님의 모습은 찾아볼 수 없었다. 고향집에서 이틀을 머문 후 장녀 기인이 잠시 머물고 있던 목천 처갓집에 들러서 서울집으로 왔다. 부인 허정은 고학당 때 설립한 서울고무공장에 직공으로 취직하여 품팔이를 하면서 겨우 생계를 꾸려 나가고 있었다. 장남 기홍은 숭인보통학교를 졸업하고 옛 용산조선인쇄소에 취직이 된 상태였다.

송강이 감옥에 갇히자 고학당 학생들이 5전씩을 거두어 합계 50원으로 전세방 1칸을 마련해 주었다. 송강은 빈한한 생활을 8년이나 지탱해 온 처의 생활력에 경외의 마음을 표현하였다. 8년간 옥에서 받은 상처를 치료하고 아침식사에 두 숟갈, 점심에 두 숟갈, 저녁에 두 숟갈씩 소량의 식사를 하며 속을 달랬다. 며칠 후에는 2~3숟가락 정도는 먹을 수 있게 되었고 차츰 5~10숟가락으로 그 양을 늘리면서 몸을 조금씩 회복했다.

이후 송강은 1930년대 후반에서 1945년 해방 이전까지 광산업에 종사했다. 다음의 내용은 송강의 평소 인품과 성격을 보여주는 일화들이다.

장진광산에서 있었던 일이다.

영하 42도까지 내려가는 추운 곳에서 한겨울을 지내고 1월 말 경에 영평으로 돌아오는 도중이었다. 40리나 되는 장진읍까지 5~6명의 사원들이 전송을 나왔다. 술에 취하여 다른 사람들보다 먼저 여관으로 돌아왔다. 자다 깨어 보니 젊은 여자가 옆에 있다가 웃으면서 반겼다. 송강은 평소 외입은 안 하기로 결심하고 있었기 때문에 냉정한 말로 돌려보냈다.

아침 일찍 사원 여러 명이 와서 "여자를 어떻게 그리 괄시하십니까"라고 말을 건넸다. 송강과 사원들은 서로 쳐다보며 피식 웃고 말았다.

다음은 '목석'이란 별명이 생기게 된 일화이다. 송강이 광업회사의 고위직에 있었던 당시에는 여러 가지 대외관계로 요정에서 회식을 하는 경우가 많았다. 그런 곳 중에 기생 출신의 김옥교라는 여자가 운영하는 요리점 청향원이 있었다. 그녀는 청향원을 청향호텔로 만들 목적으로 송강의 회사에 자주 와서 주식 응모를 권유하였다.

그 요리점은 회사와 근거리에 있는 관계상 손님들이 오거나 회사 사람들과 회식을 하거나 할 때 자주 들르던 곳이었다. 그런데 회식을 할 때면 항시 자리에 불려와서 술을 따르는 전이라는 기생이 있었다. 하루는 자정이 되어 귀가하려고 자동차에 오르는데, 그녀가 차문 앞에서 "낙원동이 나의 집인데 거기까지 데려다 주실 수 있나요?"라고 사정을 하였다.

송강은 흔쾌히 허락하고 자동차로 그녀의 집 앞까지 데려가 내려주었다. 차에서 내린 그녀는 "차 한 잔 드시고 가시지요"라며 굳이 강권했다.

송강은 정말 차나 한 잔 마시고 돌아갈 생각으로 자동차를 대기시켜 놓은 채 들어갔다. 방은 화려하지는 않았다. 그녀가 과일과 차를 갖고 왔다. 한 잔 마시고 일어서려는데 그녀가 옷깃을 잡으면서 만류하였다. 송강은 처음 당하는 일이라 매우 곤혹스러웠다. 태연한 마음으로 신병도 있고 여러 가지 사정이 있어서 자고 갈 수 없으니 그리 알라며 설득하였다.

그녀는 차분해지는가 싶더니 갑자기 이불까지 내려놓고는 강요하는 것이었다. 송강이 끝끝내 불응하니 "한강에 가서 빠져죽겠다"고 소리쳤다. 송강이 다시 "그것은 네 자유이니 마음대로 하라"며 정색하고 대응하였다.

장장 4시간에 걸쳐 실랑이가 계속되었다. 어느덧 날이 밝아 오고 그녀가 마음을 가라앉히자 송강은 다시 만나기로 하고 홀연히 자리에서 일어섰다. 한겨울이었다. 모자와 구두를 챙

겨 문 밖으로 나와 보니 시간이 일러 자동차가 좀처럼 잡히지
않았다. 걸어서 사거리 부근까지 와서 차를 잡아타고 창신동
집에 도착하니 아직도 어둑어둑하였다. 송강은 심신이 매우
피곤하였다. 내의는 땀에 축축히 젖어 있었다. 송강은 이 경험
을 입 밖에 내지 않았지만 전이라는 기생이 주변 동료들에게
이 이야기를 퍼트리는 바람에 이후 '대동광업주식회사 전무님
은 목석'이라는 별명이 붙게 되었다.

한 번은 장진광업소에 출장을 가는 도중에 있었던 일이다.
기차로 강계역에 내리니 전용 백동차가 와서 기다리고 있었
다. 장진광산까지는 백리가 넘는 길인데다 험산 준령이어서
걸어가기도 매우 힘든 지형이었다. 운전수는 조심스럽게 차를
몰고 있었다. 광산을 20리쯤 남겨 놓은 지점에서 이상한 소리
가 나더니 차가 바로 멈출 듯 말 듯하며 위험한 상황에 빠졌다.
옆자리에는 영접 나온 두 사람이 타고 있었는데 당황한 그들은
정신이 나가 있었다.

송강은 "우지끈 찍닥" 하는 소리가 들리자 어느 방향으로도
고개를 돌리지 않은 채 운전수에게 "앞만 보고! 앞만 보고!"라
고 소리치며 "천천히, 천천히"라는 말을 반복하였다. 이에
운전수도 침착하게 차를 앞으로 전진시켜 무사히 사무실에
당도할 수 있었다.

다들 "휴－" 하고 한숨을 내쉬었고, 실내로 들어가면서 주변

직원들에게 그간의 경위를 무용담같이 이야기하였다. 운전수
는 "벼락이 쳐도 눈 한 번 깜짝 안 한다더니 정말 전무님을
두고 하는 말입니다"라며 송강의 침착하고 냉정한 태도에
감동을 받은 눈치였다.

제6부

대동사회를 꿈꾼 '대동균체론'

민족지도자 몽양, 송강을 찾다

서울파 공산당 재건사건으로 검거된 송강은 7년이 넘는 오랜 수감 생활을 끝내고 1936년 12월 출옥했다. 송강은 수감 생활로 건강이 악화되어 집에서 요양 중이었음에도 집에는 찾아오는 손님들로 북새통을 이루었다. 12월 어느 날, 몽양 여운형 선생이 찾아왔다. 몽양은 먼저 쾌차하라며 종로에서 산 음료수와 떡을 건넸다. 이어 송강에게 나지막이 시선을 주며 말했다.

"송강 선생! 몸은 좀 어떠하신가. 잘 추스르고 빨리 쾌차해 일을 시작해야 할 텐데!"

"몽양 선생, 염려해 주시어 참으로 고맙습니다. 선생도 별고 없으셨습니까?"

송강은 조국독립사업에 제일 앞장서 매진하고 있는 몽양의 건강을 오히려 염려했다. 몽양이 출옥도 축하할 겸 바쁘게 송강을 만난 것은 나름의 사정이 있었다. 당시 중외일보(조선 중앙일보)[1] 사장이었던 몽양은 송강에게 중외일보의 기금이

---

1) 일본 제국주의는 3·1운동 후에야 조선인들에게 신문, 잡지 발행을 허용했는데, 『중외일보』의 시작은 『시대일보』이다. 1924년 3월 최남선이 일간지 『시대일보』를 창간하였고, 1926년 9월 이상협이 『중외일보』라는 제호로 발행허가를 받은 뒤 1931년 6월까지 <지령 제1492호>를 내고 종간하였다. 1931년 11월 김찬성이 『중앙일보』라는 이름으로 조선총독부로부터 발행허가를 받고 1933년 2월 몽양 여운형이 중앙일

부족해 회사가 곤란하다고 말하면서 신문사의 이사로 취임해 함께 어려움을 이겨내자고 제안했다.

송강은 아랫입술을 깨물고 침을 삼키며 잠자코 듣다가 조심스레 말을 건넸다.

"몽양 선생, 선생과 마음은 늘 함께하고 있습니다. 그런 제안조차도, 부족한 저에게는 너무 과분합니다. 다만 오랜 수감 생활로 몸이 불편해 활동이 어려운 것을 어찌 표현해야 할지 무안할 뿐입니다."

송강은 고개를 천천히 떨구며 다소 긴장한 목소리로 정중히 거절하였다. 이 말을 꺼내놓고서도 송강은 못내 미안한 마음을 거둘 수 없었다. 방안 공기가 무거워지는가 싶더니 송강과 몽양은 서로 말없이 고뇌어린 눈빛만 교환하였다. 마침 대청마루 건너편에서는 비가 내리고 있었다.

이렇게 송강은 중외일보 이사로 참여해 달라는 몽양의 요청을 정중히 거절해야 했고, 중외일보는 일제의 탄압으로 그로부터 1년 뒤인 1937년 11월 5일 폐간되었다. 송강이나 몽양이나 그 안타까움은 이루 말로 표현할 수가 없었다.

보 사장에 취임하여 다음 달에 제호를 『조선중앙일보』로 고쳤다. 이 무렵 『동아일보』, 『조선일보』와 함께 조선의 3대 일간지로 자리매김 하였으며 사옥을 증축하고 소속 잡지로 『중앙』, 어린이잡지인 『소년중앙』을 발행하기도 하였다.

평생동지 이종만과 다시 손을 굳건히 잡다

출옥 후 요양중인 송강을 보기 위해 찾아오는 사람은 실로
다양했다. 그 중에서 송강을 새로운 사업과 전망으로 이끈
사람은 남호 이종만 선생이었다. 몽양이 다녀가고 난 며칠
뒤 전 경성고학당 후원회 이사였던 이종만이 찾아왔다.

이종만은 경남 울산군 대현면 용잠리 출신으로 1885년에
태어났다. 어릴 때 서당에서 한학을 공부했을 뿐 정규 학교에
서 신학문을 배우지는 못했다. 나라를 뺏긴 뒤 향리에 서당을
세우고 계몽운동을 전개한 그는 농촌사업과 노농청년 교육에
뜻을 두고 있었다.[2]

송강은 이종만과 함께 15년 전 일생의 마지막 사업이라는
각오로 열과 성을 다해 고학생들을 보살피고 가르쳤지만,
고학당은 광주학생사건으로 강제폐교되어 문을 닫은 터였다.

얼굴은 물론 소식조차 들을 수 없었던 10년의 세월을 뒤로
하고 송강과 이종만은 서로의 시선을 자세히 살피며 친형제와
같은 회포를 나누었다.

"신문에 난 출옥 기사를 보고 왔소. 몸은 어떠신가?"
"아니 이게 누구십니까. 남호 선생 아니십니까?"

---

2) 이종만의 생애는 고 방기중 교수(연세대학교 사학과)의 논문 「일제말기
대동사업체의 경제자립운동과 이념」(1994년)에 잘 정리되어 있다.

송강은 이종만의 근황에 대해 10년 가까이 전혀 소식을 듣지 못한 처지였다. 다시 만나기 10년 전에 이종만은 경성고학당 제빵공장 책임자로 있다가 물러난 바 있었다. 그 뒤 이종만은 '함경남도 영흥군에 개간지가 있어 경영을 해야 되는데 자금이 없다'며 송강에게 편지를 썼다. 그 즉시 송강은 강화에 있는 지인 조종식 씨에게 학교에서 경영하는 농장 개간용이라는 내용의 편지를 써서 도움을 요청했다. 긴급히 자금을 요청한 셈이다. 조 씨가 300원(현재 가치 3000만 원)을 보내주었고 그 덕분에 이종만은 함남 영흥으로 집을 이사할 수 있었다. 1년 뒤 송강은 감옥에 끌려갔다.

그러다 이 날 10년 만에 다시 만나 회포를 푼 것이다. 서로 부둥켜안고 어찌할 바 모르며 재회의 기쁨을 맛보았다.

이후 이종만은 송강의 생활비와 치료비를 보조하고 자주 들렀다. 이종만은 송강에게 금산(영평광산)에서 요양할 것을 권하며, 금산을 매도하게 되면 그 수입금으로 대농장을 건설하자고 제안했다. 송강은 이종만의 말에 두 눈을 번쩍 뜨며 마음 속으로 흥분하였다. 송강은 이종만의 통 큰 보폭을 아는 터라 몸도 추스리고 새 사업도 펼칠 겸 그와 함께 드디어 함흥 영평광산으로 갔다.

칠전팔기의 대명사, 이종만의 삶

송강과 이종만이 의기투합하여 함흥으로 가기 전, 이종만은 그야말로 사업실패를 밥 먹듯 하면서 파란만장한 삶을 보냈다.[3]

송강이 감옥에 들어가기 전 지인 조 씨를 통해 이종만에게 자금을 긴급하게 지원한 보람도 없이 함남 정평군 영평평야 개척사업, 함남 북청의 개간사업 등은 모두 무위로 돌아갔다. 그 후 이종만은 다시 방향을 돌려 함경남도 영흥군 진평면에서 동창광산을 경영하다가 또 실패하고, 다시 1928년에는 함경남도 신흥군 명태동에서 3년간 광산을 경영하며 이상농촌의 건설을 꿈꾸다가 역시 실패했다. 실로 이종만은 칠전팔기의 불사조 같은 인물이었다. 1931년 12월 27일, 마흔일곱 살을 코앞에 둔 이종만은 주머니에 겨우 27전의 돈을 들고 백설이 성성한 길을 걸어 또다시 신흥군에서 광업개발회사와 기린광산을 차렸다.[4]

이종만의 실패담은 사업에 뜻을 두기 시작한 20세 무렵으로까지 그 연원이 올라간다. 1904년 러일전쟁이 발발하자 '옥도정기(沃度丁幾 : 요오드 팅크)'의 원료인 미역을 매집했다가 전쟁이 일찍 끝나는 바람에 미역 값이 폭락하면서 도산했다.

---

3) 전봉관, 「전봉관의 옛날 잡지를 보러 가다 15」,『신동아』통권 564호, 2006. 9. 1, 556~579쪽.

4) 「이종만씨의 인물」,『조광』1937년 7월호.

고깃배를 빌려 대부망 어업에 나섰다가 풍랑을 만나 파산했고, 고향에서 대흥학교를 설립했다가 신문화를 배척하는 동네 노인들의 반발로 1년 만에 문을 닫기도 하였다.

제1차 세계대전 중에는 중석광산에 뛰어들어 한때 큰돈을 만지기도 했지만 종전 후 중석 값이 폭락하는 바람에 도산했고, 금강산으로 옮겨가 목재상을 차렸다가 수해를 입어 도산했다. 서울에서 고학당을 차려 고학생 운동을 벌였지만 역시 자금 부족으로 4년 만에 문을 닫았고, 강원도에 들어가 금광 개발에 나섰다가 동업자의 배신으로 빈털터리가 되었다. 스무 살에 어물상을 차린 후 쉰 살에 이르기까지 30여 년간 무려 28번이나 사업을 벌여 모조리 실패했다.

이종만의 생애를 꾸준히 연구한 한국과학기술원의 전봉관 교수는 자신의 저서에서 28전 29기의 실패담을 다음과 같이 재구성하였다.

"1919년 7월, 전국적으로 폭우가 쏟아졌다. 6월 중순부터 지루하게 이어지던 장맛비는 7월에 접어들자 쉬지 않고 퍼부었다. 삼림이 우거진 금강산에도 물난리가 났다. 30대 중반에 접어든 목재상 이종만은 구멍 뚫린 하늘을 쳐다보며 긴 한숨을 내쉬었다.
'이번에도 틀린 것인가'
1905년 약관의 나이에 청운의 꿈을 안고 고향을 떠난 지도 벌써 15년이 흘렀다. 한 해에 한 번꼴로 어김없이 맛본 실패였지만, 이처럼 무기력하게 당하기는 처음이었다. 지난해 강원도 양구의 중석광산에서 실패하고 얼마 남지 않은 재산을 정리해 옮겨온 곳이 금강산 유점사 아랫마을이었다.

시세 변동도 크고 어디에 얼마나 묻혔는지 알 수 없는 광물을 찾아다니는 광업은 본질적으로 투기사업이 될 수밖에 없었다. 거듭된 실패에 지친 이종만은 안정적인 사업을 하고 싶어 금강산에 들어와 목재상을 차렸다. 금강산 일대에서 무진장으로 나오는 값싼 원목을 사서 철로 침목이나 광산 갱목으로 가공해 팔면 세 곱절은 족히 남았다. 일확천금을 바랄 만한 사업은 아니지만 그럭저럭 재기의 발판은 마련할 수 있을 것이라 믿었다.

그러나 재수 없는 사람은 뒤로 넘어져도 코가 깨진다던가. 이번엔 천재지변이 멀쩡한 사업을 송두리째 앗아갔다. 하구로 옮기기 위해 개천 옆에 쌓아둔 목재가 수마에 쓸려 흔적도 없이 사라진 것이다.

'차라리 화마(火魔)라도 맞았더라면, 숯이라도 건졌을 것을……'

이제는 정말로 빈털터리였다. 가슴속 깊은 곳에 품은 꿈을 이루기 위해 바다로, 산으로, 들로 악착같이 떠돈 15년 세월이 이종만에게 남긴 것은 감당하기 어려운 빚과 이마에 깊게 팬 주름, 손바닥에 단단하게 박힌 굳은살이 전부였다. 이종만은 땅을 치며 통곡하고, 밤낮으로 술을 마시고, 운명을 저주하고, 심지어 고단한 인생을 끝내버리려 모진 마음도 먹어보았다. 그러나 원망한다고 해결될 문제가 아니었다. 더구나 이대로 죽어버리기에는 가슴 속에 품은 꿈과 피끓는 청춘이 너무나 아까웠다.

'어떡하긴 어떡해. 다시 시작해야지.'

이종만은 지난 15년간 언제나 그래 왔던 것처럼 지나간 일에 대한 미련을 훌훌 털어버리고 살길을 찾아나섰다. 한여름 찜통더위 속에서 수마가 할퀴고 간 금강산을 터벅터벅 내려가는 이종만에게는 다행히도 한 가지 밑천이 남아 있었다. 나빠지려 해도 더는 나빠질 것이 없는 상황이라는 점이었다."5)

즉 이종만이 거듭된 사업 실패를 겪으면서도 송강과 뜻을 함께한 사상을 몇 줄로 압축해 보면

"농업, 광업, 어업, 임업 …… 손대는 일마다 처참하게 실패하고야 마는 운 없는 사내가 있었다. 될까 싶으면 어김없이 딴죽을 거는 천재지변과 전쟁은, 그러나 이 사내의 도전의식마저 꺾을 수는 없었다. 약관의 나이에 세상에 나온 지 30년 세월, 때맞춰 조선에 불어닥친 '황금광 열풍'에 힘입어 그는 마침내 거부로 거듭나는 데 성공한다. 그러나 '이익의 사회 환원'과 '이공계 인력 양성'이라는 꿈을 품은 그는 당시 자본가들의 갖가지 '룰'을 깨고 집단농지계획과 7대 3 소작제 같은 파격적인 행보에 나서는데 ……"6)

로 줄일 수 있을 것이다.

이종만은 쉰 살에 29번째 사업인 영평금광에서 노다지 금맥이 터져 30년 만에 처음으로 성공을 맛보았다. 실패를 거듭하면서도 그가 끝까지 버틸 수 있었던 것은 언젠가는

---

5) 전봉관, 「금광왕 이종만의 아름다운 실패」, 『럭키경성』, 살림출판사, 2007, 148쪽.

6) 전봉관, 「전봉관의 옛날 잡지를 보러가다⑮」, 『신동아』 2006년 9월 통권 564호, 556~579쪽.

꼭 큰돈을 벌어 '일하는 사람은 다 같이 잘사는 사회'를 만들겠다는 꿈이 있었기 때문이다. 28번 실패하고 29번 일어서기도 힘든 일이지만, 30여 년 피땀으로 일군 재산을 소중한 꿈을 이루기 위해 아낌없이 쓰기란 더 어려운 일이다.

송강은 이종만이 더 이상 나빠질 것도 없이 바닥을 치고 있을 무렵 출소하였다. 뜻을 모아 함께 손을 맞잡고 영평으로 향하게 된 것은 두 사람의 아름다운 새 출발인 셈이다.

새로운 전기를 마련한 영평금광의 매입과 운영 (1932~1937.5)

영평광산의 금광에서는 언제나 부릅뜬 두 개의 눈동자가 칠흙 같은 어둠 속에서도 환하게 비추고 있었다. 송강과 이종만이었다.

이종만은 송강과 재회하기 4년 전에 영평을 찾았다. 1932년에 450원으로 매입한 함남 영평금광은 정착 과정을 거쳐 1934년부터 호조를 보이기 시작했다. 불과 2년 만에 영평금광을 직원 62명, 광부 650명 규모의 금광촌으로 탈바꿈시켜 금광업계에서 주목을 받기 시작했다.

특히 1935년 말 장진 일대에서 다량의 금광맥을 발견하여 일약 '금광왕'으로 발돋움 할 수 있는 기반을 마련하였다. 탐사 결과 함금량이 우수한 대금산임이 확인되자, 1936년

186

5월부터 일부 광구에 대한 채광과 함께 본격적인 장진금광 개발사업에 착수하였다.

출소한 송강은 이종만과 함께 광산 곳곳을 상세히 시찰하였다. 그리고 매일 이종만과 머리를 맞대며 앞으로 무엇을 할 것인가를 고민하고 토론하면서 한 달 동안 그곳에서 체류하였다.

먼저 설계는 이 씨의 농장 설립 의견을 자작농 창정계획으로 바꾸었다. 도에서 관설자작농정이 실패로 기울어 가는 중이었기 때문이었다.

그리하여 광산이 팔리기까지 영평에서 계획서를 완성하는 한편 장진에 있는 금산을 개발하기 위하여 이종만과 교대하였다. 원래 장진금산은 양호한 금산이었으나 추울 때는 영하 42도까지 떨어지는 고산지대에 위치하고 있어 지리적으로나 시설이라는 측면에서 한계가 있었다. 가을쯤 금산에 도착했지만 미비한 설비와 지리적 한계 등을 체감하고 이종만은 체념하고 있던 상태였다. 이에 이종만이 송강에게 불쑥 말을 던졌다.

"지금 설비가 제대로 갖춰지지 않았으니 다음 해 봄이나 3월경에 다시 시작합시다."

"안 됩니다. 그렇게 되면 남은 광부들 80여 명 모두의 생계가 없어지게 됩니다."

송강은 말로만 반대한 것이 아니라, 직접 모자란 설비를 조달하고 설치하기 위해 안간힘을 썼다. 특히 '일을 중지할 수 없어. 살려야 돼'라는 독백을 수없이 되뇌이면서 강한 정신력으로 독려에 나섰다. 송강과 이종만을 둘러싼 광부들의 얼굴이 붉게 상기되었다. 송강은 고랑을 깊게 파고 광부들의 검은 얼굴을 바라보며 웃음을 머금은 채 작업에 몰두했다. 광부들과 작업장에 드럼통 10개를 설치하고, 인수구를 지하 4척 밑에 개조하고, 4면 벽을 이중으로 개조하여 상온을 유지해 나갔다. 이는 고산지대의 추위에 철저히 대응하기 위함이었다.

송강의 치밀한 계획과 추진력에 이종만은 늘 감탄해 마지않았고 작업은 다음 해 봄까지 계속되었다. 그해 봄 벚꽃 꽃망울이 일제히 터지듯 희망과 성공을 향한 웃음이 곳곳에서 피어났다. 설비를 다 갖추자 광부들에 대한 송강의 인기는 절정에 달했다.[7]

송강과 굴을 파는 작업을 하는 사람, 광석을 운반하는 사람, 채굴공, 동발공, 갱 안의 고인 물을 퍼내는 반수, 광석을 운반하는 수운군 등이 모두 한 덩어리가 되었던 것이다.

더욱이 송강은 영평광산을 경영할 때도 보통학교가 없는 관계로 마을 아동들이 원거리 통학에 따른 어려움을 겪자,

---

7) 『송강소사』 50쪽.

자신이 적극적으로 주장해 5천여 평의 대지를 매입하고 교사를 신축하였다. 수백 명의 아동을 수용하였더니 부근 농민들의 환희가 하늘을 찔렀다고 송강은 자신의 일기에 기록하고 있다.

이종만은 영평금광을 일본인에게 매도하고, 곧 서울로 전부 철거하였다. 그리고 천진루라는 여관에 투숙하여 매일 향후 계획을 논의하였다. 경영자의 결정은 늘 외로운 법이 아닐까. 외로운 '경영' 고민 속에 나온 숱한 '결정'. 이종만의 영평금광 매도 결정 과정은 대동사업체의 종잣돈을 마련하는 결정적인 순간이 된다. 까만 밤을 하얗게 지새기를 반복하며 어려운 결정이 나온 천진루 여관은 나중에 작인에게 토지를 보장하며 세상을 깜짝 놀라게 한 아름다운 자본가의 기자회견을 한 장소가 된다.

영평금광의 매각과 사회환원 조치

영평금광은 대한제국 시대부터 잘 알려진 사금광산이었지만 한동안 폐광으로 방치되었다. 이종만은 유명한 사금 산지라면 부근에 틀림없이 석금(石金 : 돌에 박혀 있는 금)이 묻혀 있을 것이라고 판단하고 일본인 기다시마로부터 450원(현재 가치 4500만 원)이라는 '적지 않은' 돈을 들여 출원증을 매입했다. 소규모로 금을 채취하다가 1934년 정식으로 허가가 나온 후에는 엄청난 자금을 쏟아부어 본격적으로 개발에 나섰다. 착암기 10대를 동원하여 대대적으로 채굴을 하자 노다지 금맥이 여기저기서 터졌다. 1936년 한 해 동안에만 40여만 원(현재가치 400억 원) 상당의 금이 생산되었다.

이종만은 금광에서 나온 수익을 개인 용도로 소비하지 않고, 광산 설비를 갖추거나 유망한 금광을 매입하는 데 재투자했다. 그 결과 1936년에는 광구 400여 개, 면적 4억 평에 달하는 조선 최대의 금광인 장진광산의 개발권을 확보했다.

송강이 출소한 뒤에는 더욱 공격적이고 치밀한 경영을 펼쳐 용이 날개를 단 격이었다. 이 시점부터 무명의 광업주(鑛業主) 이종만은 조선 제일의 금광왕(金鑛王)으로 변모하고 있었던 셈이다.

이즈음 이종만의 위상을 알 수 있는 기사로 당시 잡지에서는 "특수한 경영 방법에 의해 비약적 성과를 나타내어 조선 금광계에 놀랄 만한 이채를 발했다"라고 언급하였다.

"원래 장진광산은 60~70년 전 이용익이 다년간 경영한 국영광산이었다. 그런 것을 현재 이종만이 개발 권리를 얻게 되었는데, 그가 소유한 장진광산 일대의 등록 광구만 해도 9개 광구이며, 출원 광구는 4백여 개에 달한다. 그 면적이 무려 4억 평에 달하는 광대한 지역을 아우르는 거대 광산이다. 이용익이 경영할 당시는 기술 수준이 저열해 얼마간 사금을 채취했을 뿐 그 광산의 진가를 인식하지 못했다. 그러던 광산을 현재 이종만이 경영을 하게 되자 그의 적극적 투자와 특수한 경영 방법에 의하여 단시일간에 비약적 성과를 나타내어 전 조선 금광계에 놀랄 만한 이채를 발했다. 장진광산은 개발 기간은 짧으나 예상 이상의 부광인 것이 이미 판명되었을 뿐만 아니라 그 함금품위(含金品位 : 원석에서 금이 포함된 비율) 또한 조선 제일이라 할 수 있다.”[8]

이종만은 장진광산 개발에 들어가는 엄청난 자금을 마련할 목적으로 그에게 첫 번째 성공을 안겨주었던 영평금광을 일본인이 경영하는 동조선광업주식회사에 155만 원을 받고 매각했다. 그가 매입한 가격이 450원이었으니 3000배 이상의 수익을 낸 것이다.[9]

이종만은 영평금광을 매각한 후 재단법인 대동농촌사에 50만 원, 광부와 직원 위로금으로 10만 원, 고향인 울산군 대현면 교육사업비로 10만 원, 본동 빈민구제금으로 만 원, 대현면사무소에 2천 원, 영평학원에 2천 원, 왕장공립보통학교에 천 원 등 80만 원 남짓한 현금을 사회에 환원했다. 매각 대금의 절반을 사회에 던지고도 ‘내가 할 의무를 한 것에 불과하다’며 대수롭지 않게 여겼다. 가족들 생활은 1만~2만 원이면 족하니 나머지 재산은 죽기 전에 꼭 사회로 환원하겠다는 약속을 잊지 않았다.

---

8) 「산금계의 대왕 이종만 씨」, 『광업시대』 1937. 7.
9) 전봉관, 「한반도의 골드러시 ‒ ‘황금광시대(黃金狂時代)」, 『살림』 2005, 173쪽.

당시 『조선일보』도 이종만의 이러한 영평금광 매각 대금의 사회환원 조치에 크게 주목하였다.

"영평금광을 155만 원에 팔아가지고 그 중에서 50만 원의 거액을 조선 농촌 구제 사업에 던진 이종만 씨는 금상첨화로 12만 원의 큰돈을 그 금광 광부, 직원 등의 위로금으로 또는 학교의 기부금, 부근 빈민의 구제금 등으로 한꺼번에 던져서 물가가 치솟아 임금 인상을 요구하는 물결이 전국적으로 일어나는 이때 단연 명랑하고 유쾌한 소식을 전해주고 있다.

9월 14일 이종만 씨는 이번에 팔린 함남 정평군 문산면 영평금광에 도착하여 매수 측인 동조선광산주식회사에 완전히 광산사무를 인계한 다음 오전 9시부터 영평금광 석별과 순직자 위령식을 성대하게 열었다. 1000여 명 광부와 직원, 주민들이 참석한 가운데 이종만 씨의 눈물겨운 석별 인사가 있은 다음, 기념품 증정과 순직자 위령식 등을 거쳐 11시에 식을 성대히 마쳤다. 식이 끝난 후 이종만 씨는 영평금광 직원과 광부 1000여 명에게 빠짐없이 위로금으로 10만 원을 나눠주고, 영평금광이 위치한 본동과 부근 마을의 빈민구제금으로 만 원을 던져주고, 광부의 자제들을 교육하는 영평학원에 2천 원을 기부하고, 왕장공립보통학교에도 천 원을 기부하였으며, 그 광산에서 순직한 광부 4명의 유족에게도 각각 금일봉을 주었다. 그리하여 이날 오후 2시 차편으로 왕장역을 떠나자 역전에는 감사와 기쁨에 뛰는 1000여 명 광부들과 그 가족이며 부근 주민들로 인산인해를 이루어 그의 덕행을 찬양하여 마지않았다.

천진루 여관까지 찾아가 소감을 묻는 기자에게 이종만 씨는 '내가 돈 번 것은 어디 나 혼자서 번 것입니까. 광부와 직원들과 함께 그들의 피와 땀을 합쳐서 얻은 것 아닙니까. 그러므로 그들에게 돈을 나눠준 것은 내가 할 의무를 한 것에 불과하다고 생각합니다. 무엇보다도 몇 년을 두고 고생을 같이하던 그들과 작별을 하게 된 것이 섭섭하기 그지 없습니다. 참 감개무량입니다. 내가 여기까지 온 것은 모두가 여러분의 덕택으로 여기고 미력이나마 전력을 다하여 사회를 위해 일하겠습니다.'라고 말했다."[10]

민족경제자립운동의 구심점, '대동사업체'

송강이 출소한 뒤 만난 이종만은 10년 전의 '실패의 단골왕' 그 이종만이 아니었다. 송강이 출옥한 즈음에는 장진금광을 발견하여 일약 '금광왕'으로 발돋움할 수 있는 기반을 마련하였고, 곧 이어 일제 강점 말기 당시 조선인 광업회사로는 자본 규모가 제일 큰 회사로 성장시켰다. 동시에 이종만이 꿈꿔 왔던 농촌사업과 교육사업을 위한 사업체 설립을 구상하고 이를 추진하기 시작했다. 이종만이 누구보다도 송강의 출소를 손꼽아 기다리며 크게 반긴 이유가 여기에 있다. 이종만 자신이 도장을 믿고 맡길 수 있는 동지가 필요했던 것이다.

농촌사업과 교육사업을 위한 기반은 대동사업체로 모아졌다. 이는 1937년 6월 창립되어 1943년경까지 일제치하에서 전개된 경제자립운동으로 1930년대 후반 입지전적 '금광왕' 칭호를 받은 민족자본가 이종만과 그 2인자 송강에 의해 조직,

---

10) 「이종만 씨 재차 쾌거」, 『조선일보』 1937년 5월 16일.

운영된 사회사업기관이다. 대동사업체의 구체적인 기관 및 단체로는 1938년 대동광업주식회사, 대동광산조합, 대동농촌사, 대동출판사, 대동공업전문학교, 대동합명회사(조직중) 등으로, 총 6개의 거대 사업체로 구성된 소위 '대동콘체른'이다.

근대 이후 우리나라에서 처음이자 마지막으로 시도된 '대동사업체'는 저항적 민족의식을 견지한 기반임과 동시 민족경제자립운동의 구심점에 해당하였다.

대동광업(주)은 자본금 300만 원(현재가치 3000억 원) 규모로 일제 말기 조선인 광업회사로는 규모가 가장 큰 회사였다. 1937년 8월 현재 100만 원 이상의 조선인 광업자본은 대동광업(주) 외에 삼양사(230만 원), 석풍광산(200만 원), 선만광업(100만 원), 보인광업(100만 원) 등 5개 회사에 불과했다. 총 6만 주의 대동광업(주) 주식 분포를 보면, 창립 당시 이종만 55000, 이영조 3000, 이준열 1000, 정현모 200, 이훈구 150, 민정기 150, 남기찬 100, 기타 직원 400주였다. 1940년 9월 현재는 주주 114명 중 이종만 48371, 이영조 5000, 이준열 1000, 기타 직원 5629주였다.

대동광업(주)은 장진금광소와 함흥 출장소만 있었으나, 1938년 여름 자성광업소가 설치된 뒤 소규모 광산인 의성광산, 울산철산, 함성광산(경남 함안) 등이 속속 개설되어 대동광업(주) 산하 광구는 전국적으로 거의 1000여 개에 달하였다.

창립 당시 650명이었던 종업원은 1938년 1141명, 1939년 3월 현재 1355명으로 늘어나 장진 광산촌은 거대한 광산도시로 바뀌었다. 대기업이었다.

이종만은 대동광업(주) 5개 거대 사업체의 이사장이었고, 송강은 2인자였다. 송강의 공식 직함은 대동광업주식회사 전무, 대동광산조합 상무이사, 대동출판사 취체역 등이다, 송강은 대동사업체에서 1인자인 이종만에 이어 명실상부한 2인자였다. 2인자 자리는 1937년에서 마지막 사업정리가 있은 1943년 말까지 계속되었다. 그들은 아무도 가지 않은 길을 개척하기로 뜻을 모으고 구체적인 계획을 실행해 나갔던 것이다.

'대동'의 깃발 아래 함께한 인사들

대동사업체의 깃발 아래 모인 사람들은 이전 시기부터 각 분야에서 명망성과 전문성을 겸비한 인사들이었다.

주요 인사들의 면면을 살펴보자. 먼저 허헌 변호사는 저명한 민족주의 변호사이자 신간회 지도자였고 대동사업체의 주요 기업인 대동광업(주), 대동광산조합, 대동농촌사 감사로도 참여했다. 변호사의 실력을 유감없이 발휘한 셈이다. 그는 1932년 1월 출옥한 뒤 광업계에 투신하였다가 실패하고, 이종만의 사업에 관계하게 되어 대동사업체 기획에 주요한 일을 담당하였다. 사업체가 창립된 뒤 대동출판사의 경영을 전담하는 한편, 각 기관의 상임감사로 참여하여 이종만의 의중을 대변하는 고문 구실을 담당하였다.[11]

이성환은 1920년대 중반 이래 약관의 나이로 조선농민사, 전조선농민사의 농민운동을 주도했다. 당시 가장 영향력 있는 민족주의 계열의 농민운동가의 한 사람이었다. 대동사업체를 준비할 당시부터 기획과 실무 작업에 깊이 관여하였다. 1941년까지 사업체 전 기관의 살림살이를 도맡아 처리하면서 이종만을 보좌하였다.

이훈구는 숭실전문학교 교수로서 장로교 농촌운동의 주요 지도자였다. 대동농촌사의 기획과 운영을 위해 경영진 가운데 가장 뒤늦게 대동사업체 준비에 합류하였다. 1938년 1월 조선일보사 경영에 참여함으로써 대동농촌사 활동은 어려워진 것으로 보인다.

정현모는 신간회 운동에 참여했으며, 대동사업체 전반에 관여하며 주로 경리 관계를 담당한 민족주의자였다. 민정기는 영평금광 시기부터 참여한 것으로 보이는 고참 광업기사이다. 장진금광의 개발사업과 기술문제를 전담하였다. 이 밖에 이종만의 장남 이영조가 최고 경영진의 한 사람으로 참여하였다. 문원주는 이영조에 이어 장진광업소장이라는 중책을 맡았는

---

11) 방기중, 「일제말기 대동사업체의 경제자립운동과 이념」, 『한국사연구』 95, 145쪽.

데 당시 조선인으로서 채광기술의 제1인자로 손꼽히는 광업기사였다. 경성제대 채광과 출신으로 1938년 이후 장진금광의 개발을 전담하였다.

대동사업체에서 실무형 경영진으로 활동한 주요 인물은 김용암, 박창식, 문원주 등과 농업 분야의 한장경, 출판 분야의 이관구(李寬求)[12] 등이다. 경성고공 광산과 출신인 김용암, 박창식 등은 송강의 후배로서 광업 경영 실무의 핵심을 이루었다.

한장경은 이성환과 더불어 전조선농민사의 농민운동에 참여하였던 적이 있고, 농업은 물론 광업 분야에 이르기까지 대동사업체의 취지를 선전하고 대동사업체 내의 이념적 결속을 다진 주요 이론가였다. 1927년 함흥농민회 활동과 신간회 함흥지회 창립을 주도하였는데 이때 이성환을 만나 조선농민사에 가담한 이래 줄곧 행동을 같이하였다. 조선농민사 계열

---

12) 1898~1991. 서울 출생. 1924년 일본 교토(京都) 제국대학 경제학부를 졸업하고 1926년 동 대학원을 수료하였다. 1926년부터 1931년까지 보성전문학교 상과 교수로 재직하고 1927년 신간회 중앙위원과 정치부 간사, 조선일보 정경부장를 역임하였다. 1933년부터 1936년까지 조선중앙일보 주필과 편집국장을 역임하고 1939년부터 1941년 3월까지 대동출판사의 주간으로 재임하였다. 광복 후 서울신문사 취체역 주필 겸 편집국장, 합동통신사 부사장을 역임하고, 다시 학교로 돌아와 1949년부터 성균관대학교 경제학부 교수로 재직하였다. 1959년부터 경향신문사 부사장 겸 주필로 있을 때 '국가보안법' 제정 반대투쟁에 앞장섰다. 이후 5·16장학회 이사장, 성균관대학교 이사장, (사)세종대왕기념사업회 회장을 역임하였다.

에서 토지 문제에 가장 깊이있는 지식을 가진 농업이론가의 한 사람이었다.

이관구는 허헌과 함께 신간회의 주요 간부였다. 진보적 민족주의자로 경성제대의 맑스주의 경제학자 가와카미 하지메(河上肇)의 제자로서 같은 대학 경제학부를 졸업하고 대학원을 수료하였다. 언론인으로 조선일보, 중앙일보에서 활동하는 한편 신간회에 적극 참여하였다. 1938년 10월 대동출판사 상무에 부임하여 1941년 3월까지 기관지 발간과 출판사업을 전담하였다.

어스름이 밀려올 때쯤, 얼어붙은 겨울의 한강 강변에 서서 남호와 송강, 허헌, 이성환, 이훈구, 정현모, 민정기, 이영조, 김용암, 박창식, 문원주, 한장경은 '도원결의'를 했다. 서로의 팔뚝을 맞대며 '대동'을 향한 새 출발을 약속했던 것이다. 세상을 바꾸기 위한 그들의 '아름다운 동행'이 시작되었고 '대동사업체'라는 크고 의미 있는 한 울타리 안에서 역할 분담이 본격화되었다.

'금광왕'의 천진루 여관 기자회견(1937.5.12)

이종만은 장진금광 개발에 본격적으로 뛰어들면서도, 동시에 평소 소신인 농촌사업과 교육사업을 위한 사업체 설립을 구상하고 이를 추진하기 시작하였다. 사업체 준비는 1936년 중엽부터 1937년 5월까지 계속되었다.[13]

그의 원대한 계획이 세상에 알려진 것은 1937년 5월 12일, 경성 남산정(남산동) 천진루 여관에서 열린 대동광업(大同鑛業)주식회사 창립기념 기자회견이었다. 당연히 송강도 동행했다.

기자들은 자본금 300만 원(현재 가치 3000억 원), 광구 면적만 4억 평에 달하는 거대 금광회사의 창립기념 기자회견이 조선호텔이나 철도호텔 같은 특급 호텔이 아니라 허름한 일본식 여관인 천진루에서 열리는 것을 의아하게 여겼다.

더욱이 새로 출범하는 대동광업의 대표취체역(대표이사)은 바로 전날 영평금광을 동조선(東朝鮮)광산주식회사에 155만 원에 매각하여 세상을 떠들썩하게 한 금광왕 이종만이었다. 기자들은 그런 금광 졸부가 자신들을 허름한 여관으로 불러들이는 것이 사람을 대놓고 무시하는 것 같아 은근히 화가 났다.

예정된 시간이 되자 50대 초반의 중년 신사가 나타나 회견장 중앙에 앉았다. 얼굴에는 고생의 흔적이 역력했지만, 거만하고 우악스러운 금광 졸부 느낌은 나지 않았다. 겉모습만 보자면 한평생 책상머리에 앉아 있던 지식인이라 해도 믿을

---

13) 방기중, 「일제말기 대동사업체의 경제자립운동과 이념」, 『한국사연구』 95, 142쪽.

수 있을 것 같았다. 회견장이 정돈되자 1937년 조선 광업계에 혜성같이 등장한 이종만 사장이 입을 열었다.

"누추한 곳으로 모셔서 죄송합니다. 저는 경성에 집이 없어 경성에 올 때마다 이곳에서 묵고 있습니다. 좌석이 불편하시더라도 너그럽게 이해해 주십시오. 여러분도 잘 아시겠지만, 어제 영평금광을 155만 원에 동조선광업주식회사에 매각했습니다. 제가 바쁘신 여러분들을 이곳까지 오시게 한 것은 매각대금 중 50만 원(현재가치 500억 원)을 출연해 신설할 '재단법인 대동(大同)농촌사'에 대해 말씀드리기 위해서입니다."

말이 떨어지기 무섭게 장중은 일제히 술렁거렸다. 기자회견장에 모인 기자들 중 그 누구도 그런 엄청난 계획이 발표되리라고는 예상하지 못했다. 대부분의 기자들은 그때까지 조선 재계에 거의 알려지지 않았던 이종만이란 사람이 도대체 어떻게 생긴 사람인지나 알아보고자 내키지 않은 발걸음을 하여 기자회견에 참석했다. 기껏해야 돈 자랑이나 하다 끝나려니 예상했는데, 금광을 매도해 번 돈의 삼분의 일을 자기와는 아무런 상관도 없는 소작농을 위해 내놓겠다는 '폭탄선언'을 한 것이다.

이종만의 선언은 구호 차원이 아니라 평소의 소신을 담은 매우 구체적이고 세부적인 것이었다. 송강과 함께 끊임없이 논의한 원대한 계획이 드디어 세상에 그 모습을 드러낸 것이었다. 그것은 한마디로 조선 사람들 특히 가난하고 열악한 농부와 노동자를 위한 배려임과 동시에 민족 경제와 교육을 위한 대안이었다.

대동농촌사의 설립 이념과 동기

기자회견장에서 이종만이 언급한 대동농촌사의 설립 이념을 옮겨 보면 다음과 같다.

"첫째, 재단법인 대동농촌사는 50만 원의 자금으로 전 조선에서 중앙과 동서남북 다섯 지역에 적당한 장소를 선택하여 집단농지를 매입할 것입니다. 둘째, 재단이 소유한 집단농지는 경작자를 선발해 골고루 분배한 후 영구히 경작할 수 있게 할 것입니다. 셋째, 재단은 경작자로부터 매년 수확량의 3할을 '의무금(義務金)'으로 징수하여 집단농지를 추가로 매입하는 데 쓸 것입니다. 의무금은 30년 한도 내에서 징수하고 그 후로는 경작자가 자신의 수확물을 모두 가지게 할 것입니다. 단, 경작지의 소유 명의는 영구히 재단이 보유하여 경작자가 토지를 팔거나 담보로 잡혀 어렵게 확보한 토지를 잃지 않도록 방지할 것입니다. 그렇게 하면 자작농의 생활 안정을 영구히 보장할 수 있습니다. 넷째, 집단농지 안에 부락민의 자치조직을 결성하여 교육, 위생, 문화 등 제반 문제를 경작자 스스로 결정할 수 있도록 할 것입니다. 다섯째, 집단농지 안에 농업교육시설을 설치해 대동농촌의 중추가 될 청년을 양성할 것입니다."[14]

실로 엄청난 계획이었다. 당시 소작료는 법적으로 50% 이상을 징수하지 못하게 되어 있었지만 60~70%씩 징수하는 악덕지주도 적지 않았다. 그러한 상황에서 소작료를 30%만 받을 것이며 30년이 지나면 아예 한 푼도 받지 않겠다는 이종만의 선언은 충격 그 자체였다. 그것도 지주의 당연한 권리로 '소작료'를 징수하는 것이 아니라 집단농지를 전 조선으로 확대하기 위한 기부금조로 한시적으로 '의무금'을 걷겠다는 것이었다.

이종만의 자영농 육성 계획은 놀라울 정도로 정교했다. 하루 이틀 생각해 즉흥적으로 발표한 선심성 발언이 아님이 분명했다. 농촌운동가도 아니고, 사회주의자는 더더욱 아닌 '금광왕' 이종만이 그처럼 거금을 조건 없이 사회에 내놓은 이유는 무엇이었을까. 한평생 바다로, 산으로, 들로 돈을 좇아 떠돌았던 이종만은 대체 무슨 속셈으로 이처럼 웅대한 계획을 발표한 것일까. 기자들의 질문이 쏟아지자 이종만은 다음과 같이 답변했다.

"전 조선 인구의 8할이 농사에 종사하는 만큼 농촌의 생활수준은 곧 조선인의 생활수준을 의미합니다. 농민의 빈궁은 우리가 가장 역점을 두고 해결해야 할 문제라고 오래 전부터 생각하고 있었습니다. 제가 20여 년 동안 광업에 종사하다가 이제 어느 정도 금전을

---

14) 「산금계의 대왕 이종만씨」, 『광업시대』 1937. 7.

만지게 되었으니 이제부터는 조선 농촌의 갱생을 위해 미력이나마 보탬이 되자고 이런 계획을 한 것입니다. 처음 광산을 시작할 때도 돈을 잡으면 꼭 농촌사업을 해보겠다는 결심이 있었습니다. 지금 일은 단지 시작일 뿐이오니 사회의 많은 관심과 도움이 있기를 바랍니다."[15]

이상이 이종만이 기자회견에서 밝힌 대동농촌사 창설의 사회적 동기라고 한다면, 그가 생활 속에서 절실히 느낀 개인적 동기는 어디에서 비롯되었을까 하는 질문을 던져보자. 이종만은 대동출판사가 펴낸 『농업조선』의 권두언에서 대동농촌사의 창설 동기를 다음과 같이 밝히면서 대동농촌사 창설을 피폐한 농촌을 구하기 위한 자작농의 창설이라고 적시했다.

"나는 일 농촌 출생으로 십팔세 때에 부모에게서 받은 약간의 자작농지를 가지고 생활하게 되었습니다. 어찌하면 좀더 잘 살아볼까 하는 생각으로 이것저것을 하다가 그만 실패하고 자작농토를 전부 팔아서 남의 빚을 갚고 보니 가족 전체는 모두 길가에 방황하게 되었습니다. 어떻게 하면 다시 자작농을 회복할까 하고 더욱 더욱 분발하여 동서로 분주하였으나 역시 또 실패였습니다. 여기서 한번 깊이 자성하여 보고 그 실패한 원인이 전부 자기의 잘못한 데에 있다는 것을 깨달았습니다. 즉 제 일은 알아야 된다는 것, 제 이는 일반 사회가 신임하도록 노력하여야 성공할 수 있다는

---

15) 「50만원 재단으로 농촌구제사업」, 『조선일보』 1937년 5월 13일.

것입니다. 그때로부터 산야에 가면 자연을 배우고 사회에 가면 사회를 배우기 시작하였습니다. 실패에 실패를 거듭하고 보니 일단 급락한 자작농이 다시 회복하기는 난중의 난사임을 깨닫는 동시에 나와 같은 처지에 있는 빈농에 대한 동정심이 가슴 속에서 불같이 일어났습니다. 여기서 우리 피폐한 농촌을 구할 길을 생각하여 보았습니다. 그 길은 첫째로 자금인데 그 자금을 얻는 길은 지하부원이 가장 풍부한 조선에 있어서는 오직 광산개발이라고 생각하였습니다. 이때부터 광업에 전심력을 들여 이래 이십여 년을 종사하였습니다. 그 이십여 년이라는 세월도 그리 짧지 않은데 그동안의 고생이란 것은 말할수 없습니다. 운수가 좋았던지 성력의 소치이던지 작년 영평광산을 팔게 되니 제일 먼저 생각나는 것이 피폐한 농촌을 구제하는 자작농 창설이었읍니다. 이것이 대동농촌사 창립의 동기입니다. 남들은 나를 통운이 들어서 부자가 되었다고 말하는 이도 있으나 나의 생각에는 삼십여 년 간 농업으로 광업으로 참기 어려운 곤경을 참아가면서 한 가지의 목표를 향하여 나간 것이 나의 성공이라면 성공이라고 하겠읍니다. 나는 무슨 일이든지 일정한 목표를 정하고 일관하는 곳에 비로소 좋은 결과가 맺힌다고 굳게 믿습니다."

이와 같은 이종만의 대동농촌사 창립 동기는 기자회견이 있고 4개월 뒤인 1937년 9월 『동아일보』 지면에 대대적으로 다시 언급되었다.

"지난 봄 이상(理想)농촌을 건설할 목적으로 50만 원의 거금을 던져서 재단법인 대동농촌사를 창립한 이종만 씨의 농촌사업에 대한 공적은 이미 널리 알려진 바이다. 또 대동농촌사의 토지경작자에게는 수확량의 3할만을 농촌건설 의무금으로 징수한다는 계획은 조선 사회에 큰 충격을 일으켰다. 그런데 이종만 씨는 9월 14일 대동농촌사 이사회 석상에서 자기 개인의 소유토지 157만 평에 대해서도 금년부터 소작료를 3할씩만 징수하겠다고 선언하는 동시에, 그 뜻을 소작인에게 통지했다.

현재 그가 소유한 토지 면적과 소작인 수를 들어보면 경기도 연천군에 25만 평 소작인 52호(戶), 평남 평원군에 24만 평 소작인 41호, 함남 영흥군에 108만 평 소작인 153호에 달하여 합계 157만 평의 토지에 254호의 소작인이 혜택을 받게 된다. 이종만 씨가 그와 같은 결심을 하게 된 동기는 단순히 이름을 알리기 위함이 아니라 확고한 이론적 근거에서 나온 것이라 한다. 그 이론을 들어 보면 다음과 같다.

최근 조선 농촌의 우울상은 소작료의 과중한 부담에 있다. 소작료가 턱없이 비싸기 때문에 소작인은 자기의 경작지에 애착을 가지지 못하고 그 결과 토지의 생산성과 토질이 저하된다. 토지의 피폐는 소작인의 손실일 뿐만 아니라 지주의 손실, 나아가서는 사회적으로도 중대 손실이 아닐 수 없다. 따라서 토질을 향상시키는 의미에 있어서도 소작료를 내릴 필요가 있다.

둘째 토지에 투자한 자본은 영구적이므로 단기간에 그 자본을 회수하기에 급급할 필요가 없다. 지주가 투자한 자본을 시급히 회수하려는 데 소작인과 지주 사이에 갈등이 생기는 것이며 그 결과는 농촌의 파탄을 보게 되는 것이다. 따라서 지주와 소작인은 서로 양해하고 공존공영의 방도를 취하지 않을 수 없다.

이에 대하여 이종만 씨는 다음과 같이 말한다. '소작료를 3할 받는 것은 경영상으로 보아서도 지주에 손해될 것이 없습니다. 지금 조선 농촌에서 소작료를 5할 이상 징수하는 지주가 있는지도 모르나 대부분은 5할을 기준으로 하고 있을 것입니다. 이에 비교할 때 나는 소작료를 2할쯤 내린 것입니다. 이만한 것쯤으로 지주와 소작인의 관계가 원만히 진행된다면 얼마나 조선 농촌을 위하여 기뻐할 일입니까? 조선인은 물질 방면에 있어서는 남과 같은 생활은 하지 못하고 있습니다만은 정신으로야 서로 돕고 살아가지 못할 것 있습니까? 나는 30년 동안 3할씩의 소작료를 징수하다가 30년 후에는 토지를 소작인에게 전부 물려주기로 결심하였습니다. 나의 이번 이 행동이 조선 농촌을 명랑하게 만드는 데 어떤 도움이 된다면 둘도 없는 영광으로 생각하겠습니다.'"16)

이어 『동아일보』는 며칠 뒤인 9월 17일자 사설에서 "이런 갸륵한 독지가의 토지가 불행히 157만 평에 '불과'하여 그 수혜 소작인이 겨우 연천, 평강, 영흥 3군의 153호에 그치는 것은 매우 섭섭한 일이다"라고 극찬했다.

이렇듯 사회주의 서적에나 나올 법한 이상적인 '노자 관계 모델'이 노동자의 입이 아니라 자본가의 입에서 쏟아져 나왔다. 더욱이 이종만은 그처럼 대단한 일을 하고도 생색을 내기는커녕 경영상으로 보아도 손해날 일이 아니라고 애써 의미를 축소하려 했다. 한없이 너그러운데다가 겸손까지 갖춘 위인이었다.

아마도 이종만은 사회 각계 각층에서 '부자가 더 큰 부를

---

16) 「작인 7 지주 3 농촌사업가 이종만 씨가 소유토지에 실천」, 『동아일보』
  1937년 9월 16일.

소유하지 못해 안타깝다'는 칭찬을 들은 조선 역사상 첫 인물이었을 것이다. 이종만의 일련의 자선 행위는 '공부(公富 : 공익을 위해 헌신하는 부호)'라는 신조어를 등장시킬 정도였다.

전봉관 교수는 당시의 이종만의 말과 행동에 대해,

"험한 일을 하다가 뒤늦게 사업에 성공한 사람들 중 일부는 더러 자신에게 부족한 명예를 보충하기 위해 '마음에 없는' 자선을 베풀기도 한다. 공익재단으로 그럴듯하게 포장해 놓고 실제로는 절세(折稅)나 상속의 도구로 삼는 부호들도 적지 않다. 그러나 이종만은 달랐다. 재단에 출연한 금액도 금액이려니와, 자영농 육성 사업에 임하는 태도에서 진실성을 읽을 수 있었다. 이종만은 자영농 육성 계획을 발표한 지 넉 달 후, 자기 개인 명의의 토지에서도 대동농촌사에 준해서 소작료를 징수하겠다고 선언했다."

고 그 실천적 자세를 높이 평가했다.

수공업적으로 운영된 장진사금산(장진금광의 전신)

대동사업체의 생명선이라 할 수 있었던 장진금광에 주목하기에 앞서 19세기부터 운영되었고 그 전신(前身)에 해당하는 장진사금산에 대해 살펴보고자 한다.

원래 장진금광은 1860년대에서 70년대까지 이용익이 다년간 경영한 국영광산으로 사금산지로 유명한 곳이었다. 특히 이용익이 민비에게 금송아지를 만들어 상납하였다는 일화를 남길 만큼 양호한 금산이었다.

이용익은 고종의 최측근 경제관료이면서 함경도와 강원도 일대에 다수의 금광을 소유한 백만장자였다. 1902년경 내장원경으로 있었는데 이 직책은 황실 재산을 관리하는 내장원의 수장에 해당한다. 당시 조선 유일의 수출산업이라고 해도 과언이 아닌 광산과 인삼밭에서 나오는 세수는 모두 내장원에 귀속되었다. 내장원경은 엄청난 규모의 황실 자산과 이권을 관리하는 대한제국 최고의 '노른자위 보직'이었다. 이용익은 군부대신 시절 친러파의 수장으로 조선 정계에서 가장 영향력 있는 인물 중 하나였고, 민족운동에도 깊이 관여하지만 1907년 1월 러시아의 상트페테르부르크에서 일본이 보낸 자객의 총에 맞아 사망하였다.

19세기 당시의 장진사금장은 자본주의 방식으로 운영된 설점수세제의 사금광산의 하나로 알려졌다. 장진(랑림군 삼포리)사금광산에는 수많은 농민들이 농사철에도 논밭을 버리고 모여들었으며 부유한 상인들이 물주가 되어 그들을 고용하여 사금을 생산하였다. 각지에서 모여든 상인들은 알곡과 천들을 날마다 장마당에 펼쳐 놓았다고 했다. 이 장진 장마당에는 후창 지방의 상인들까지 모여들었다. 이리하여 18세기에만

하여도 심산벽지였던 장진 지역은 19세기 들어와 광산도시이
자 상업도시로서 성황을 이루었다.

　장진사금광산에 모여든 가난한 농민들 가운데는 토지에서
완전히 이탈하여 살길을 찾아 여러 곳으로 떠돌아다니는 '자
유로운 노동자'들이 많았다. 그들은 자기 노동력을 팔지 않고
는 단 하루도 살아갈 수 없었기 때문에 금광산을 찾아다녔으
며, 몇 푼의 임금으로 겨우 생활을 유지해 갔다.

　물주가 된 부유한 상인들은 자재와 자금, 설비를 사금광산
에 투자하여 고용노동자들의 잉여노동을 착취하는 소자본가
였다. 물주들은 자본의 힘에 의하여 생산물과 이윤을 독차지
하였으나 고용노동자들은 노동력을 판 대가로 약간의 임금을
받았을 뿐 생산물의 분배에는 참가할 수 없었다.[17]

　장진광산 같은 광업부문에 자본주의적인 관계가 제일 먼저
발생 할 수 있었던 것은 다른 나라에서는 찾기 힘든 우리나라
고유의 현상이라고 할 수 있다. 이 시기에 들어와서 광물의
상품화 과정이 급속히 추진되고, 광산이 확대되었으며, 그것
을 중심으로 광산도시가 형성되고 근대적인 광산도로망이
넓혀진 것과 관련이 있었다.[18]

---

17) 이태영, 『조선광업사 2』, 백산자료원, 1998. 11, 262쪽.
18) 이태영, 『조선광업사 2』, 백산자료원, 1998. 11, 258쪽.

조선후기 실학을 집대성했던 다산 정약용도 농사짓는 사람은 농사를 짓고, 광산을 경영하거나 광산 일을 하는 사람은 광산 일만 하면 농삿일에 방해가 될 것이 없다고 생각하였다. 광산에 모여드는 고용자들은 농사가 싫어서 농촌을 떠난 사람들이 아니라 땅이 없어서 농사를 지을 수 없는 이른바 '무토불농지민'이기 때문에 그들이 농촌에 되돌아가지 않는다고 하여 농촌고용자 대열이 줄어들 수는 없었다.[19]

대동사업체의 생명선, 장진금광

위에서 살펴본 것과 같이 19세기 자본주의적인 관계가 제일 먼저 자리잡은 광산에서 광부들과 하나가 된다는 것은 송강과 이종만에게 참으로 힘겨운 실험이었다. 송강과 이종만은 온 몸과 열정을 바쳐 장진금광 개발에 모든 것을 쏟아부었다. 1세기 전 실학자들이 광업을 발전시키자는 견해를 송강과 이종만이 목적의식적으로 실천하고 있던 셈이었다.

아마도 송강과 이종만의 의지와 열정 때문에 광부들과 일심동체가 가능했을지도 모른다. 즉 19세기에 공장제적 수공업 수준에 머문 장진광산을 송강과 이종만이 중심이 되어 노동자와 자본가가 협조하는 광산으로 탈바꿈시킬 수 있었던 것이다.

---

19) 이태영, 『조선광업사 2』, 백산자료원, 1998. 11, 272~273쪽.

대동사업체의 생명선이자 유일의 지주인 장진금광은 그만큼 주목받을 수밖에 없었다. 대동사업체의 광대한 광구 가운데 실제로 생산활동중인 일부 광구에 속했지만, 대동광업의 경영수지에 절대적 비중을 차지하며 대동사업체의 모든 경비를 충당한 것은 시종일관 장진금광이었기 때문이다.

그래서 송강과 이종만은 3년 내에 연산 500만~1000만 원을 달성한다는 산금계획(産金計劃)을 세우고 1937년 8월부터 1938년 3월까지 제2단계 장진금광 개발사업을 추진하였고, 이어 1938년 4월부터는 소동(小洞)과 삼남(三湳) 양 제련소의 1일 처리량을 각각 100톤, 50톤으로 증대하기 위한 제3단계 개발사업에 매진하였다. 그리하여 1938년 말까지 장진금광 개발비로 모두 141만 원을 투자하였고, 연 산금액은 200만 원에 달할 정도로 증대하였다.

경영과 생산 규모가 확대되면서 종업원 수도 급증하였다. 창립 당시 650명이던 종업원은 1938년 1141명, 1939년 3월 현재 1355명으로 늘어나 장진 금광촌은 거대한 광산시장을 형성하였다. 생산력 증진책의 하나로 상급 기술진 배출기관인 대동공전 광산과와 더불어 별도로 중간 기술진인 기술원을 자체적으로 확보하기 위해 1939년 8월 기술원 양성소를 설치, 운영하였다. 장진금광 외에 자성광산은 광구 300구, 매장량 1억 톤에 시가 수억 원에 달하는 대철광으로 평가되고 있었고,

장진금광과 함께 대동사업체의 앞날을 기약하는 자금원으로
간주되었다.[20]

대동사업체의 모체, 대동광업주식회사

1937년 6월 6일(昭和 12년) 송강과 이종만은 먼저 대동광업
기계회사를 조직하기로 하였다. 사장 이종만, 전무 이준열,
상무 정현모(鄭顯模),[21] 감사 허헌 등으로 경영진을 구성했다.
이 회사가 바로 대동광업주식회사이다. 건물의 '대동광업주
식회사' 간판은 독립운동가 33인의 한 사람인 위창 오세창
선생의 글씨이다. 임시 사택을 서울 종로3가에 정하였다가
1년 뒤 종로구 견지동 111번지(현 상업은행)의 중앙일보 사옥
으로 옮겼다. 아울러 사업계획으로 장진광산을 70여 구 확대,
개발하기로 하였다.[22]

서울 종로로 진출한 대동광업(주) 간부들의 경영 방침에
대해 이 분야를 연구해 온 방기중 교수는 다음과 같이 진단했
다.

---

20) 방기중, 「일제말기 대동사업체의 경제자립운동과 이념」, 『한국사연구
　　』 95, 152쪽.

21) 1893~?. 일본 와세다 대학 졸업. 『조선일보』·『시대일보』 주필. 경북
　　안동을에서 재헌국회의원에 당선되었고 1948년 10월 18일부터 1950
　　년 1월 23일까지 경상북도 도지사를 역임하고, 1952년 9월부터 1953년
　　11월까지 제4대 충청북도지사를 지냈다.

22) 『송강소사』 51쪽.

"대동광업의 경영진은 조선 경제의 자립이 이루어지기 위해서는 사회적 생산력이 절대적으로 증가되고 이윤배분이 합리적으로 이루어져야 한다고 보았다. 그러한 전제 하에서 이들은 지하자원의 개발을 '민중 생활의 윤택한 문화 향상'을 이룰 수 있는 긴요한 생산력 증대책의 하나로 간주하였다. 그러나 이들이 파악한 당시 금광업계 현황은 이러한 요구와는 크게 거리가 있었다. 우선 조선 금광업계 내부의 민족적 우열의 심화와 조선인 중소 금광업가의 영락이 그것이었다. 곧 조선의 총 산금액은 산금장려 정책의 추진과 관련하여 1936년 6천만 원, 1937년 9천만 원, 1938년 1억 3천만 원으로 증가하였지만, 생산액의 압도적 우위를 점한 것은 일본인 대광산이었고, 조선인의 산금액은 전체의 2할을 겨우 상회하는 처지였다. 이는 일본 대자본에 비해 자본, 기술, 경험 등 모든 면에서 뒤지기 때문이라는 점과 동시에 총독부 산금정책이 독점자본 본위의 '대금산주의'에 입각하였기 때문이었다.

또한 이러한 영락의 내적 배경으로서 경영 방식의 문제가 존재하였다. 즉 조선인 광업가들은 자본, 기술, 경험이 부족함에도 불구하고 대개 개별 분산적인 경영 방식을 취하거나 일확천금을 노리고 투기적 경영을 하는 이가 많아 생산성이 크게 떨어지고 경영을 쉽게 포기하는 경우가 많다는 것이었다. 해마다 조선인의 광구 출원은 증가하는데 실제 이행 광산은 소수에 불과한 현상이 그 단적인 반영이었다. 더불어 이들이 중시한 것은 조선인 광주들이 일반적으로 '광업 이익을 독점'하기 위해 종업원을 '임금노예화'하고 가혹하게 착취하는 경향이 많아 노자대립이 심화되고 생산능률이 크게 저해되고 있다는 사실이었다.

대동광업 경영진은 이러한 현실 진단을 바탕으로 생산성을 높이기 위한 독특한 경영 방침과 제도를 도입하였다. 경영 방침의 대강목은 광산집단화, 경영합리화, 능률고도화 등 크게 세 가지였다.

　광산집단화는 자본과 기술이 열악한 조선인 광업가들이 중소광구, 중소자본을 특정 기관으로 집합하여 대광구, 대자본을 만들고 종합경영, 집단경영을 한다는 것이었다. 또한 경영합리화는 막대한 경비를 절약하고 기술개발의 효율성을 높일 수 있기 때문에 이종만은 '중소광업가의 갱생하는 오직 하나밖에 없는 길'로 간주하였다. 능률고도화는 노동생산성 증대를 위한 '분배의 합리화'를 말하는 것이었다. 그것은 곧 '노자협조, 노자일체, 공존공영'의 취지 아래 광주와 광부가 광업이윤을 균점하는 분배제도를 도입하고 광부의 생활안정을 도모하는 각종 복지제도를 실시함으로써 노동능률의 향상을 극대화한다는 것이었다."

대동광업은 산금 성적이 양호하여 자산 설비는 당시 조선 안에서 최고였다. 고급 기술자를 합해 보면 기술인이 40여 명, 광부 800여 명, 사택 40여 동, 구락부 2층 400평 1동, 기숙사 2동, 운동장의 설비 기술생 시설까지 갖춰 주변에서 평판이 최고였다. 특히 기술생 시설은 단 1명도 자기 부담이 없는 시설로 모두 3할 이상의 생활비를 줄이게 되었다. 장진광산 소재지에는 보통학교를 신설하고, 회사 부담으로 고등부와 중등부 기술원 양성소를 설립하여 문원주 소장의 지도 하에 많은 기술자를 양성하여 당시 광산업계에 새로운 바람을 일으킬 정도로 파격적이었다.[23]

---

23) 『송강소사』 53쪽.

대동광산조합의 혁신적 이념

집단경영과 노자협조 경영방침은 대동광산조합의 설립으로 구체화되었다. 광산조합은 경성에 소재한 중앙조합과 광산 소재지의 지방조합으로 이루어졌다.

중앙조합은 지방조합을 지도하며 지방조합의 업무를 관리 감독 하는 경영기관이자 지도기관이었다. 중앙조합원은 광주, 경영진, 사무원, 지방조합 정조합원 등 대동광업 소속 임직원과 광부로 구성되었다. 반면 지방조합은 채광에 종사하는 실무조직이었다. 지방조합원은 본 조합 소속 광산에 종사하는 정조합원과 분광업에 종사하는 준조합원으로 나누어지는데, 조합의 각종 공조 사업이나 제도적 혜택에 참여할 수 있는 것은 정조합원에 한정되었다. 지방조합은 이들 정조합원이 합하여 중앙조합의 승인을 받아 집단광구의 중앙지대에 설치하였는데, 광업소 체제를 갖춘 장진금광은 중앙조합에서 직접 관리하였기 때문에 창립 초기에는 초산조합, 태천조합, 함평조합, 자성조합이 조직되었다. 이후 자성광업소가 개설되자 자성조합 역시 중앙조합에 편입됨으로써 1939년에는 초산조합, 함성조합, 울산조합만이 운영되었다.

요컨대 대동광산조합은 집단경영을 도모하는 중소광업가의 생산조합과 광주와 광부가 공동경영하는 생산조합이라는 두 가지 목적을 동시에 추구한 협동조합기관이었다. 그러나 대동광산조합과 조선금산조합의 통합에서 잘 나타나듯이 중소광구, 중소자본의 조합화, 집단화는 현실적으로 중소광업가의 대동광산조합으로서의 종속화를 의미하였다. 경영진은 '조선인 광업가로서 자력갱생의 길이 있다면 오직 조합 결성으로 일로매진하는 것 뿐'이라고 광업가의 조합화를 지속적으로 제창했지만, 전자의 의도는 별 진척을 보지 못했다.

따라서 대동광산조합의 실제 운영은 노농능률 향상을 도모하기위한 노자협조 이념의 실천에 주안점을 둔 후자의 기능을 중심으로 이루어지지 않을 수 없었다. 노자협조를 실천하는 이익균점 방안으로는 크게 세 가지가 시행되었다.

첫째 공로역원제에 의한 이익배당제도의 시행이었다. 즉 중앙조합에서 조합원의 근로 성적에 따라 임금 외에 일종의 주식과 유사한 역권을 지급하고 회기 말에 역주(조합원)가 소지한 역권에 따라 지방조합의 광산 이익을 배당하는 제도였다. 이때 지방조합의 이익배당 비율은 총수입 가운데 제 상각금 약간, 상여금 약간, 중앙조합 경비 분담금 약간을 제한 나머지를 광주 4/10, 역주 4/10, 자영광창정 적립금 2/10로 나누도록 정하였다.

둘째 자영광창정제의 실시였다. 이는 위의 자영광창정 적립금이 어느 정도 축적되면 조합의 알선으로 수지가 맞을 만한 자영광산을 창정한다는 의미였다. 이때 자영광산은 역주의 공동소유가 되며, 경영은 대동광산조합으로 운영해도 좋고 역주의 총의에 따라 주식회사로 운영해도 좋도록 하였다.

셋째 각종 복지제도의 실시였다. 경영진이 삼포광산촌의 종업원 복지와 후생시설에 각별히 노력하였다는 것은 전술하였지만, 1939년에는 안정된 노동력 확보와도 관련하여 당시로서는 파격적인 퇴직금제도를 실시하였다.

이와 같이 대동광업의 경제자립 이념은 철저한 능률 위주의 생산력주의와 자본가의 이윤독점에 반대하는 노자협조주의를 바탕으로 하였다. 자본, 기술, 노동의 공존공영을 통해서만 사회적 부의 증진과 분배의 합리화가 가능하다는 관념이었다. 이들은 이를 생산의 집단화, 공동화를 지향하는 조합제 경영을 통해 실현하고자 하였다.

대동광산조합은 기존의 노동조합과 전혀 성격을 달리하는 노자협조기관으로서, 광부의 경제자립기구인 동시에 노동능률의 극대화를 추구하는 노무관리조직이었다. 조합의 모든 사업계획과 운영은 상하관계로 조직된 이로사장과 중앙조합의 계획적 통제 아래 진행되었고, 조합원은 대동기관을 위해 헌신하는 정신과 규율이 요구되었다. 이러한 조합의 성격과 경영방침은 대동사업체 경영진의 소부르주아적 계급관을 단적으로 반영하는 것이었다. 그들은 노동을 자본 및 기술과 더불어 불가분의 경제자립 요소로 간주하면서도 경영의 중심은 자본과 기술에 두고 있었고, 노동자를 자본가와 기술자의 지도를 받는 계몽과 통제의 대상으로 파악하였다.

이는 허헌이 이종만을 독려하는 마음으로 되풀이해서 강조한 다음의 구호에서 잘 드러난다.

"직장은 곧 교실, 기사는 곧 선생, 직공과 광부는 곧 학생, 능률 있는 곳에 보수가 기다린다."[24]

이종만의 좌우명이자 대동광산조합의 표어 가운데 하나인 '직장교장화'라는 의미는 이러한 것이었다.

대동농촌사의 운영 사례와 지침

이종만은 1937년 5월의 기자회견에서 언급한 재단법인 대동농촌사를 자본금 50만 원으로 설립하였다. 대동농촌사의 참여 인사로는 신사참배 반대로 폐교된 평양 숭실전문학교 부교장 이훈구 박사가 전무이사, 이종만이 이사장, 허헌, 정현모, 이성환 등이 이사로 활동하였다.[25] 이때 송강은 사상범 전과자라고 하여 이사 인가가 불가능하다며 이사장 비공식 대리라는 직함으로 있었다. 그래서인지 대동콘체른 계통도를

---

24) 허헌, 「산금계획과 경영방침의 일단」, 『광업조선』 1937. 8, 23쪽.
25) 『송강소사』 51쪽.

보면 송강은 대동광업(주) 전무, 대동광산조합 상무이사 등으로 참가하나 대동농촌사에는 공식적인 이름이 나오지 않는다.

대동농촌사는 대동광산조합과 달리 비영리기관으로서, 사업목표는 말 그대로 경영진이 추구하는 '이상농촌' 건설의 실험이었다. 이들은 당시 농업문제의 근본적 소재를 농민의 토지 상실과 지주제의 과도한 발달, 가혹한 소작조건과 소작문제의 심화, 극심한 농가부채와 농가수지의 불균형, 도시의 농촌착취 등과 이로 인한 농업생산력의 저열성에서 찾았다. 이를 해결하지 않으면 농민의 자력갱생과 '농촌이상화'는 불가능하다고 강조하였다. 특히 '반봉건적 토지소유관계와 고율 소작료'를 조선농업의 빈궁화와 영농법의 불합리를 야기하는 최대 원인으로 간주하였다.

대동농촌사의 감사 허헌은 조선의 소작문제에 대해 두 가지를 지적한 바 있다. 첫째는 '소작인에 대한 경작권의 확립'이다.

"소작인에게 만일 경작에 □는 정당한 권리를 부여치 안이한다면 지주는 그가 법률의 보호를 밧고 잇는 소유권이라는 무기로써 소작인에게 엇더한 조건과 행동이라도 감행할 수 잇는 것이다. 이는 현상이 잘 예시하고 잇는 사실이지만 그럼으로 소작인에게 그 소작권에 대한 정당한 권리를 부여하야써 지주의 한업는 절대 행동을 공정한 정도까지 제한하여야 할 것이다. 그럿치 아니하면 소작인은 그 경제적 조건에서만이 아니라 실로 그 사회적 조건에 잇서 항상 불안을 늣기게 되어 안도하야 농사에 종사할 수도 업슬 것이니 소작인을 □□□□로 하고 잇는 조선 현실에서는 그들의 조락은 즉 농촌의 조락을 의미하는 것이요 동시에 농촌의 퇴폐를 초래하는 근본적 원인이 되는 것"[26]

이라고 지적했다.

둘째 '소작료의 경감과 공정 표준의 확립이 필요'하다는 것이다.

"지금 조선에서 소작료의 분배표준은 구구 不一하다. 그럼으로 이것은 엇던 공정한 표준에 통일할 필요가 잇다. 그래야만 소작인과 지주 간에서 이러나는 충돌을 근절할 수가 잇는 것이다. 그리고 현행 소작료는 지방과 지주에 따라서 갓지 아니하니 대체로 보와 고율인 것이 사실이나 지금 조선에서도 아즉 농업의 정도가 유치한 곳에서는 그 생산비 갓은 것도 극히 적다 하나 다소 농업이 발달되엇다는 지방에는 그 생산비가 적은 곳은 비록 그 업태가 유치하나 아즉도 소작문제 갓흔 것은 그리 큰 문제가 아니다. 오즉 농업의 상태가 발달된 곳에 한하야 이 문제가 더욱 심각화하는 상태이니 이는 전혀 그 소작인의 부담에 속하는 생산비 과중으로부터 원인한 바 多하다. 그럼으로 그 생산비의 정도에 비례하야 소작료를 부과치 아니하면 안 될 줄 안다."[27]

방기중 교수는 이에 대해 대동농촌사 경영진이 크게 세

26) 『朝鮮之光』 1929년 1월, 58~59쪽.
27) 『허헌 연구』, 역사비평사, 258쪽에서 재인용.

220

가지 방안을 강구하였다고 분석하였다.

　"가장 기본이 되는 타개책은 토지배분의 합리화였다. 경영진은 공통적으로 '경자유전'의 원리가 전제되지 않으면 실질적인 생산력 증대와 경제자립은 불가능하다는 소농주의 입장을 견지하였다. 다만 토지소유문제에 대한 급진적, 변혁적 해결 방법은 비현실적이라 보아 체제가 허용하는 한도 내에서 실현 가능한 점진적 해결 방안으로 연부상환제에 의한 자작농창정 방식을 최선책으로 간주하였다. 특히 '토지국유와 같은 것은 현실에 있어서 한 개의 이상론에 불과하며 현실불가능한 일'이라 강조하고 '사적 토지소유관계를 전제로 하면서 농촌의 안정을 기하고 농업생산력의 증대를 기함'이 첩경이라고 생각하였다고 적시했다.

　둘째 경작권 보장과 분배의 합리화에 의한 소작제도의 개혁이었다. 이들은 유례를 찾아볼 수 없는 고율소작료와 불안정한 경작권이 소작쟁의의 근본 원인이 되고 특히 소작농의 ○조방농업, ○○농업을 조장하여 생산력 증대를 가로막는 가장 큰 장애요인이라고 파악하였다. 따라서 '경작자의 능률을 고도화하야 토지생산력을 최대한도로 발휘시킴에는 무엇보다도 경작권의 안정과 분배율의 합리화를 도하는 것이 최선결조건'이라 강조하였다. 이때 제시한 합리적 분배율은 소출의 3할이었다. 이들은 3할 소작료를 받더라도 그 이윤율은 은행 이자율보다 높고 이로 인한 토지생산성의 증가를 감안하면 자주 입장에서도 상당한 수익이 보장된다고 하여 3할 수취의 합리성을 강조하였다."[28]

---

28) 방기중, 「일제말기 대동사업체의 경제자립운동과 이념」, 『한국사연구』 95, 1994.

농장은 영흥군에 제1농장, 파주에 제2농장, 평원에 제3농장 등이 있었고 모두 약 일백 석 수확이 있었다. 3개 농장에 각 빈농 100여 명을 이사하게 하여 3년간 기채에 가옥, 농우, 농기구, 비료 등 모든 비용을 기채 공영하였다. 이어 3년 후에 비로소 삼칠제로 10년간 30%는 적립하였다가 각지에 개별 농촌을 건설하게 하고, 70%는 농민소득으로 제정하여 해방될 때까지 관리하였다.

그러나 38선 이북에 소재하였던 대동농촌사는 자연 해산되고 말았다. 농민에게 토지를 주어 자립을 운동하던 대동농촌사는 대부분이 인멸되어 발족 6년 만에 종지부를 찍었다.[29]

공업 진흥 교육의 기수, 대동공전을 세우다

송강과 이종만은 1937년 5월 재단법인 대동농촌사를 설립하겠다고 선언해 세상을 한 번 놀라게 했고, 이어 9월에는 개인 소유의 토지에서 소작료를 3할만 받겠다고 해서 또 한 번 세상을 경악시킨 바 있었다. 이어 송강과 이종만은 10월 신사참배 문제로 폐교 위기에 내몰린 평양 숭실전문학교를 120만 원에 인수하겠다고 발표해 또다시 세인의 관심을 크게 받았다.

대동공전을 설립하게 된 저간의 사정은 다음과 같다.

---

29)『송강소사』 52쪽.

1939년 10월 어느 날, 송강은 대동광업(주) 중역실에서 조간 신문을 보고 잠시 충격에 빠졌다. 신문에는 숭실전문학교가 폐지된 내용의 기사가 있었다. 송강은 정현모 대동광업 상무와 이훈구 대동농촌사 전무 두 사람을 전무실로 불렀다.

송강이 먼저 무거운 입을 열었다.

"죽은 숭실을 살려봅시다."

"송강이 결심을 해주십시오." 이훈구 전무가 대답했다.

"남호(이종만)를 설득시켜 주십시오." 옆에서 정 상무도 거들었다.

마침내 입을 뗀 송강은 "나는 책임지고 기어이 성사시키겠다."고 다짐에 다짐을 했다.[30]

이종만은 금산의 시설비 증대로 곤란하다는 입장을 밝혔다. 하지만 송강은 "나는 채금이라도 내어 재건을 한다면 민족정기에 대단한 공헌은 물론 우리가 하는 일에 힘이 배가되어 공익사업까지 하도록 빚내어 보자."고 강권하다시피 했다. 송강의 간곡한 부탁에 이종만이 결국 고개를 끄덕였다.

"송강 선생이 맡아서 해보십시오."

이종만은 송강의 손을 들어 주었다. 약 2시간에 걸친 설득 끝에 꿈을 이루는 순간이었다. 송강은 정현모 상무와 이훈구 전무에게도 소식을 전했다. 이어 송강은 이성환 대동광업

---

30) 『송강소사』 55쪽.

총무과장을 불렀다.[31]

"기성금은 내가 책임지고 숭실을 재건하겠으니 학무국과 상의하시오."

이성환 총무과장은

"일본인 국장이 숭실 명칭은 절대불허하며 공업전문학교를 설립한다면 고려하여 보겠다"

고 송강에게 보고했다. 송강의 교육 열정은 파도가 몰아치듯 학교 건립사업에 전 속력을 냈다. 송강은 훗날

"나는 즉석에서 공업전문학교를 설립하기로 하고 우선 광산과 한 과를 설치한 후 기계과 그리고 기금이 증가되는 대로 다른 과를 신설하기로 하여 허가원을 제출하였다. 허가 후 전 숭실대학 교사를 사용하였다가 모란봉 후방에 넓은 기지를 매입하여 2층동 4만 평 건물을 제1차로 완성시켰다. 재단 상임이사에 보성중학교 김주홍 씨를 그리고 교수는 한국인으로 전부 편성하여 해방 때까지 2회 졸업생이 배출되었다."[32]

라고 회고했다.

---

31) 『송강소사』 56쪽.
32) 『송강소사』 58쪽.

224

당시 경영비 부족으로 평양유지의 협력도 크게 받았다. 그러나 해가 거듭될수록 발전 가능성은 묘연할 뿐이었다. 대동광업이 금산 정비로 폐지되자, 공업전문 건설을 위하여 차입한 고리채를 갚을 길이 난처해지게 되었다.[33] 부득이 송강은 식산국장 호즈미(穗積)를 방문하여 금산 정비에 의한 것이므로 산금회사가 책임지고 지불해 줄 것을 요구하였다. 그러나 조선은행으로 하여금 정리하게 되어 모든 청산이 불가능하게 되었다.

총독부의 방해로 숭실전문학교는 끝내 폐교되고 말았지만, 그 대신 송강과 이종만은 평양에 이공계 전문인력을 집중적으로 육성하는 대동공업전문학교를 설립했다. 이종만이 대동공전의 신설을 발표하자 학교를 잃을 위기에 몰렸던 숭실전문 동창회와 교수회, 학생회에서는 감사 전보를 보냈음은 물론 경성에 대표단을 파견해 감사의 마음을 전했다.

송강과 이종만은 1938년 학생 80명, 광산과 한 개 학과로 출범한 대동공전을 세계적인 이공계 대학으로 키울 포부를 갖고 있었다. 120만 원으로 학교 시설을 온전히 갖추기 어려워지자 이종만은 30만 원의 사재를 추가로 출연했다. 대동공전은 1944년 폐교될 때까지 5회에 걸쳐 332명의 조선인 졸업생을 배출했다. 총 29회에 걸쳐 졸업생을 배출한 경성고등공업학교

---

33) 『송강소사』 60쪽.

의 조선인 졸업자가 겨우 421명에 불과했던 사실과 극명히 대비된다.

대동공전 이외에도 송강과 이종만은 울산(남호 향리) 농업학교 기금으로도 30만 원을 희사하고, 성천 농업기금으로 30만 원을 희사하여 교육사업에 크게 주목하고, 헌신적인 노력을 아끼지 않았다.[34]

대동공전을 포함하여 일제강점기 시기에 송강과 이종만이 설립한 학교 수는 11개 교였다. 송강과 이종만은 금산 정리가 없었으면 대금산에서 산출되는 산금으로 대구 등지에 공·농업전문학교 설립하고, 서울에는 이화연구소를 개설하기로 굳게 약속하여 금산 개발에 전력하였지만 일제의 정책변경으로 모두 실현되지 못하였다.[35]

대동사업체의 몰락과 변화

대동사업체의 일환으로 송강과 이종만은 대동출판사를 설립하여 월간 『농업조선』과 『광업조선』의 2대 잡지를 간행하였다. 이원조(李源朝)[36] 주간과 홍기무 기자 등 유능한 사람들

---

34) 『송강소사』 54쪽.

35) 『송강소사』 62쪽.

36) 1909~1955. 경북 안동 출신. 이육사의 동생. 대구 교남학교를 거쳐 1935년 일본 도쿄 호세이(法政) 대학 불문학과를 졸업하고, 1935년부터 1939년까지 『조선일보』 학예부 기자로 활동하였다. 광복 후 임화·

226

이 모였고, 한편으로는 인쇄소를 설립하여 각종 인쇄물, 신문, 서적 등 수만 권을 매입 출판하였다. 대동출판사 제1대 사장에 이종만, 제2대에 송강, 감사는 허헌 등이었다.[37]

일제 말기에 대동아전쟁이 일어나자 일제의 정책은 산금 장려에서 돌변하여 금산을 폐지시키고 잡금속 광산 개발 쪽으로 일제히 변경시켰다. 이에 따라 장진금산은 폐지되고 채무를 정리하기에 바빴다. 산금회사의 부채가 600만 원 정도였는데 이는 장진금산으로 청산할 수 있었다. 훗날 송강은 성○○동에 있는 금맥은 대광맥이어서 대동광업에서 계속 경영하였다면 기대한 사업은 무난히 달성되었으리라고 언급하면서 아쉬움을 토로했다.[38]

일제강점기가 끝나가고 새로운 시대가 도래하면서 대동사업체 전반에도 큰 변화의 바람이 불어닥쳤다. 대동광업, 대동출판사, 대동농촌사는 일시에 8·15 해방과 동시에 해산될 운명에 처했다.

1940년 대동광업의 부채는 500만 원에 달했고, 대동공전은 교사 신축 자금이 부족해 사채까지 끌어썼다. 경영이 극도로

김남천 등과 조선문학건설본부를 결성하고, 1946년 조선문학가동맹에 가담하여 초대 서기장을 지냈다. 1947년 말에 월북하여 중앙본부선전선동부부부장에 선임되었다. 1953년 임화·설정식 등과 함께 숙청당했다.

37) 『송강소사』 52쪽.

38) 『송강소사』 54쪽.

악화된 가운데 1941년 태평양전쟁이 발발하자 '대동콘체른' 즉 대동사업체는 차례로 붕괴되었다. 1942년 부채액이 800만 원까지 늘어나 이미 파산 상태였던 대동광업은 1943년 총독부의 금광 강제정리 사업 과정에서 해체되었고, 같은 해 대동출판사는 대동공전의 경비 마련을 위해 매각되었다. 1944년 대동공전은 평남도청이 인수하여 공립으로 전환되었다. 평양공업전문학교로 간판을 바꿔단 대동공전은 해방 후 평양공업대학, 김일성대학 공학부를 거쳐 김책공업대학으로 이어졌다.

대동공업 출신의 기술인 약 50여 명은 남한에서 활발하게 활동하여 광업개발의 중견 간부로 활약한 인사가 많았으며 김두희, 김희영 등은 회사 규모를 키우고 모범적으로 사업을 경영하여 큰 성공을 거둔 바 있다.[39]

광복 후 이종만은 적산(敵産)기업인 삼척탄광을 불하받아 30번째 사업을 시작했다. 정치활동에도 적극적으로 나서 조선산업건설협의회 회장, 민주주의민족전선 중앙위원을 역임했다. 1948년 분단이 되자 이종만은 고심 끝에 자진 월북했다. 이에 반해 언제나 동지로서 긴밀한 관계를 유지했던 송강은 그와는 다른 길을 선택했다.

---

39) 『송강소사』 61쪽.

이종만, 북한 전후 복구사업에 매진하다

앞서 언급했듯이 이종만은 전국 각지에 10여 개의 큰 광산과 수백 개의 광구를 가진 '대동광업주식회사', '대동광산조합', '대동농촌사', '대동출판사', 그리고 평양의 '대동공업전문학교' 등 '대동콘체른'이라고 불린 총 5개 거대 사업체의 수장을 지낸 일제 시기의 대표적인 사업가 중 한 사람이었다. 1949년 평양에서 열린 '조국통일민주주의 결성대회'에 조선산업건설협의회 회장 자격으로 월북했다가 제1기와 2기 최고인민회의 대의원을 지냈고, 광업부 고문으로 활동하다가 1977년 아흔셋을 일기로 사망하고 애국열사릉에 묻혔다. 그는 애국열사릉에 안치된 유일한 자본가 계급 출신 인사였다. 그만큼 월북 이후에도 '애국적 기업가'로 주목받은 인물이었던 것이다.

6·25전쟁 시기 중국 길림성으로 피난갔던 이종만이 1954년 어느 날, 귀국하여 김일성 주석을 만났을 때의 일이다.

"객지 생활이 많이 불편하셨지요?"

"아닙니다. 모두들 힘들었는데 잘 챙겨주어 불편함 없이 지냈습니다."

"그래도 자기 집이 아닌 곳에서 지내기가 쉽지는 않으셨을 겁니다. 그나저나 제가 선생님을 급히 만나자고 한 것은 선생님께 의논드릴 일이 있어서입니다."

"네? 무슨 일인가요? 제가 할 수 있는 한 성의껏 답하겠습니다."

"이제 우리는 본격적으로 전후 복구 건설사업을 진행하고 있습니다. 그러자니 구리가 많이 필요하네요. 일본 놈들이 패망하면서 다 부셔버린 공장과 광산을 겨우 복구시켜 놨더니 이번에는 미국 놈들이 다시 모두 부셔버렸습니다. 이것을 복구하자니 많은 자재와 원료가 필요합니다. 그 중에서도 제일 시급한 것이 구리인데 1톤도 좋고 2톤도 좋으니 있는 것을 다 파내서 써야겠습니다. 선생님은 오랜 세월 광산 일을 하셨으니 어디에 구리가 많이 묻혀 있는지 아실 듯해서 여쭈어보는 겁니다.”

“아, 그 문제라면 자신있게 대답해 드릴 수 있습니다. 제가 해방 전에 ‘대동광업주식회사’를 경영할 때 북부 일대의 여러 지대를 돌아다니면서 조사한 적이 있습니다. 그때 기억으로 북부 지역의 학성산에 동광석이 대략 20만 톤이나 매장되어 있었습니다. 거기에는 구리뿐만 아니라 금도 많이 묻혀 있을 것이라 예상됩니다.”

“그렇군요. 학성산이라면 자강도 중강군에 있는 그 산을 말씀하시는 건가요? 당장 그곳으로 탐사대를 파견하겠습니다. 고맙습니다, 선생님.”

“아닙니다. 제가 할 수 있는 일이면 뭐든 도와야지요. 탐사대가 꾸려지면 저도 함께 가겠습니다. 그래도 제가 예전에 조사했던 곳이니 조금이라도 더 도움이 되겠지요.”

당시로서는 지질탐사사업을 대대적으로 시작할 상황이 아니었기 때문에 김일성은 광산업에 일가견이 있는 이종만에게 의견을 구했고 그의 의견을 따라 학성산을 중심으로 탐사사업을 진행시켰다. 중공업성 지질탐사관리국장을 중심으로 꾸려진 탐사대는 이종만을 고문으로 위촉하여 자강도로 향했다. 하지만 이종만이 지적했던 학성산에서는 구리 광맥을 찾지 못하고 우여곡절 끝에 그 주변 지역에서 결국 구리광맥을 찾아 광산을 건설할 수 있었다.

그것이 바로 '3월5일청년광산'이다. 이곳에서는 구리, 금뿐만 아니라 스테인레스나 베어링 등 특수강을 만들 때 쓰이는 몰리브덴도 많이 매장되어 있었다. 대부분 노천광 형태여서 이용가치가 아주 높았다.

지난 2010년 9월 초, 김정일 위원장이 예정했던 당대표자회를 개최하지 않은 상태에서 현지지도를 떠나 많은 사람들의 관심의 대상이 되었던 곳이 바로 '3월5일청년광산'이었다. 당시 광산촌을 방문한 김정일 위원장은 이 광산의 발전된 모습을 보고 "여기는 선군시대에 태어난 인민의 무릉도원이고 공산주의 선경이며 리상촌"이라고 하면서 최상의 만족도를 표시하였다고 한다. 2008년 1월에도 이곳을 현지지도하면서 자력 발전하는 모범을 만들고 있다고 칭찬을 아끼지 않았는데, 당시 5~6년 기한으로 제시한 목표를 2년 만에 돌파하여 생산량을 3배로 끌어올렸기에 이번에 더욱 극찬한 것이었다.[40]

---

40) 강호제, 「북한 과학기술사」, 『민족』 21, 2010년 11월호.

송강과 이종만의 아름다운 동행과 안타까운 이별

송강과 이종만의 동행이 1920년대 고학당에서 시작되었다면 중간과 마무리는 1930년대 중반 10년 만에 재회한 뒤 대동광업, 대동출판사, 대동농촌사, 대동공전 등 대동사업체에서 이루어졌다고 하겠다. 송강과 이종만의 굳게 결합한 아름다운 동행은 광산사업은 물론 농촌사업과 교육사업으로 무섭게 번져나갔다.

송강과 이종만의 관계를 손과 발, 경영과 이론, 세상을 바꾸려는 열정과 의지를 공유한 관계라고 표현할 수 있다면, 그들의 동행은 현재까지 남아 있는 몇 장의 사진 속에서도 확인된다.

1937년 어느 날 영평금광 사무실 앞에서 사진을 찍은 대동광업(주) 간부들과 광부들은 조선 제일의 금광을 채굴하고 있다는 자부심으로 똘똘 뭉쳐 있었다. 사진을 유심히 보면 이종만의 왼편에는 늘 송강이 자리하고 있었다. 대동광업이 당시에 무슨 상을 받았는지 사진 한가운데에는 수상한 트로피를 놓고 수상 기념 사진을 찍은 모습이다.

다음 사진은 1939년 6월 6일 따스한 초여름 땡볕이 내려쬐는 날, 서울 종로구 견지동 111번지(현 농협 종로지점) 대동광업(주) 건물 앞에서 찍은 것이다.

　　　"어서들 모이게. 창립을 맞아 사진 한 장 찍어야지."

　정현모 대동광업(주) 상무가 먼저 건물 앞에 나가 창립 2돌 기념 사진을 찍자고 제안했다. 42명의 대동광업 간부들로 앞마당은 꽉 찼다.

　앞줄 가운데는 이종만이 자리를 잡고 그 왼편은 언제나 그렇듯이 송강이었다. 이종만의 오른쪽에는 정현모 상무, 송강의 왼쪽으로는 허헌 감사가 앉았다. 다들 검은 구두에 양복 정장 차림이었지만 송강만 하얀 구두에 단정한 작업복 차림이었다. 이종만의 장남 이영조, 대동출판사 주필 김철수, 장희문, 김상하 씨 등도 사진 촬영에 응했다. 이때는 정장 차림이 말해주듯 대동사업체의 핵심인 대동광업(주)이 가장 크게 번창한 때였음을 알 수 있다. 이 사진은 대동광업(주) 당시 사진으로는 드물게 남아 있는 사진이다.

전봉관 교수를 비롯하여 많은 연구자들이 이종만의 '대동콘체른'을 경영하는 데 송강이 두뇌 즉 이론과 일관된 추진력을 도맡았다고 지적한다. 이종만이 드러난 아름다운 경영자였다면, 보이지 않는 핵심 브레인은 송강이었다는 것이다. 그만큼 송강은 이종만의 절대적 믿음 아래 대동사업체 전체의 전망과 세부 내용을 조정하는 실질적인 인사였던 셈이다.

이종만이 제기하고 송강이 뒷받침한 경영철학은 무척이나 단순하고 명료했다.

"일하는 사람은 다같이 잘 살자."

이 단순한 경영철학으로 사업체의 생산성을 극대화시킬 수 있었고, 추가 이익을 노동자들에게 배분하여 그 자신이 사심 없는 경영자임을 확인시켜 주었다.

하지만 송강과 이종만의 아름다운 동행은 영원할 수는 없었다. 일제강점기에 이어 해방이 되었지만 남과 북이 분단됨에 따라 서로 다른 선택을 했기 때문이다. 이종만, 허헌 등 대동사업체의 지도부는 대부분 월북을 했지만, 송강은 끝내 월북하지 않고 남쪽에 남았다.

제7부

해방과 전쟁, '공업입국'의 중심에 서서

조선공업기술연맹의 결성과 활동

일제의 기나긴 식민지 통치에서 벗어나 1945년 8월 해방을 맞이하였다. 1930년대 후반부터 광업소를 비롯한 사업체를 운영했던 송강은 해방된 공간에서 제일 절실한 것은 '공업입국'임을 천명하였다. 송강이 몽양 여운형 선생과 이영 등으로부터 정치계 입문을 권유받기도 하였으나 새로운 나라에서는 공업을 발전시키는 것을 급선무라고 여긴 것이다.

공업입국이 해방된 민족이 나아가야 할 길임을 확신했던 송강의 뜻은 다음과 같은 그의 회고담에 고스란히 담겨 있다.

"내가 공과에 입학한 초지는 두말 할 것도 없이 산업혁명 이후에 세계사적 진전은 공업에 있다고 생각한 것이다. 인류의 행복은 공업 발전에서만 이루어질 것이다. 과학의 발전은 과거사를 정리하고 새로운 인생 행로를 개척 전진한다. 모든 인류는 공업의 힘으로 과학의 광장에 자유와 공존 번영을 획득하리라고 확신하여 마지아니한다."

그 일환으로서 우선 기술자 단결통합, 기술인 양성, 그리고 공업기관의 신설 및 확충의 실현을 목적으로 조직된 것이 조선공업기술연맹이었다. 이 연맹은 1945년 8월 25일에 결성되었고, 송강이 이사장으로 선출되었다.

다음은 총회에서 결정된 조선공업기술연맹 산하의 단체와

회장 명단이다.

> ○ 공업신문사　사장 이준열
> ○ 화학공업협회 회장 안동혁[1]
> ○ 기계공업협회 회장 이창호
> ○ 토목공업협회 회장 최경열
> ○ 건축공업협회 회장 김희춘
> ○ 섬유공업협회 회장 최사열
> ○ 전기공업협회 회장 윤일중
> ○ 광산공업협회 회장 김용암

결성 이후 각 지역으로 회원을 늘리기 위하여 부산에 2명의 연맹원을 파견하여 일본에서 입국하는 공업기술인들을 등록시키기로 하였다. 일본에서 들어온 기술인은 1000명 가량으로 전국에 흩어져 있었는데, 시간이 지날수록 연맹에 등록하는 회원이 늘어갔다.

연맹은 우선 다동에 2층 사무실을 빌렸다. 여기에 알고 지내던 이종회 군의 소유로 청진동에 있는 2층짜리 경성보육학교 가옥은 물론 집기 일반을 빌리면서 집세까지 면제받았

---

1) 安東赫. 1906~2004. 서울 출생. 1926년 경성고등공업학교 응용화학과, 1929년 일본 규슈 제국대학 응용화학과를 졸업하였다. 경성공업전문학교 교수 및 교장을 역임하고 중앙공업연구소 초대 소장으로 재직하였다. 상공부 장관, 한양대학교 공과대학 교수, 한양대학교 산업과학연구소장 등을 역임하였다. 1981년 대한민국학술원 원로회원.

다.

3개월 후에 조선어학회장 이극로(李克魯)[2] 씨가 와서 2층의 빈방을 빌려달라고 하였다. 송강은 상대가 어학회라는 학술단체이고 주요 멤버인 이희승, 최현배, 이인씨 등은 과거의 지인들인데다 함흥감옥에서 옥고를 치른 분들이기도 해서 빌려주기로 마음먹었다. 먼저 주인 이종회 씨를 만나 양해를 받고 무료로 대여해 주기로 하였다.[3]

공업기술연맹에서는 공업신문사를 설립하여 사장 이준열, 부사장 겸 주필로 김용암, 그리고 편집국장으로 조문환 등을 정하고 많은 준비를 거쳐 일간지를 발간하였다. 경비 조달은 경성고등공업 후배인 김용암이 맡고, 연맹의 운영 책임은 송강이 맡았다. 공업신문사의 경우, 광고와 기타 수입이 있어

---

[2] 1893~1978. 경남 의령 출신. 1920년 상해 동제대학 예과, 1927년 독일 베를린 대학 철학부를 졸업하고 런던 대학에서 정치경제연구 박사가 되었다. 20여 년간 조선어학회 주간으로 활약하다 1942년 10월 '조선어학회' 사건으로 검거되어 징역 6년을 선고받고 복역하던 중 광복으로 석방되었다. 1948년 민족자주연맹 위원으로 '남북제정당·사회단체 연석회의' 참석차 평양에 갔다가 잔류하였다. 1948년 9월 제1차 내각 무임소상, 1949년 조국통일민주주의전선 중앙위원회 의장 및 과학원 후보원사, 1953년 최고인민위원회 상임위원회 부위원장, 1962년 과학원 조선어 및 조선문학 연구소장, 1966년 조국전선 중앙위 의장, 1970년 조국평화통일위원회 위원장 및 박사, 1972년 양강도 인민위원회 부위원장을 지냈다.

[3] 조선어학회 이외에 1947년 3월 15일에는 문맹 퇴치와 생활과학화운동을 목적으로 하는 조선문화협회가 공업기술연맹에서 결성된 적도 있었다.

서 사원들에게 급료를 지불하였으나 연맹은 사환 이외에 거의 무료로 봉사하였다. 회원들의 회비 납부는 원활하지 못했다.

결성 이후 조선공업기술연맹은 여러 사업을 진행하였다. 1945년 12월, 국내의 석유 사정을 조사하기 위하여 미국에서 3명의 조사원이 한국에 왔다. 이들은 울산공장 이외에는 이렇다 할 공장이 없고 이를 확장하려면 자본과 시일이 걸릴 것이니 품질 좋고 값도 싼 미국석유를 수입하는 것이 어떠냐고 물었다. 이에 대해 조선공업기술연맹은 조선연료협회와 조선화학기술협회 등과 함께 19일 오전 11시에 공업기술연맹 회의실에서 '석유문제협의회'를 개최하면서 반대성명서를 발표하였다. 반대 이유는 조선의 공업을 질식시킬 뿐 아니라 조선이 경제적 식민지로 전락할 우려가 있다는 것이었다. 즉, 미국이 석유에 대한 독점적 특권을 획득하여 석유가 전적으로 외국 시장화 한다면 독립 후 자주적 석유정책의 실시는 불가능하다는 것이었다. 이는 자주적 민족국가 건설 이후 자립적 경제에 대한 고민이었다.

연맹을 결성하고 개최한 전국적 규모의 행사는 1946년 10월 창경원에서 개회한 건국공업박람회였고, 이 행사에는 공업연맹 가맹 단체 26개와 회원 16만 명이 참가하였다.

한편 국내의 정치 현황은 미·소를 중심으로 급박하게 돌아가고 있었다. 국내 사회주의 진영의 행보로 민주주의민족전선 남조선노동당 등 30개 단체는 미소공동위원회(美蘇共同委員會)[4] 개최에 관한 미소간의 교환서한에 관하여 1947년 1월 16일 토의한 결과, 미국 하지 중장의 주장을 조선의 현실을 무시한 견해라고 반박하였다. 이어 어떠한 정당, 사회단체, 개인이나 전적으로 모스크바 삼상회의의 결정을 지지한 자와만 협의할 것을 주장한 소련의 치스챠코프를 지지하는 성명을 발표하였다.

조선공업기술연맹은 해를 넘긴 1947년 4월 26일 각 협회 의원 113명이 출석한 가운데 조선전기공업학교 강당에서 제2회 정기총회를 개최하였다. 위원장에 송강이 선임되었지만 순탄하지만은 않았다. 당시 임시의장은 여순공대 출신으로 신 모라는 사람이 맡았다. 처음에는 총회가 순조롭게 진행되었지만 도중에 회원 중 한 사람이 갑자기 질문 공세를 펼쳤다.

"소문에 들으니 박람회 개최 후 공련서 1000여만 원의 부채가 발생했다는데 그 이유는 무엇이고 어떤 상황인가?"

이에 송강은 다음과 같이 답변하였다.

---

4) 모스크바 삼상회의의 결정에 따라 한국의 임시정부 수립을 논의하기 위해 열린 미·소 양국의 대표자회의. 제1차 위원회는 1946년 3월, 2차는 1947년 5월에 열렸다.

"개관 도중에 남쪽에서 호열자가 들어와 유행하여 관람자 수가 많이 감소되었을 뿐만 아니라 자금이 적시에 투입되지 못하여 행사가 지연됨에 따라 비용이 초과되었습니다.

공업박람회의 모든 것은 공익적인 성격 하에 국가 장래를 위하여 희생적으로 건설한 것인바 이익이 있었으면 공업 발전을 위하여 투입할 것이며 부채는 얼마이던지간에 이준열 개인이 책임지고 해결할 결심이니 추호도 그런 걱정은 하지 마시고 배전의 용기와 성실을 갖추어 우리 공련이 대발전이 있기만을 기약할 뿐이니 안심을 하시고 직업에 안심 전진하시기만 바랄 뿐입니다.

끝으로 나에게 대하여 하실 말씀이 있으면 무엇이든지 하시기를 바랍니다."

자신감 있고 소신에 찬 분명한 목소리로 이렇게 답변하니 청중석에서 박수가 터지고 썰렁했던 분위기는 일순간 잠잠해졌다. 송강은 무난히 위원장으로 피선되었다.

당시 선임된 역원 명단은 다음과 같다.

○ 위 원 장 이준열
○ 부위원장 김용암, 김재을
○ 총무국장 신택희
○ 조직국장 최성세
○ 출판국장 서도원
○ 사업국장 이석화
○ 상임위원 김종민, 유상하, 황정철, 김향돈, 안화태, 김용관,
            이석화, 서도원, 김노수, 이채호, 이시현, 신난휴,

신택희, 최성세, 이준열, 김용암, 김재을, 현득영

　다음은 6 · 25전쟁 발발 후인 1950년 7월 5일에 단체등록한 조선공업기술연맹의 현황을 명칭, 소재지, 대표자, 위원 명부, 산하 단체, 지방 지부, 강령 등의 순서로 정리한 것이다.

　　○ 명　칭 조선공업기술연맹
　　○ 소재지 서울시 중구 태평로 2가 11번지
　　○ 대표자 위원장 이준열(55세, 서울시 동대문구 창신동 81-5)
　　○ 위원 명부

　　　　　위 원 장 이준열
　　　　　부위원장 김재을
　　　　　부위원장 유두찬
　　　　　부위원장 김용암
　　　　　총무부장 이규정
　　　　　조직부장 여병윤
　　　　　사업부장 유상하
　　　　　출판부장 장두진

　　○ 산하 단체
　　　　　조선광산기술협회 위원장　김용암
　　　　　조선전기기술협회 위원장　김○병
　　　　　조선기계기술협회 위원장　이채호
　　　　　조선토목기술협회 위원장　한인선
　　　　　조선건축기술협회 위원장　김세연

조선방직기술협회 위원장　유두찬
조선화학기술협회 위원장　안동혁
조선제약기술협회 위원장　홍원율

○ 지방 지부
서울시연맹 위원장　　신택희
대전시연맹 위원장　　김재원
대구시연맹 위원장　　유달무
전주시연맹 위원장　　김경우
부산시연맹 위원장　　김택진

조선공업기술연맹 강령 규약(자료 참조)

1 조선의 민주주의 발전을 위하여 건설 및 생산의 종합적 계획과
   그 실천에 열성적으로 참가함으로써 공업생산의 발전을 기함
2 선진 범위의 공업기술을 수입하고 연구와 보급을 통하여 공업
   기술의 급진적 향상과 민족문화의 발전을 기함
3 공업기술자의 단결과 단체적 훈련을 통하여 민주국가 건설에
   적극적으로 참여함으로써 국가의 강력한 지주가 되기를 기함

조선광업회, 테러의 위험에서 벗어나다

앞서 자세히 언급했지만 송강은 1930년대 후반부터 일찍이
광산업에 발을 들여놓았다. 해방 이후 중앙 무대에서 '공업입
국'을 향한 다양한 활동을 하면서도 광업에 대한 관심은 놓지
않았다.

해방 이후 광업인 대회가 소집되고 1945년 10월 조선광업회가 설립되었는데 초대 회장에 이준열, 부회장 이종만, 이사 60여 명으로 된 큰 규모의 단체였다. 현금 예입이 5만 원, 부동산이 수천만 원이었다.

사무실을 정하고 본격적인 사업을 진행하던 어느 아침이었다. 전혀 본 적이 없던 두 사람이 집으로 찾아와서 송강을 찾으며 하는 말이, 광업회 긴급 이사회를 이화동의 대의당 당수 박춘금(朴春琴)[5] 집에서 열게 되어 회장을 기다리고 있다는 것이었다.

송강은 매우 의아스럽게 여기며 "회장이 모르는 이사회 개최 운운이라니, 무슨 말인가"라고 반박하였다. 그러면서도 태연한 태도를 취하였다. 박춘금의 대의사옥 안에 대규모

---

5) 1891~1973. 경남 밀양 출신으로 무학으로 일본으로 건너가 일본 낭인 우익단체 흑룡회의 거물 도야마 미쓰루를 알게 되면서 폭력배로 성장하고, 1920년 친일 노동단체인 상애회를 조직하고 회장을 역임하였다. 1924년 노동상애회를 서울에서 조직하여 각종 소작쟁의에 관여하고 습격하였다. 1932년 일본에서 중의원의원에 당선된 뒤 동양평화와 황민화 그리고 학병격려 등을 내용으로 한 시국강연을 하였다. 1945년 6월 박흥식 등과 같이 조선인 지식계급과 사상가 20만 명에 대한 학살계획기관으로서 대의당을 결성하고 그 당수가 되는 등 적극적인 친일행위에 나섰다. 이 단체가 부민관에서 연 아세아민족 분격대회에서 강윤국, 유만수, 조문기 등의 세 청년이 폭탄으로 박춘금 등을 살해하려는 사건이 일어났다. 해방 후 반민족행위자로 일본으로 도피하였다가 5·16 후인 1962년 아세아상사사장으로 귀국하여 한일회담의 조속한 타결을 위해 노력하겠다는 포부를 밝혔다.

244

테러단이 있다는 말을 이미 들었기 때문이다.

집안으로 들어가 무엇인가를 정리하는 척하면서 뒷담으로 피신하려고 옆집으로 들어갔다가 정문으로 나왔다. 그러나 송강의 집 정문 앞에 미리 와서 망을 보고 서 있던 한 청년이 다가와 같이 가자고 하는데 양복 겉주머니에 손을 넣고 있었다. 권총을 만지작거리고 있었던 것이 분명했다. 당시는 우익 단체라면 장총이든 권총이든 맘대로 소지하고 있는 때였다.

송강은 연행된 채 도보로 동대문까지 걸어가며 여러 가지 생각에 잠겼다. 해방 후 사회질서가 문란한 시기에 친일 극우 폭력 단체에게 일단 납치를 당하게 되면 행방을 찾기 어렵게 될 것임을 직감했다. 언젠가 안에서 무슨 일이 일어나도 외부에서는 도저히 그 상황을 알 수 없어서 저들 단체가 중국 마적단 소굴 같다는 소문을 들었다.

이리저리 눈치를 살피던 송강은 갑자기 동대문 북쪽 파출소로 들어가 피신을 요청하였다. 파출소 주임이라는 사람이 여기서는 처리할 수 없으니 지서로 전화를 걸어 경찰을 증파하라고 하였다. 송강은 동대문서로 전화를 걸었으나 도무지 대답이 없었다. 당시는 이처럼 사회도 경찰도 완전한 무질서 상황이었다.

파출소 밖에는 송강을 납치해 온 사람은 사라지고 4~5명의 대의당원으로 보이는 자들이 모여 있었는데 그 중 연로한

자가 나서서 큰소리로,

"이놈아 나오너라 너는 공산당원이다. 살려둘 수가 없는 놈이다"라고 소리를 쳐댔다.

때가 때인 만큼 왕래하던 사람들 모두가 '들은 척도 아니[廳而不問格]'했다. 송강이 파출소 안에서 의자를 빌려 앉아 밖을 자세히 보니 제일 연장자는 일제강점기 시절 소작상조회(송병준과 같은 적의 1인)가 창립한 친일단체의 주간으로 있던 채 모라는 자였다.

송강은 분노한 목소리로,

"저놈이 송병준의 충신인데 역적 박춘금과 결탁해서 강도를 하는 무리의 대장격으로 있는 놈이다."

"이들이 내 집에 와서 제 부하를 시켜 나를 납치해 가는 도중이다."

"나는 파출소에 뛰어 들어와 구명을 요구하고 본서에 서원을 증파하여 달라고 기다리는 중입니다."
라고 구경꾼을 향해 외쳤다. 그러나 모두들 수수방관만 하고 있을 뿐이었다.

그러다가 조금 후에 경전(京電)차장 감독으로 있는 최수철이라는 고학당 졸업생이 파출소 안으로 들어서며 "선생님 가십시다." 하고 송강을 일으켜 경전 사무실로 안내하였다. 그때에 경전에는 수백 명의 우익 테러단이 있었는데 꽤 유명하였다. 채 모를 비롯한 남은 무리들은 겁이 났던지 어딘가로 자취를 감추어 버렸다.

광업회는 조흥은행에 500원의 예금이 있었다. 이 사건은 광업회 재정이사 1인이 대의당 당원을 이용하여 송강을 납치한 후 회장의 도장을 강제로 사용해서 예금을 빼내려 한 계획이었음이 드러났다. 이미 송강은 이상한 낌새를 눈치채고 그 방비를 위하여 상공부장 오정수 씨에게 전화로 연락해서 은행에 사실을 예고하고 부탁을 해둔 상태였다. 납치 기도를 모면한 송강은 바로 광업회로 가서 그간의 사정을 설명하고 가까운 집에 가서 며칠간 체류하였다.

기지를 발휘하여 위급한 상황을 피한 셈이었다. 경전의 최수철 군에게 연락을 한 것은 생질 윤창식이었다. 생질과 최 군은 고학당 동창인데, 송강의 집에 갔다가 납치 소식을 듣고 곧 경전에 있던 최 군에게 연락을 해서 문제를 해결하였던 것이다.

해방 공간의 무질서

해방 후 미군정이 시작되면서 남한 사회는 모리배가 들끓고 도둑이 넘쳐나는 무질서와 부도덕이 만연한 참담한 사회였다. 해방이 되자 경성방직의 종업원 200여 명이 송강에게 연서로 관리인으로 부임해 주라고 요청하여 이를 수락했으나 취임

반 년 만에 사임하였다. 경성방직은 미군들이 점거하고 있었
는데 직원들을 사주해서 재고 생사 기계 등을 몰래 유통시켜
경찰에 연이어 검거되는 등 공장의 자유로운 운영이 안 되었기
때문에 사퇴할 수 밖에 없었다.

경성방직에 재직할 때의 일이다. 4~5명씩 혹은 10여 명씩
의 직공들이 미군과 결탁 공모하여 창고물품을 도둑질하고
몰래 숨긴 일이 세 차례나 적발되어 영등포경찰서에 구속되는
사건이 일어났다. 첫 번째 사건이 일어났을 때는 송강이 서장
을 찾아가 보증을 서고 감옥에서 빼내왔다. 그리고 이어서
사건이 터졌을 때도 서장은 송강의 부탁을 들어주었다.

그런데 각 공장에서 또 물품이 없어지는 일이 발생하였다.
이번에도 송강은 서장을 만나 출감시켜 달라고 청하였다.
부탁을 받은 서장은 처연한 태도로 "그런 청이 한두 번도
아니고 세 번째인데 이런 어려운 청을 하시니 입장이 매우
곤란하다."고 말했다. 서장은 "요새 그런 일이 많이 발생하는
데, 대부분의 사장들은 이런 도둑놈은 단단히 벌을 주어야
한다고 한다. 그런데 그런 선처를 오히려 세 번씩이나 하시느
냐"고 반문하였다.

송강은 석방이 안 된다면 이들을 공장에서 임시로 해고하고
시외로 이거하였다가 참회하면 다시 취직시킨다면서 끈덕지
고 간절하게 청을 거듭하였다. 이에 크게 감동을 받은 서장은

248

“참으로 공자님 같은 사장이다”라고 하면서 작별 인사를 하였다. 직공들의 범죄 행위는 미국인의 사주를 받고 그 협조하에 저지른 것이었지만, 사실 그들의 사생활을 조사해 보면 주색과 노름에 빠진 인간들이었다. 송강은 그런 사람들에게조차도 따뜻한 인간애를 보여주었던 것이다.

송강이 조선공업기술연맹을 만들고 다방면으로 활동하던 때의 일이다. 미군정의 아놀드라는 민정장관이 연맹으로 통첩을 보냈다. 살펴보니, 각 사업체 2만여 개소에 대한 관리상 적임자를 추천하라는 내용이었다.

이후 송강의 주변에 수많은 사람들이 몰려들었고 그들을 일일이 응접해야 하는 번거로운 처지에 놓였다. 송강은 그 다음 날부터 도시락을 싸가지고 출근을 했다. 송강의 비위를 맞추어 관리인이 될 목적으로 뇌물을 전달하려는 직원들의 행태를 사전에 봉쇄하기 위해서였다. 이때 송강을 찾아온 사람 중에는 무려 50만 원짜리 수표가 든 봉투를 놓고 간 자도 있었는데 그의 주소를 알아내어 고스란히 돌려주었다.

그런데 추천할 수 있는 기간은 일주일에 불과하였기 때문에 이해타산에 빠른 무리들이 군정 통역인들과 단합하여 공장 관리와 관련해서는 어떤 경력도 기술도 없는 자를 무조건 추천하는 일이 속출하였다. 그에 따라 생산량은 급감하고 반대급부로 외래품들이 흘러 들어와 외래품의 국제시장으로 변해 버렸다.

위와 같이 송강이 적산 불하에 관여하던 시절, 재미있는 일화 한 토막이 있다. 당시 창신초등학교에 다니던 막내아들 기준이 같은 반 친구의 집에 놀러간 적이 있다. 친구의 집은 일본식 집으로 마당도 넓고 건물도 으리으리하였다. 기준은 특히 미닫이 문이 스르르 열리는 게 아주 신기하였다. 집으로 돌아온 기준은 아버지 송강에게 "우리도 좀더 좋은 집에서 살아요."라고 졸랐다. 송강은 어린 기준을 세워 놓고 "우리가 그런 집에서 살고자 하면 살 수도 있다. 허나 지금 이 나라에는 집없이 사는 사람이 더 많다. 이러한 사람들을 항상 생각해야 한다."면서 엄중하게 말했다.

한편 해방 직후 북한에서는 남쪽에 전기를 보내는 조건으로 전기용품을 받기로 되어 있었다. 북에서 보내는 전기량은 하루 13만 kw였다. 남쪽에서는 어느 시기까지는 전기용품을 보낼 수 있었으나 이후 수량이 부족해지자 약속한 용품을 보내지 못했고 북에서는 송전을 중단해 버렸다.

서울은 암흑천지로 바뀌었다. 일부 전기가 들어온다 하여도 너무 약해서 '깍박것(?)'이라는 속언이 생겨날 정도였다. 이때에 민간 차원에서 전기대책위원회가 구성되었다. 이 대책위원회에서 여운홍, 변호사회 회장 이흥종, 신문인 대표 설의식, 광업가 대표 이종만, 공업인 대표 이준열의 5명으로 최고의

원을 꾸려 중앙청 러치 민정장관과 하지 중장 등과 면담을
하였다.

계약대로 북쪽에 전선 등의 전기도구를 보내주고 서울의
암흑상을 풀어달라고 간청했으나 그들은 듣지 않았다. 이에
송강은 종로 YMCA강당에서 연설을 하여 대중에게 흑백을
가리고 잘잘못을 가리어 속히 해결하라는 대중 궐기운동을
유발시키려고 하였다. 여운홍과 이홍종 등은 하지 장군에게
면회를 요청했으나 거절당했고, 이종만 씨는 월북하여 교섭을
하고자 하였으나 허가가 나지 않았다. 전기대책위원회는 결국
자진 해산되었다.

뚝심과 추진력으로 건국공업박람회를 열다

앞서 송강이 주도한 조선공업기술연맹의 대표적인 실적이
건국공업박람회의 개최였다고 했었다. 이 박람회는 해방 이후
아니 우리나라 최초의 공업박람회로 그만큼 세간의 관심을
받았고 송강이 뚝심과 놀라운 추진력으로 이루어낸 대표적인
성과였다.

그 경과 과정을 살펴보자.

당초 박람회는 1946년 5월 개관을 예정으로 출품을 서둘러
조선공업신문사와 서울신문의 후원을 받으면서 대대적인 선
전까지 하였다. 박람회 일을 주도한 인사로는, 사무국장에

송강의 학교 후배인 김해림이 임명되어 내부적인 사무를 담당하였고, 회장에는 이준열이 선출되어 자금 거출을 위해 불철주야 뛰어다녔으며, 김용암은 부회장에 임명되어 대내외의 복잡한 절차와 사무 처리를 거들었다.

박람회의 개최 장소로는 고궁을 이용하고 2층 규모의 목조건축을 새로 짓기도 했다. 박람회의 부문별 주제는 화학관, 섬유관, 금속관, 전기관, 토목관, 건축관, 특허관, 미술관, 예예관, 상사관 등으로 구분하였다. 거북선을 세운 선유지(춘당지)와 춘당지 회랑에는 기차가 도는 광경식당을 4~5군데 마련하였다. 박람회 장소가 창경원으로 최종 결정되기까지에는 다음과 같은 사연이 있었다.

당시 창경원 원장은 서울원예학교장 김 모로, 송강과는 예전부터 친분이 있었다. 송강이 그를 찾아가 박람회 장소로 창경원을 빌려줄 것을 청하니 답하기를, "이왕가 고위 단체 이씨 종친회 원로들의 승낙이 있어야 한다"는 것이었다.

창경원을 빌리지 못하면 새롭게 건물을 지어야 했기 때문에 비용상 매우 어려워질 것이므로 어떻게 해서든 창경원을 빌려야 할 처지였다. 송강은 바로 방문 예약을 하고 돈화문 안 이왕가 사무실을 방문하였다.

전주 이씨 이기용을 비롯한 이씨 고위인들은 종회를 열고는 송강에게 박람회의 취지를 설명하라고 하였다. 송강은 5, 6명

되는 전주 이씨 종친 원로들과 통성명을 한 후,

"나의 취지 설명이 대감, 영감들께 불합리해 보이는 대목이
있더라도 설명이 끝난 후 질문하여 주시면 감사하겠습니다."

라며 일단 양해를 구하고 연설을 시작하였다.

"고목봉춘(枯木逢春)6)이라는 토정비결의 첫 4자 시구가 생각납
니다. 이 시점이 바야흐로 문화국이라면 더 말할 것도 없고 봉건제
도로부터 자본주의와 민주주의적 문화사회로 비약 발전하자면
먼저 공업국가를 조성하여야 절대로 가능해지는 일대 원칙 하에
놓여 있다고 할 수 있습니다. 오늘의 조선은 봉건시대적 농업국가
입니다.
　이런 주위의 국가들이 예컨대 일본도 공업국가의 문명사회로
발전되고 소련도 그러하고 중화민국은 발전 와중에서 몸부림치
고 있는데 봉건이라는 여태껏 수면 상태에서 낮잠만 자고 있다가
이런 불행을 초래한 것이 아닙니까. 고목이 왕가라면 건국공업박
람회라는 꽃은 봄을 자랑할 것입니다.
　긴 설명이 불필요합니다. 하루바삐 각성들 하셔서 만시지탄은
있으나 대기만성격인 우리 사업을 훌륭한 것으로 생각들 하시고
동의하사 동진 동영하여 주소서. ○○○○도 실례 있으나 이
자리에서 울면 목소리로 들으소서.
　만일 여러 선생이 우리 고목은 봄도 싫고 꽃도 싫고 공업국가의
건설도 오불관언이라는 날마다 시마다 썩어 가는 나무 조각 위서

---

6) 마르고 수척한 나무가 봄을 만나다.

춤을 추고 운영을 하시겠다고 하여 부동존적 태도를 고수하시면 나는 이 자리서 분연히 나가서 다시 방면에서 나를 환영하는 사람과 악수하여 전진함으로 공업국가로 대성할 자신이 있습니다. 대희용하여 주소서.”

이렇듯 장광설로 한국사회가 봉건의 굴레를 벗고 공업사회로 나아가야 할 이유와 박람회의 의미를 강조하였다.

송강의 당찬 연설에 감동한 원로들은 “진작 선생의 말대로 하였다면 이 왕가도 살고 백성들도 부강하여 국태민안이 될 것 아니냐.”며 서로들 수군수군하면서 원장을 불러 적당한 방법으로 대여하도록 명령을 하였다.

송강은 대단히 감사하다고 사례하고 물러나와 조선공업기술연맹으로 돌아와 창경원으로 장소가 확정되었다고 자랑하니 모든 직원들은 박수를 치며 기뻐 어쩔 줄을 몰라했다.

박람회 개회와 운영으로 소요될 총 예산은 2000만 원으로 설정하였다. 대금은 들어오는 대로 전부 이종회 군에게 돌려주기로 하고 2000만 원 한도의 금액을 차입하기로 하였다. 이 씨는 인천에서 조선소를 경영하면서 서울에 있던 일본인 사이토(齋藤) 재벌의 소유 기관을 전부 점유하고 있던 큰 재벌이었다.

이러한 일련의 준비 과정을 거쳐 드디어 1946년 10월 19일 개회식이 거행되었다. 개회일에는 미군과 연락하여 축하비행을 하기로 하고 춘당대에서 회장인 송강이 개회 인사를 하였다. 상공부장 오정수(吳楨洙)[7] 등 다수의 인사가 참석하여 성황을 이루었다.

그러나 개관한 지 1개월이 못 되어 남한에 전염병인 호열자가 유행하면서 통행으로 인한 감염에 대한 염려 때문에 각지에서 찾아오는 관람객의 상경에 큰 차질이 생겼다. 거기에다 이종회로부터의 자금 조달도 불가능해졌다. 이유는 사이토 계의 적산 접수에 차질이 생겨 소송이 제기되었기 때문이다. 송강은 할 수 없이 다른 사람에게서 출자를 구해 발등의 불을 꺼야 했다.

건국박람회는 겉으로는 대단한 반향을 불러일으켰다. 특히 개회 초기에는 많은 사람들이 몰려들어 크게 관심을 받았다. 한번은 박람회 준비에 노고가 많은 사람들을 위해 창경원에서 위안연회를 개최하였는데 그 자리에 모인 사람들이 '송강 선생 만세!'라며 만세삼창을 부른 적도 있었다.

그러나 건국박람회는 자금 조달의 어려움과 때마침 유행한 전염병 때문에 흥행 면에서는 적자를 면치 못했다. 한쪽에서는 입장권을 위조해서 수만 원을 착복한 일도 있었는데, 원장이 형사문제로 다스리라는 것을 송강이 용서하고 넘겨버렸다.

---

7) 1920년대에 미국에 유학하여 보스톤 대학 전기공학을 전공하고 미군정기 때 조선인 상무부장을 역임하였다. 이후 한국무역진흥공사 사장을 지내고 1961년 5·16 후 체신장관과 상공장관을 역임하였다.

이렇게 되자 빚 독촉도 빈번해져 채권자들이 송강의 집으로 몰려와 기둥뿌리를 뽑아버리겠다며 소란을 떨었다. 송강은 생각 끝에 그 사람들을 조선공업기술연맹 강당으로 초청하였다. 그리고는 청부인들에게는 2개월 후 보상을 해주겠다고 무마해서 보내고, 이종회 씨에게는 창경원 내에 신축한 건물을 전부 철거 매각해서 임차관계를 끊자고 하였다.

한편으로는 상공부 방직과에 신고하여 작업복을 제조하여 공장의 기능공들에게 싼값으로 제공하고 그 차액을 챙기는 것을 응낙받았고 모든 처리 방식에 대한 동의를 받았다. 방직과장으로 있는 후배 김규선이 소규모 방적공장을 운영하는 기태우 씨를 송강에게 소개하였다.

이 같은 상황에서 송강은 방직과장과 면담을 하고 약 4만 필의 광목을 청구하였다. 김 과장은 이 요구에 너무 놀라 아무 말도 못하였다. 요새 생산량이 1년에 4000필 정도인데 절대 불가능하다고 말했다. 당시의 군정 과장은 미국인 빰우라는 사람이었다. 통역을 통하여 사정을 말하고 만 필만 내달라고 하니 역시 입을 쩍 벌리며 내일 다시 오라고 하였다.

당시 하루에 광목을 4000필 정도 생산하는 곳은 동양방직이 유일했다. 사정을 한인과장 김규선에게 말했더니 '큰일 났다'며 1필도 얻지 못하게 될 것 같아 큰 걱정이라며 안색이 굳어졌다.

그 다음 날 송강은 다시 가서 삘을 만났다. 송강이 간곡한 어투로 "당신들이 맘을 잘 써서 노동자를 위하여 선심을 쓰면 미국까지도 이름이 떨치지 않겠느냐"고 하니 삘이 껄껄 웃었다. 그리고 나선 4000필만 가져가라고 하였다. 더 조르다 할 수 없이 그것만이라도 받기로 하고 김규선 과장에게 그 말을 전하니 그나마 다행이라며 광목 1필에 공정가가 400원인데 시장에서는 만 원을 주어도 매입이 불가능하다면서 위로의 말을 전했다. 요사이 국군청년단, 2청년단 방위군 등등 요구처가 부지기수인지라 아마 내년이나 되어야 3분의 1이 더 생산될 수 있을 것이라고 하면서.

한 번은 기 씨가 양력 초1일, 시장에 광목 일부를 트럭으로 싣고 가서 팔다가 들켜 말썽이 난 적이 있었다. 처음에는 무사히 수습되는 듯했으나 나중에 검사에게 끌려가 조사까지 받았으나 결국 별 탈 없이 처리되었다.

이 사건과 관련하여 1947년 1월 5일과 11일자에 보도된 『자유신문』의 기사를 살펴보자.

"그동안 박람회에서는 수백만 원의 결손을 보아 난처해하고 있는 실정인데 군정청 상무부 방적과에서는 12월 초순 서울 중구 을지로 1가 동양방적공사에 명령하여 공업박람회장 이준열 씨 앞으로 광목 5000필(시정 가격 4000만 원)을 나누어주었다는 사실이 알려졌는데 …… 공업박람회장 이준열은 10일 서울 검찰청

김증봉 검사에게 취조를 받았는데 …… 상무 당국은 공보부를 통해 '이번 박람회에 협력한 각 공장에 사의를 표하기 위하여 공장 종업원의 노동복을 제조해서 배급하도록 준 것이다.'라고 발표하였다"

이렇게 해서 동양방적에서 받은 광목으로 각종 제복을 만들어 박람회에 출품한 700여 개의 공장에 적당히 지불하고 그 이익금으로 청부업자에게 미지불금의 일부를 주기도 하였다. 아무튼 여러 방법을 동원하여 박람회 건으로 인한 손해는 완전히 청산하였다. 이때 정부로부터는 한 푼의 보조도 받지 않았다.

김재을, 김삼룡과의 인연

송강은 일제강점기 당시에는 1920년대 중반부터 유력한 사회주의 이념으로 무장한 사상가로, 해방 이후에는 한국 공업계의 중심 인물로서 수많은 사람들과 관계를 맺었다. 여기서 조금 특별한 인물인 김재을과 김삼룡과의 인연에 대해 알아보자.

1930년대 말경 대동광업(주)을 경영하던 때의 어느 봄날이었다. 면식이 없던 김재을(金在乙)[8]이라는 사람이 송강 앞으로

---

8) 경신학교 재학 당시 권유근·김흥준 등과 함께 광주학생운동에 참여하여 1929년 11월 검거, 종로서에 수감되었다. 이후 일본에 유학하였고,

편지를 보냈다. 내용은 자신은 고학생으로 연희전문을 졸업하고 교토(京都) 제국대학에 입학이 되었는데 "선생님께 글을 올리오니 굽어살피시어 졸업 때까지 학비를 도와주시면 백골난망이 될 것이오니 천만 용납하여 주시기를 엎드려 부탁"한다는 것이었다.

이 뜻을 기특하게 여긴 송강은 이종만 사장과 상의한 후 매월 30원씩의 학비를 우송하였다. 그는 졸업 후 감사의 뜻을 편지로 보내왔다. 편지에는 감사 인사 이외에 "더 나아가 광업학만 수료하고 보니 수학이 부족하여 수학을 1년간 더 수료한 뒤 대학원에 다니며 광업학에 대한 전문 대가로서 한국 광업계의 권위있는 지도자가 되겠다는 결심이니 통촉하신 후 혜납하여 달라."는 내용이 있었다. 끝까지 공부에 매진 진력하겠다는 그 의지에 송강은 또 감탄하였다. 이번에는 이종만 사장에게 알리지도 않고 경리에게 말하여 해방될 때까지 계속하여 학비를 대주도록 조치하였다.

해방 후 송강이 조선공업기술연맹 위원장으로 재직할 때 김 군이 찾아왔다. 점심을 같이하면서 하는 말이, "나이 30세에 공부만 하고 있을 수가 없어 국가 민족 사회를 위하여 투신하

해방 이후 조선광업기술협회장을 지냈다. 1947년 2월 성주식, 안기성, 백남운, 이기석, 윤행중, 김양하, 강건택, 정진석 등과 함께 학술원, 조선과학기술연맹, 과학자동맹, 사회과학연구소를 통합하여 결성된 조선과학동맹에 참여하였다.

기로 결심하고 귀국하였다.”며 그동안의 고마움을 표시하였다. 이후 김재을은 한국 산업계의 일익을 담당하며 여러 활동을 전개하였다.

전쟁이 일어나고 곧바로 서울이 인민군 치하로 들어가자, 평소 사회주의 성향이 강했던 김재을 군이 서울시 인민위원회 부위원장으로 임명되었다. 당시 서울시당 위원장은 이승엽이었다. 김재을 군은 가끔 공업기술연맹으로 송강을 찾아와서 식당에 가서 점심을 대접하기도 하였다.

어느 날 송강을 찾아와 하는 말이 “서울에 있는 고급기술인을 북으로 보내 부족한 기술자를 채우겠다.”고 하였다. 이에 송강은 “어느 시기까지 남쪽에서 기술이 공백화하면 집중된 섬유공업뿐만 아니라 각 군소 공업의 몰락이 있을 것은 불 보듯 뻔하니 재을 군이 책임지고 이곳에 남게 하라.”고 말하였다. 그 결과 며칠 후 송강을 찾아와 서울공대학장 이승기 박사, 전기기술인 윤일용 등 2~3인을 제외하고 한 40명 가량이 남쪽에서 활동하는 것으로 승낙을 얻었다고 하여 각 회원들에게 이를 알렸다. 그렇게 남은 40여 명이 남쪽의 공업 발전에 밑거름이 되었다. 남은 사람은 ○○ 섬유과장 김규선, 조선방적공장장의 최사열 군 등이었다.

미군정이 끝나고 1948년 8월 15일 남한 단독정부가 수립되자 좌익운동은 속속 지하로 들어갔고 연맹은 해산되었다. 그리고 송강이 관심을 기울이던 공업신문사는 경영 사정이 악화되어 경제신문에 양도되는 등 상황이 어수선하였다.

그러던 어느 날 몽양 여운형 씨와 청농 이영 씨가 송강의 집으로 찾아와 정계 진출을 권고하였다. 송강은 공업국가의 건설 준비에 매우 바쁘다며 이 권고를 끝내 거절하였다.

한 번은 고학당 제자인 김삼룡(金三龍)9) 군이 부인과 함께 송강의 집으로 찾아온 적이 있었다. 당시 송강은 이관술의

---

9) 1908~1950. 충북 충주 출생으로 일제강점기에서 해방 이후까지 공산주의운동을 하였다. 1920년대 고학당 학생으로 송강과 인연을 맺었다. 1939년 박헌영(朴憲永)·이현상(李鉉相)·이관술(李觀述) 등과 비밀공산주의운동단체인 '경성 콤그룹'을 조직하여 핵심 간부로 활동하다가 1940년 체포되어 전주형무소에 수감되었고, 해방 다음 날 출감했다. 당시 광주에 피신해 있던 박헌영과 만나 8월 21일, 옛 경성 콤그룹 동지들을 모아 '조선공산당재건준비위원회'를 조직하였다. 1945년 9월 11일, 재건준비위원회가 발전적으로 해체되고 박헌영을 총비서로 하여 조선공산당이 재건되었다. 이후 조선공산당은 이영(李英)·정백(鄭伯)·최창익(崔昌益) 등의 연안파를 흡수하였고 김삼룡은 이현상·김형선(金炯善) 등과 함께 핵심적인 조직국 간부를 맡았다. 1946년 2월 조선공산당을 대표하여 민족주의민족전선 대의원을 지냈으며, 1946년 9월 미군정의 체포령을 피해 박헌영이 월북하자 남조선노동당을 책임 지도하다가 1950년 3월 27일 서울 아현동 은신처에서 체포되었다. 그의 체포는 사실상 남한에 산재해 있던 남로당의 붕괴를 의미했다. 6·25전쟁이 개시되기 직전 북한은 김삼룡·이주하와 조만식(曺晩植)의 교환을 제의하기도 하였으나 성사되지 않았다. 서대문형무소에 수감되어 있던 중 6·25전쟁 직후 이주하와 함께 한강 백사장에서 사형당했다.

여동생인 김 군의 처를 처음 보았다. 송강은 그들과 장시간 지난 이야기를 주로 나누었다. 정치 이야기는 일체 없었고, 김삼룡 군은 자신의 결혼과 경제 생활 등을 이야기하기도 하고 고학당에서 공부할 때의 일, 그리고 동창생 김태래와 관련된 일화 등을 언급하였다.

김삼룡 군이 검거되기 바로 얼마 전 송강과 관련된 사건이 일어났다. 사장실에 있던 송강에게 소년 시절부터 인쇄직공으로 일하였던 지배인 김용규가 들어와 하는 말이, "사원 김철수가 요사이 다방에서 좌익 청년들과 자주 만난다는 소문이 자자한데 윤병길이 말하길 여러 사람들이 알고 있답니다. 큰일 났습니다."[10]라고 하였다.

수일 후 종로서에서 형사가 송강을 찾아와 별 말은 하지 않았으나 김철수를 불러서는 이러저러한 말을 하고 갔다. 김철수의 이야기를 들어보니 그 좌익 청년으로부터 입당을 권유받았으며 형사는 다시 그를 만나게 되면 서에 곧 통지하라고 부탁하였다고 하였다. 그 사건을 출판사 간부들이 대개 들어 알게 되었다.

어느 날 사무실에 송강과 이원조 두 사람만 있었는데, 전화 벨이 울려 이원조가 받았다. 그가 송강에게 "김철수한테서 왔습니다."라고 말하자 송강은 "전화를 끊으시오."라고 하였

---

10) 김철수는 이종만 선생댁의 가정교원이었고 윤병길은 종로서의 청탁으로 이종만 선생이 추천하여 회사에 들어온 사람이었다.

다.

종로형사대는 별도로 김철수를 계속 미행하다가 광업회사 하층 사원들의 응접실을 습격해서 김철수를 잡아갔으나 곧 석방시켰다.

그 후에도 김철수를 만나러 온 그 청년이 김삼룡의 부하라고 신문에 게재되었다. 그때 경찰이 조작을 하여 요시찰인을 검색한 일이 있었다. 출판사에서는 이관구 씨가 상무로 재임하고 있을 때 반년 전 수양동지회 사건으로 용산서에 피검된 일이 있었고, 이원조·홍기무·김철수(광주학생사건으로 피검되었던 사람)가 있었는데 윤병길이란 사람이 경찰서의 소개로 회사에 들어와 일하고 있었으므로 경찰에 의한 조작 행위로 추정하였던 것이 그 당시 사건이었다.

김삼룡 군은 남로당 제2인자로서 1950년 6월 전쟁이 일어나기 전 총살형에 처해졌다.

사상범을 선도하는 법무국에 소속된 기관으로 보도기관이라는 것이 있었는데, 일제시기 때 민족주의와 사회주의 운동을 하던 독립운동가들을 강제로 입회시켜 신사참배를 강요하던 기관이었다. 이 기관은 1년에 1회씩 성적이 양호한 사람들에게 포상을 하였는데, 하루는 송강에게 표창을 하겠다는 통지서가 왔다. 이에 송강은 출석하지 않고 표창받을 일 또한 없다고 표창을 거절하였다.

'남조선인민대표자대회'와 상공장관 추천

남에서는 이승만이 1946년 12월부터 남한 단독정부수립을 주장하고 있었다. 곧이어 1947년 11월 유엔에서는 한국 총선안이 가결되었고 이에 남로당과 김구 등은 남한 단독정부수립을 반대한다는 성명을 발표하였다. 이후 1948년 8월 15일 남한만의 정부 수립이 선포되었다. 송강은 김재을로부터 1948년 8월 21일 김삼룡 군의 추천으로 금년 가을에 해주에서 열리는 최고인민위원회의 대의원 선거를 위한 '남조선인민대표자대회'에 참석하기 위해 함께 가자는 제의를 받았다. 이 시기에 평소 절친했던 허헌(許憲)[11] 선생은 이미 1947년 말

---

11) 1885~1951. 함경북도 명천군 출생. 사무원 가정에서 태어나 일찍 부모를 여의고 소년 시절을 고달프게 보냈다. 서울에 가서 보성전문학교를 마치고 일본 메이지 대학 법학부를 졸업한 후 변호사로서 민족주의운동에 관여하였다. 1927년 '신간회'를 발족시켜 '협동전선'의 이념을 구현하고자 하였고, 김책의 변호를 자진 담당하는 등 일제에 항거하여 법정투쟁을 벌였다. 1941년부터 4년간 서대문형무소에 투옥되었다가 병으로 1944년 가을에 출입 금지의 조건부 하 임시 석방되었다. 양심적인 민족주의자에서 공산주의자로 변신한 그는 8·15해방 후 1946년 8월 초에 잠시 북에 머물렀다. 1946년 11월 23일 남조선로동당이 창립되자 위원장에 선출되었고 남조선민주주의민족전선 의장단의 성원이 되었다. 1947년 말 평양으로 들어가 남북조선 제 정당 사회단체 연석회의 준비사업에 참가하였다. 1948년 9월 9일 북한정권이 수립되자 최고인민회의 의장에 선출되었으며 그 밖에 법제위원회 위원장, 조국통일민주주의전선 의장단 성원, 김일성종합대학 총장이 되고, 1949년 당중앙위원회 정치위원회 위원으로 선거되었다. 1951년 8월 16일 대령강을 건너다가 미군 폭격으로 사망하였다.

평양으로 들어가 남북조선 제 정당, 사회단체 연석회의 준비 사업에 참가하고 있을 때였다. 송강은 김재을 군에게 그림 구경이나 하고 오자고 수락하여 해주와 평양을 구경하고 서울로 돌아왔다.

그 후 해주의 여관에 같이 있었던 사람이 송강을 두 형사에게 밀고하는 바람에 검거되었다. 송강은 동대문 경찰서에서 일주일 동안 조사를 받고야 석방되었는데, 밀고한 자는 밀정으로서 아마 해주까지 파견되었음이 분명하였다.

해주와 평양을 다녀온 후 부통령 성재 이시영 선생의 비서 이종은이 성재 선생의 만나자는 전갈을 들고 송강의 집에 찾아왔다. 그 비서가 하는 말이, "상공장관으로 이승만 대통령에게 승낙을 받고 기다리는 중입니다."라고 했다.

이에 송강은 즉석에서 "나는 그런 재목이 아닙니다."라고 거절하였으나 비서는 끈덕지게 "상공장관 자리를 비어 놓고 기다리겠습니다."라고 하면서 돌아갔다. 입장이 난처해진 송강은 아무 말도 없이 동래 온천으로 떠나버렸다. 그리고 상공장관에 임영신이 취임한 후 서울로 돌아온 송강은 이시영 선생을 찾아가 사과의 말을 전하였다.

전쟁의 소용돌이 속에서

1945년 8월 식민통치에서 벗어났지만 남북에서는 미국과 소련의 군정이 실시되어 강대국들이 이념적·지정학적 이권을 놓고 벌이는 패권 다툼의 희생양이 될 운명에 처했다. 이를 극복하고자 하는 양심 세력이 없었던 것은 아니지만 이들의 노력은 성과를 보지 못했다. 결국 1948년 8월과 9월, 남과 북에는 잇따라 자본주의와 사회주의라는 서로 다른 방향을 지향하는 분단정부가 수립되고 말았다.

이후 분단된 38선을 경계로 크고 작은 전투가 그칠 날이 없었다. 두문불출하고 있던 송강은 1950년 6월 24일 아침, 김형철이라는 친구를 통해 의정부로 이북군이 들어온다는 소식을 들었다. 그리고 멀리서 총성이 들린 얼마 후 인민군 탱크가 앞장서서 서대문감옥의 옥문을 부수고 사상범들이 석방되었다. 동리마다 우익 성향의 사람들이 인민재판에 회부되는 등 국군이 철수한 서울 일원이 소란하였다.

피난을 가지 않은 송강은 6·25전쟁 이후 서울상공인협의회 회장으로 추대된 적이 있었다. 메리야스 협회원들이 와서 말하길, 상공인들이 연합하여 협회를 조직하고는 정부에 협조를 표시하고자 송강을 추대했다는 것이다. 그로부터 얼마 뒤 서대문 부근의 어느 보통학교에서 상공인 대회가 열렸다. 그때 부시장 김재을, 시장 이승엽이 와서 축사를 하였다.

전쟁이 일어나고 며칠 후 공련 사무실에 가보니 텅 비어 있었다. 길거리에서 전 총무이사였던 유두찬 군을 만나 무너

266

진 연맹을 재건하자고 의견을 모으고 이어 며칠 후 연맹의 문을 다시 열고 공련이 발행하는 일간 신문도 발행하였다. 그러나 날이 갈수록 포격이 심해지면서 모든 활동은 마비되고 식량 사정까지 어려워졌다. 그리고 각 지역에서는 청년의용대의 모집이 활발하게 벌어지고 있었다. 식량을 구하려는 사람들은 미군 조정 하에 위험을 무릅쓰고 주변을 왕래하며 미곡을 거래하였다. 송강이 보기에는 서울 시민의 반 이상이 남하한 것으로 보였다.

어느 날 송강이 안암동에서 집으로 돌아오니 치안대원이 기다리고 있었다. 송강이 마루 끝에 쭈그리고 걸터앉자 치안대원이 인사를 하고는 통성명을 한 후 선생에게 문의할 일이 있으니 조용한 곳으로 가자고 하였다. 안대청 마루로 인도하자, 그는 공덕리에서 서강 쪽은 출입 금지지역인데 김 모라는 사람이 들어갔다가 피검된 사실을 언급하였다. 그리고 자신이 선생을 찾아온 이유는, 피검된 사람이 금지지역에 사는 자신의 누이동생 안부가 궁금하여 금지구역인 줄 모르고 들어갔다고 주장하면서 자기 신원을 보장할 분은 "동대문 창신동 81의 5에 사시는 이준열 선생이니 그리로 가서 물어보라"고 해서 찾아왔다는 것이었다.

치안대원은 자신의 신분증을 보이고 나서는 송강의 이력과 현재 근무처를 알려달라고 하였다. 송강은 자신의 이력을 약술하고 현 공업기술연맹의 위원장의 신분증을 보였다. 보통 때에는 통행할 때 이 신분증을 사용하였는데, 그자는 잘 모르는 척하면서 서대문 본부로 함께 가자고 하였다.

그리하여 사랑에 있던 5~6명의 친구들과 같이 동묘 옆 파출소로 향했다. 그곳에서 동대문 내 전차과에 전화를 걸어 차 한 대를 불러서 그 차에 타고 실려 갔는데, 광화문통의 지금 중앙청사가 화염에 휩싸인 것이 보였다.

서대문 밖 방향 위 여학교 사이 골목으로 들어가니 학교를 지키던 치안대원이 어떤 사람들인가 하고 물었다. 치안대원이 반동들이라 답하니 그 자가 하는 말이 이곳에서 처리하자고 하였다. 그리고는 잡혀온 사람들을 금화국민학교 뒷산의 일제시대 방공호 속에다 집어넣었다. 송강 등은 그 다음날 새벽까지 잠 한 숨 못자고 불결한 호 속에서 지냈다. 일행 가운데에는 큰아들 기홍과 그의 절친한 친구들이 있었고, 기관장의 부인이니 동장이니 하는 사람들도 물론 있었다.

아침이 되자 송강을 먼저 불러 입구 옆의 조그만 사무실로 들어갔다. 그곳에는 공주에 사는 청년 박 모가 있었다. 송강과는 잘 알고 지내던 인물로, 집에도 가끔 다니며 트럭을 이용해서 강릉에서 생선장사를 하던 사람이었다. 참으로 의외였다.

송강이 자초지종을 밝혔더니 치안대원이 자신은 보조이고 주임은 따로 있으나 선생에 대해서는 자신이 오래 전부터 잘 알고 있으니 안심하고 굴 속에 들어가 있으라 하였다. 그리고 모든 사람을 일일이 불러 심문을 한 후 송강을 다시 부르더니, 사람들을 데리고 가서 학교 뒷문 안에 쌓여 있는 취사용 장작을 위쪽의 취사장으로 옮기는 일을 감독하라고 하였다. 이는 도망가라는 암시였다. 송강은 처음에 장작 운반을 시키다가 얼마 후 앞문으로 천천히 걸어나가 바로 도망을 쳤다.

거리에는 미군 B29 비행기가 수없이 날고 있었다. 삼삼오오 각기 분산해서 서대문 안으로 들어가니 비행기 때문에 통행이 불가능하였다. 뒷골목으로 빠져 동대문시장쯤을 지나니 불기둥이 하늘을 찔렀다. 송강은 동대문밖 친구집에 머물다 며칠 후 집으로 돌아갔다.

며칠 후 찾아온 박 모가 하는 말이, 그날 저녁 한 20여 명이 한데 묶여 금화산으로 끌려갔다고 한다. 총살을 하기 위해서였다. 그런데 다행히도 치안대원이 뒤에 묶여 있던 자신을 쿡쿡 찌르더니 가라고 해서 겨우 목숨을 구하여 선생을 뵙게 되었다면서 아무 죄 없이 선생을 비롯한 여러분들을 사지로 몰 뻔하였다고 사죄하였다.

1950년 전쟁이 일어날 때 송강의 나이는 이미 55세로 할아버지라는 소리를 들을 때였다. 6·25전쟁이 발발한 후 피난을 가지 않고 서울에 잔류하였던 송강도 이듬해인 1951년 1·4후

퇴 때는 대구로 피난을 간 것으로 보인다. 당시에는 전쟁의 와중에도 인민군이 점령했을 당시 인민군에 협조했다는 혐의가 있는 사람들에 대한 부역 시비 등으로 모략과 중상이 횡행하고 이로 인한 불상사가 비일비재하였다.

그런 상황에서 평소 알고 지내던 처가 인척인 허인만이라는 군인이 서울로 올라와서는 송강에게 대구 집에 내려가 휴식을 취하다가 주위가 좀 조용해지면 다시 올라오라는 말을 전했다. 이에 송강은 차로 대구 동촌 사과밭 인근 초가집으로 가서 겨울 3개월(삼동)을 났다. 집 마루에 야전용 침대를 놓고 찬바람이 불어오는 숙소에서 인내심을 갖고 시간을 보냈다. 허군 내외는 송강에게 갖은 정성을 다했으나 쥐꼬리만한 월급으로 셋방살이를 하고 있던 처지인지라 더 나은 생활을 바랄 수 없는 상황이었다.

과수원 생활은 처음이었는데, 반찬이 없을 때는 과수 속에 즐비한 먹음직한 심바위 나물을 30분 정도 시간을 들여 한 소쿠리 뽑아 그것을 유일한 식찬 삼아 먹는 경우가 많았다. 또 과수원 밖에는 한두 잔씩 술을 파는 주점이 하나 있었는데 이는 대구만의 특징이었다. 그런데 그 집 주인 우씨가 장기를 좋아하여 손님들과 자주 술내기를 벌이곤 했다. 송강은 돈 한 푼 없어 내기 장기를 많이 두었는데 자주 이겨서 덕분에 공술을 많이 먹었다.

당시의 대구는 피난민들로 매우 북적였는데, 둑 너머 동천으로 많은 사람들이 몰려와 천렵을 하면서 시를 읊거나 물고기를 안주 삼아 술을 마시며 흥청거리는 모습이 자주 보였다. 송강은 주변을 돌며 시 구경도 하고 한 구운을 부치기도 하고 두루마기에다 정서도 해주곤 하는, 사람들에게 환영받는 인물이었다.

이렇게 대구에 피난해 있던 송강은 천안에 있던 큰아들 기홍으로부터 올라오라는 편지를 받고는 허 군과 작별을 고하고 천안읍 유량리의 옛집으로 향했다. 그런데 당시는 서울로 가려면 한강을 건너는 도강증이 있어야 했는데 송강에게는 이 도강증이 없었다. 천안 유량리 홍창선 씨 집에서 유숙하며 독서를 하고 지내던 9월 9일, 형사 두 사람이 찾아와 대전으로의 동행을 요구하였다.

대전에 가 보니 큰아들 기홍이 전날 검거되어 구류를 살고 있었다. 송강은 아들과 함께 서울 중부경찰서로 이송되었는데, 이기문, 심치령 등의 지인도 구금된 상태였다. 검속 내용은 각 경찰서에서 송강의 행방을 탐사한바, 전쟁 당시 방송도 했고 협력도 했다면서 약 1개월 동안 송강을 심문하였다. 송강은 있는 사실을 그대로 다 말했지만, 서장은 일제 때 공산당수를 지냈기 때문에 전쟁 이후의 행동이 비록 협력에 불과한 것이라 해도 사상의 뿌리가 깊어 완전한 청산이 쉽지 않을 것이라고 하였다. 경찰서에서는 좌익 전력도 있고 하니 흑백을 가려 보자는 것이었다.

송강은 마음을 굳게 먹고 '당하면 당하지' 하고 태연하였다. 거의 매일같이 과거 잘 알고 지내던 인사들의 행방에 대해 질문을 받았지만, 대구와 천안에 피난해 있다 잡혀온 송강으로서는 서울 사정을 전혀 몰랐기 때문에 말문이 막혔다. 결국 양력 9월 9일에 검거되어 음력 9월 9일에 부자가 함께 석방되었으나, 창신동 집으로 갈 시간도 없고 해서 방산시장에서 장사를 하고 있는 손필수라는 사람의 집에서 수개월을 머물렀다.

그 후 창신동 집으로 돌아가 보니 집을 지키던 여인 한 명은 죽고 인천 사람 한 명이 와 있었고, 살림살이는 대부분 도난당한 상태였다. 시골에 볼 일이 있어 ECA의 도강증을 얻어 천안에 갔다가 며칠 뒤 노량진에 오후 3시쯤 도착하였다. 그런데 미국인 헌병(MP)이 오후 3시임에도 불구하고 도강을 막고 있었다. 증명서는 다음 날이 되면 소용이 없어지는 것이었다. 송강은 부득이 영등포 여관에 들어가 1박을 하고 식후에 도강할 방법을 강구하였다. 10만 원만 내면 기차의 걸상 밑에 숨어서 갈 수 있다고 하는 여관 주인의 말에 돈을 주고 오후 늦게 정거장 후문으로 들어가 걸상 밑에 숨었다. 좀 있으니 헌병이 들어와 쇠꼬챙이로 이곳저곳 찔러대는 바람에 할 수

상가로 변한 동대문구 창신동 옛 동덕여고 앞 자택터

없이 소리를 지르며 튀어나왔다.

여관으로 다시 돌아와 주인과 재차 방법을 상의하니 내일 저녁에 다른 방법으로 상경하도록 해볼 터이니 하루만 참고 안심하라는 것이었다. 이에 다음 날 저녁이 되어 수색행 통학차를 이용하기로 하였다. 후문으로 들어가 기관실로 가서 한도트를 잡고 있으라고 하였는데, 송강은 나이를 감안해서 그대로 가고 젊은이 한 사람은 유연탄 무더기 속에 들어가 몸을 감추고 호흡만 간신히 하였다. 기차가 서울역에 도착하자 급히 내려 이곳 저곳으로 뛰어 올라가려 하니 쉽지 않았다. 한참을 뛰어 천신만고 끝에 역에서 벗어나는 데 성공하고 바로 남대문시장에 있는 발명협회 서기로 있던 이수복이라는

청년의 고무신 가게로 찾아갔다. 설렁탕 한 그릇을 사먹고
서대문에 있는 그의 집으로 가서 1개월 가량을 머물렀다.

시대를 잘못 만난 ……

전쟁은 여전히 끝날 기미를 보이지 않고, 전쟁 이전의 분단
선인 38선을 경계로 해서 남과 북은 지리한 대치를 계속하고
있었다. 해방 이후 산업계의 중심 인물로서 '공업입국'의 깃발
을 전면에 내걸고 활발히 활동하던 송강의 행보는 전쟁이
터지면서 휴지기에 들어갈 수밖에 없었다.

게다가 일제강점기 당시 좌익으로 활동한 경력 때문에
남한 당국의 지속적인 감시 속에서 부역 혐의는 물론 좌익
인사와의 관계 등 본인의 행동이나 의사와는 상관없이 거듭
검거와 체포의 대상이 되는 등 역사의 소용돌이 한가운데에서
격랑의 물결을 온몸으로 맞서야 했다.

전쟁이 끝나면 남과 북이 갈라진 분단 현실은 어찌 될
것인가. 또 이제 겨우 출발점에 선 한국 사회의 공업입국은
어찌 될 것인가. 복잡하게 얽힌 한반도의 실타래는 어떻게
풀어 갈 것인가. 송강은 북녘 땅 하늘을 하염없이 응시하면서
깊은 수심에 잠겼다.

전쟁은 미완으로 끝나고 휴전협정이 맺어졌다. 송강으로서
는 남과 북이 이렇게 분단되리라고는 꿈에도 생각하지 못했을

것이다.

이제 환갑의 나이가 다된 송강의 모든 활동 기반은 사라졌다. 발명학회, 공업기술연맹 등 그가 꿈꾸며 이루고자 했던 공업입국을 위한 단체와 사람들도 뿔뿔이 흩어졌다.

전쟁 이후 남한의 정국은 혼란을 거듭하였다. 3·15부정선거를 계기로 학생들이 중심이 되어 이승만 타도를 외치면서 반독재 투쟁이 벌어졌고, 이에 이승만은 하야하여 하와이로 망명하고 민주당 정권이 들어섰다.

그러나 그것도 잠시, 군부 쿠테타로 민주당 정권을 밀어낸 박정희 정권은 새마을운동이니 수출증대니 하며 '공업입국'을 부르짖었다. 하지만 시국은 변함없이 어수선하였다. 결국 계속 터져나오는 민주화운동으로 인해 나라는 혼란의 소용돌이 속으로 빠져 들어가고 대통령 박정희는 김재규의 총격으로 사망하였다.

이렇게 시대는 바뀌어 갔지만 송강이 사회에 기여할 여지는 어디에도 없었다. 가끔 찾아오는 이기문·이종익 등의 집안 사람들과 공업계에 몸담은 몇몇 제자들, 그리고 사위인 윤세창 박사 등과 시국담을 나누고 지난 일을 회고하면서 소일을 하는 것이 전부였다.

아마도 송강의 삶에서 딱 한 점 티끌이 있다면 1941년

연립주택지로 변한 동대문구 보문동 자택 터

11월 결성된 임전대책협의회 위원으로 참가한 일일 것이다. 이종만, 정현모 등 당시 조선의 대표기업인 대동광업 임원의 입장에서 부득이한 일이었을 것이다.

송강은 지난 시절 의기투합해서 같은 길을 걸었던 수많은 동료와 후배 그리고 제자들 생각에 가끔 상념에 빠지곤 하였다. 더욱이 남북이 분단되면서 북으로 가 소식조차 없는 이종만 사장, 허헌 변호사, 이영 동지, 사돈이자 제헌의원이었던 송창식 선생 그리고 의대생으로 의용군으로 입대하였던 둘째딸 기훈 등은 생사도 알 수 없어 답답한 마음 금할 길이 없었을 것이다. 딸 기훈은 송강이 돌아가고 난 후 남쪽 가족들과 편지 연락이 되어 평양에서 의사로 활동하고 있다는 사실이

276

보문동 자택 옆의 같은 형태의 한옥

확인되었으나 그 후 사망하였다.

송강은 동대문구 창신동 저택에서 1956년경 조촐한 보문동 기와집으로 이사를 했고 1969년 다시 용두동으로 이거했다. 송강의 방에는 그가 신조로 삼았던 내용을 담은 족자 두 개가 걸려 있었다. 두 개의 족자에는 다음과 같은 글이 담겨 있다.

一勤天下無難事　　한결같이 부지런하면 천하에 어려운 일
　　　　　　　　　이 없으며
百忍堂中有太和　　백번 참으면 집안에 크게 화목한 기운이
　　　　　　　　　들게 된다.

持心如晴天白日　마음가짐은 갠 하늘의 맑은 해를 보는
　　　　　　　　듯하고
立身若泰山嶠嶽　세상에 나가 활약하는 일은 태산처럼
　　　　　　　　높은 기상으로 처신해야 한다.

春風大雅能容物　봄바람은 크게 고와서 만물을 자라게
　　　　　　　　하고
秋水文章不染塵　가을물은 문장과 같아 티끌에 물들지
　　　　　　　　않는다

또 작은 족자가 하나 있는데, 여기에는 손녀 봉님이가 송강
의 장수를 기원하는 의미로 거북, 소나무, 학 등을 수놓은
자수 작품이 담겨 있다.
또 하나의 족자는 이기문 군이 선사한 것으로, 작은 아들
기준의 박사학위 취득을 축하하는 글이 담겨 있다.

螢雪一光堪客窓　반딧불의 조그만 빛이 나그네 창에 스치
　　　　　　　　고
桂觀工博獨也靑　영광스럽게도 공학박사는 홀로 푸르다

응접실 벽에는 송강이 직접 다음과 같이 쓴 목각 글씨도

걸려 있었다.

史千秋   천년 역사에 기록될 만하게 하여라

송강은 다음과 같은 사항을 실천하며 몸과 마음을 다스렸
다.

1. 매일 천 보~이천 보 이상 도보 산보
2. 실내에서 각종 적당한 운동
3. 음식 씹는것[詛嚼] 50회 이상
4. 불소화분을 전부 토출
5. 적당한 약품의 가정 비치
6. 휘호·작시

큰 아들 기홍과 함께하였던 용두동 생활은 기홍의 사망과
함께 1973년 마감되었다. 이후에는 작은 아들인 이기준 교수
와 함께 말년 생활을 보내다 장손 시용이 살던 서울 은평구
대조동 202-7에서 1982년 2월 27일 87세를 일기로 고종명하셨
다. 송강의 묘는 그의 고향인 아산시 탕정면 갈산리 선영에
자신이 쓴 시비와 함께 자리하고 있다.

*

▍송강이 직접 기록한 『송강소사』는 6·25전쟁을 기점으로 하여 사회적 공적 활동 내용이 마감된다. 따라서 여기 기술된 6·25전쟁 이후의 송강에 관련된 내용은 가족 또는 족인들과 접촉하여 정리한 것으로, 『송강소사』의 기록과는 구분이 필요함을 언급해 둔다.

부록

시와 글씨

1

誰能先覺世間事　天不可勝民主民

누가 능히 세상의 일을 먼저 깨달을 수 있겠는가?
하늘도 민중의 뜻을 거스를 수 없다

2

청평의 맑은 호수는 하늘과 같고
고기가 만길이나 높이 뛰는 것은
물이 백설가루같이 휘날리듯 하네

3

一勤天下無難事　百忍堂中有太和
持心如晴天白日　立身若泰山嶠嶽

한결같이 부지런하면 천하에 어려운 일이 없으며
백번 참으면 집안에 크게 화목한 기운이 들게 된다.
마음가짐은 갠 하늘의 맑은 해를 보는 듯하고
세상에 나가 활약하는 일은
태산처럼 높은 기상으로 처신해야 한다.

4

春風大雅能容物　秋水文章不染塵

봄바람은 크게 고와서 만물을 자라게 하고
가을물은 문장과 같아 티끌에 물들지 않는다

5

萬里山下受艶陽　春心藹藹與明長

만리에 펼쳐진 산하는 아름다운 햇빛을 받고
봄 마음도 밝고 길게 나아간다

四海天一色

모든 것이 하나다

7

乾坤不老月長在　寂寞江山今百年

乙卯秋　於漢江莊　八十翁　松崗　戲毫

하늘 땅(우주)은 쇠락하지 않고
달은 영원히 인간세계 비추는데
이 나라 강산은 적막 속에 일백 년이 흘렀구려

을묘 가을에 한강장에서 80옹 송강 희호

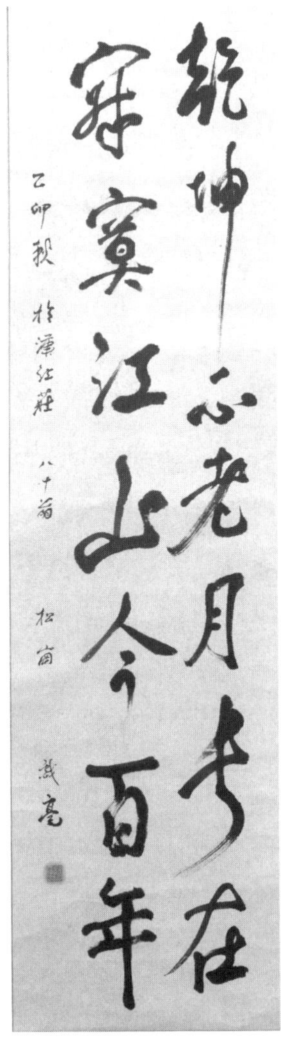

을묘 가을에 한강장에서

8

就將

一九七五年 孟春 八十翁 松崗 戲毫

취장[1)]

1975년 봄에 80옹 송강 희호

---

1) 학문(學問)과 덕행(德行)이 일취월장(日就月將)함을 칭찬한 내용

9

鍾靈嶽氣有是子慧知曉覺東
天明靑天萬丈紙寫君設計圖

尤桂銘　作詩揮毫　松崗

종소리 신령함과 높은 산의 웅장한 기운이
자혜(子慧)2)에게 있으니
동쪽 하늘의 푸른 하늘도 저리 높게 열려 있다
이를 그대의 설계도로 삼게끔 붓으로 적어 주노라

우계(막내아들 기준)를 위해 시를 짓고 글을 씀 송강

---

2) 자혜(子慧) : 글을 받는 사람의 자(字)

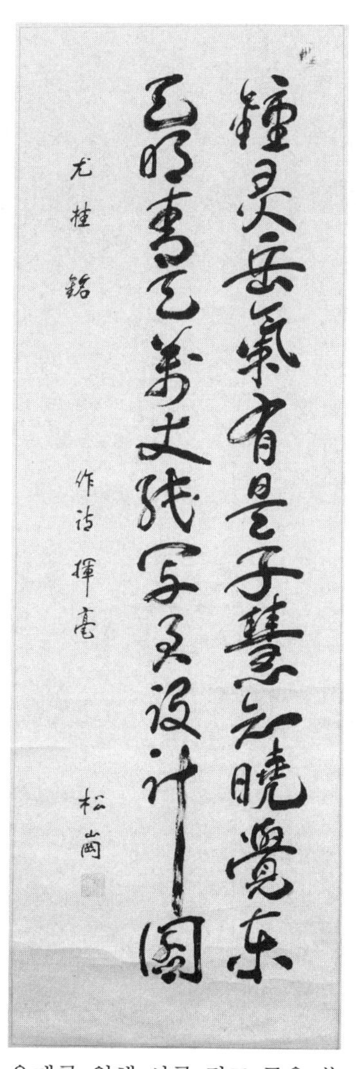

우계를 위해 시를 짓고 글을 씀

1. 사형 의춘 상열이 글을 짓고 송강이 글을 씀

卯君初度已當看　兄弟心懷想一般

先感蓼莪恩莫大　且論圖圉瞻猶寒

묘년에 출생해3) 회갑을 맞으니4)

벌써 그렇게 되셨나

형제간 심회와 생각도 이와 같으리

먼저 육아5)의 은혜가 막중함을 느끼고

한편으로 감옥을 이야기 하자니

오히려 서늘함마저 보는 것 같네

---

3) 묘군(卯君) : 묘년에 출생한 사람

4) 초도(初度) : 초도일(初度日)이라 하여 예부터 회갑날을 말함.

5) 육아(蓼莪) : 蓼은 여러 가지 음으로 읽는데 여기에서는 긴 풀을 뜻하므
로 육으로 읽는다. 육아란 육아지시(蓼莪之詩)의 줄임말로, 양친(兩親)
을 보양(保養)하고자 하여도 보양할 길이 없는 효자의 슬픔을 읊은
시다. 『시경(詩經)』에 있는 글을 인용한 것이다.

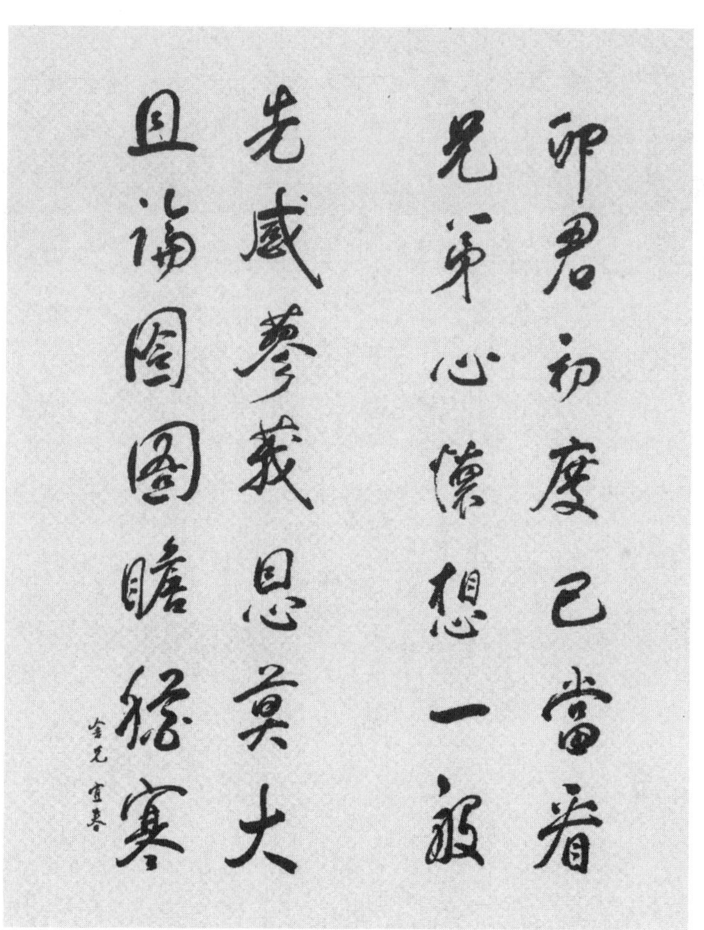

사형 의춘 상열이 글을 짓고 송강이 글을 씀

2. 재종조부 광연이 글을 짓고 송강이 글을 씀

博學精工世莫論　桑篷寶匣卽令辰
三千里內山河氣　五百年間耿介人

넓게 배워 깊고 깊으니 세상에 대적할 자 없고
상봉6)을 보석상자에 넣어둘 만한 경사스런 날이요

삼천리 방방곡곡 산하의 기상이
오백 년간 내려오면서
경개7)한 인물들이 아니었던가

---

6) 상봉(桑篷) : 상봉지지(桑篷之志)의 줄임말로 남자가 큰 뜻을 품고 웅비
하여 성공하려는 뜻을 말한다. 고대 중국에서는 남자아이를 낳으면
뽕나무 활과 쑥대 화살로 천지 사방을 쏘아 성공을 기원 하였다고
하는데 여기에서 나온 말로 『예기(禮記)』에 있는 내용이다.

7) 경개(耿介) : 절조를 굳게 지켜 세속과 구차스럽게 화합하지 않는다는
뜻.

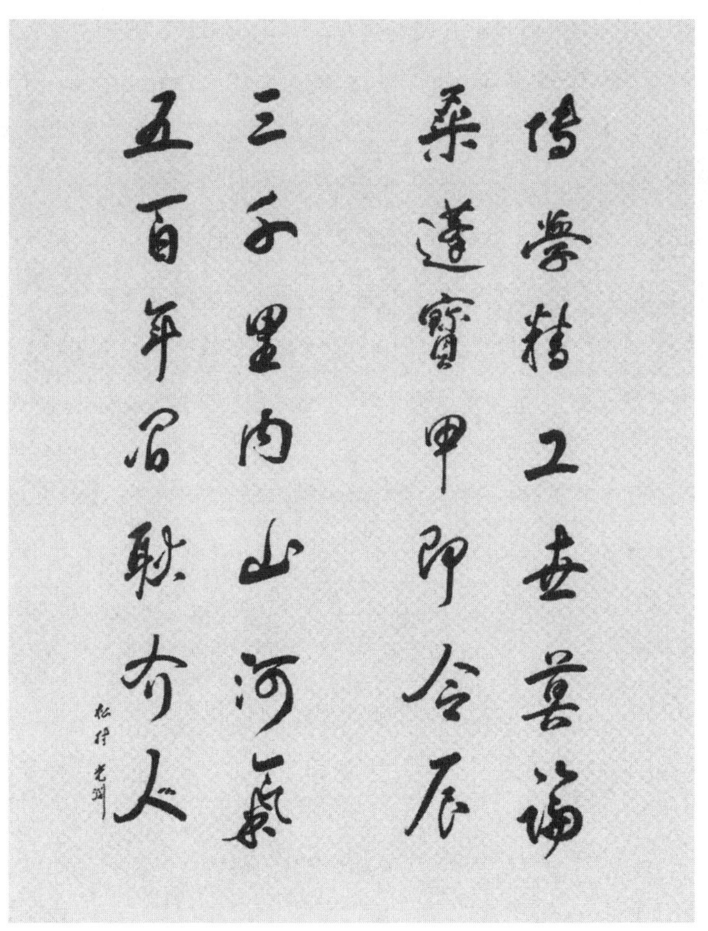

재종조부 광연이 글을 짓고 송강이 글을 씀

3. 둘째 자형 임달선이 글을 짓고 송강이 글을 씀

嶽氣鐘靈降此人　巧當國步孔難辰
滿天風雨還如夢　特地煙霞穩養身
誰識淇園磨又琢　自安陋巷道而貧
見機心性能明哲　也與南山長住春

산악(山岳)의 기운과 신령스런 종소리까지
이 사람에게 내려겼는데
공교롭게도 국보(國步)[8]로 이 경사마저 어려워질손가

온 천하가 풍우 속인데 한바탕 꿈으로 돌리고
특별히 연하[9]에서 조용히 몸을 돌보고 싶어지네

그 누가 알까 기원[10]에서 갈고 또 가는 것을
더러운 세상 스스로 위로하며 가난한 생활도 일상이 되었다

세상을 바라보는 심성이 능히 밝았으니
남산[11]과 더불어 긴긴 봄날처럼 오래오래 살게나

---

8) 국보(國步) : 한 나라의 운명. 『시경』에 있는 내용으로 국보간난(國步艱難)이라 하여 나라의 운명이 어려운 처지에 처해 있을 때 쓰는 말이다.
9) 연하(煙霞) : 고요한 산수의 경치
10) 기국(淇園) : 연못이 아름다운 고을 이름
11) 남산(南山) : 수여남산(壽如南山)이라 하여 남산을 수(壽)의 상징으로 함.

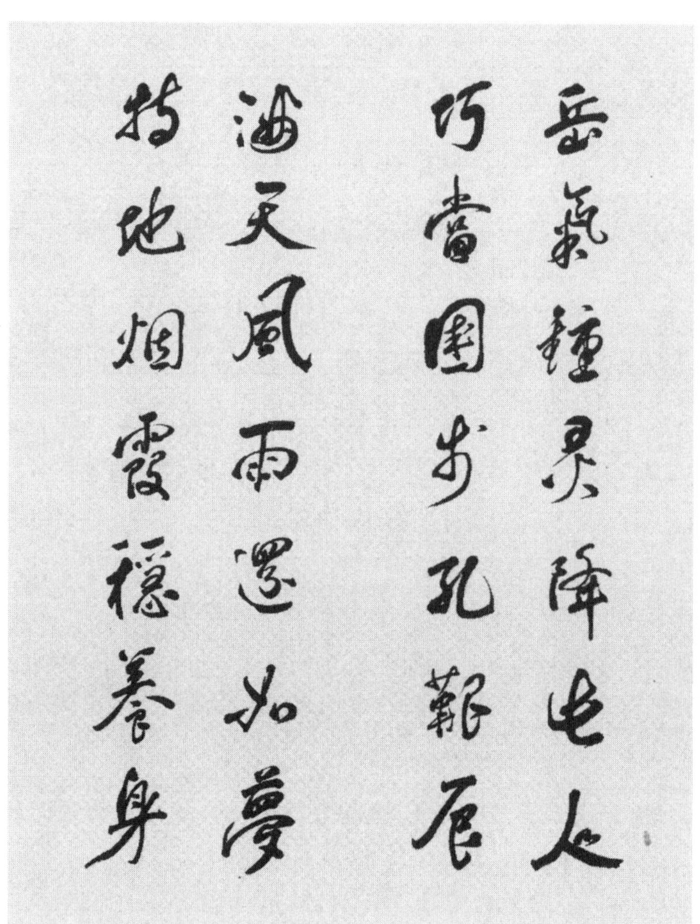

둘째 자형 임달선이 글을 짓고 송강이 글을 씀(1)

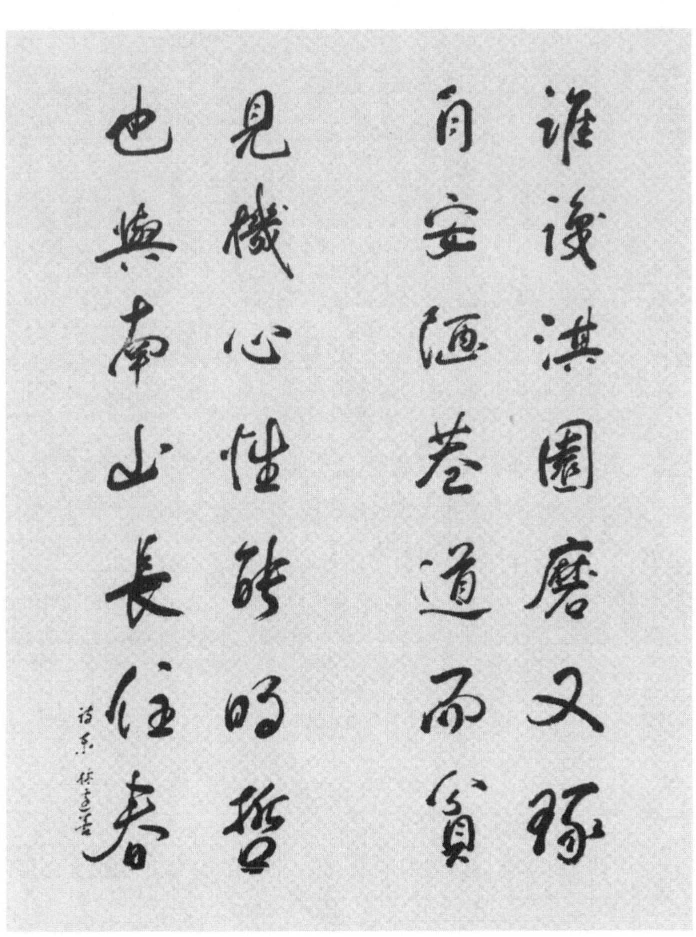

둘째 자형 임달선이 글을 짓고 송강이 글을 씀(2)

懷李松崗

木覓山前漢水隈　飄然杖屨住徘徊
簷頭嶽色乘三角　檻外波聲自五臺
堪歎鬢綠催雪白　還憐梅萼報春回
參商落落逢場少　雲樹難禁耿耿懷
隱市豪情世莫知　松崗才格是吾師
碎玉詩椎今李白　驚人書道復羲之
腸廻雪榻殘燈夜　眼斷雲山落日時
一帶長江層閣上　昂然高標想仙姿

　　　　　林詩東 題

송강을 회고함

목멱산12) 앞에 한강물 굽이치고
지팡이에 짚신 신고13) 홀연히 배회를 넘나들제

처마 끝 산봉우리 빛깔은 삼각산을 타고
난간 밖의 파도소리 오대산에서 비롯된다

수염조차 날로 백설처럼 재촉하듯
변해 가는 것을 탄식하니
도리어 매화 꽃송이 봄 알림도 가련하여라

삼상14)이 비추이나 서로 만남이 어렵고
구름에 닿을 듯 높은 나무마저
답답한 생각이 금할 길 없어라

---

12) 목멱산(木覓山) : 산 이름으로 지금의 남산을 말함.

13) 장구(杖屨) : 지팡이와 짚신

14) 삼상(參商) : 서남방의 별 이름. 서로 떨어져 있어 만나지 못하거나
  이별한 가족과 친지를 뜻할 때 쓰인다.

저자 사람들은 호방한 그 성정을
누구도 알지 못하지만
송강의 재주와 품격은 나의 스승이로세

옥을 쪼개듯 시에 뛰어남이 오늘날 이태백이요
서도로써 사람을 놀래킬 만하니
왕희지가 살아돌아온 것 같도다

눈이 내려 속까지 시원한 밤에 등잔마저 꺼져 가고
해가 떨어지니 구름산도 눈앞에서 멀어진다

끊임없이 흐르는 저 강은
누각까지 넘쳐오르듯 하는데
밝고 드높은 저 모습 신선의 자태를 생각케 하네

임시동 지음

인물평

▌ 노백린

내가 중국 상해에 있을 때에 들은 이야기이다. 노백린 선생이라면 대한국 말기에 있어 장사의 한 사람으로 용기도 있고 담력도 있고 유명한 장수의 일인이다. 하루는 이태왕이 대한문 대궐에 있을 때 그때 말을 타고 대한문 앞까지 갔는데 탄 말이 말을 안 들어 문내에 들어갈 수 없는 지경이라 노 선생이 말에서 성큼 내리어 찬 칼을 뽑아 말의 목을 내려치고 궐내로 들어갔다는 말과, 장충단에 모인 군인들을 향하여 훈련원(서울운동장 서쪽)에서 구령을 붙이면 장충단에 있는 군인들이 그의 구령대로 움직였다고 한다. 또는 한국 군대 해산을 훈련원 연병장에서 거행할 때 노 씨가 하세가와(長谷川) 대장의 급(일본인 육군대장) 후방에서 대변을 보고 있었다는 이야기가 있다. 한 풍자임에는 틀림없다. 상해에서 작고한 임정 요인들은 대개 굶주리어 영양 부족으로 작고들을 한 분 중에 이분도 한 분이었다.

운명을 하게 될 때 동지들과 청년들이 많이 모이었다. 죽어가며 노 장군이 벌떡 일어나 청년들을 위하여 구령을 부르기로, 조선 청년들아 앞으로 갓 하고는 운명하였다고 한다.

상해 임시정부 군무총장이었던 그 선생의 서거는 엄밀히 말하여 춥고 빈한한[寒貧] 생활에 쪼들려서 결국 세상을 떠났다는 이야기이다. 그 선생이 작고할 최후 순간에 문병차 내방한 여러 청년 제군을 향하여 대한 청년들이여 앞으로 강한 구령을 부르고 운명하였다고 한다. 참으로 애국에 불타는 순수인이 아닌가 생각이 든다.

▍이상룡

안동군 사시던 석주(상룡) 선생의 역력한 실족이 머리에 떠올라 끝을 맺기가 어려우므로 몇 가지 들은 바를 기록하기로 하자. 구 한국시대 광무 황제시대 말기에 있어 대한협회 안동지부장으로 나라를 바로잡기 위하여 상소를 하고 그 뒤에 가산을 정리하고 남만주로 떠나갔다 경상도에서 남만주 이민의 개척자이다. 이시영 선생과 이웃해서 사셨다. 농담이지만 이시영 씨보다 못 미치는 것은 오직 하나뿐이라고 하였다. 그는 ○태자라고 그도 그럴 것이 이시영 씨는 이조에 충신이 많은 조상을 갖고 있고 석주 선생은 인조반정 때에 역적으로 몰린 이괄 할아버지의 집안으로 지칭을 받아 8년 정과를 받은 우리 집안이다. 파벌과 부정과 싸움을 시정하려던 대의는 부정배의 밥이 되고 말았던 것이다. 통고지금하여 정의가 무용되는 억울한 이치가 있으랴. 남만주의 개척의 아버지로 불리었으며 임시정부 의정원 원장으로 피선되었으며 임시대통령으로 확정되었으나 타 파의 득세로 결국은 조각이 못되어 성공을 거두지 못하였다. 직손 대봉군은 공업연맹과 나의 사저에 가끔 왔었다. 6·25 후에 만났다. 들은 바에 의하면 전라도 어디로 피난가서 세상을 떠났다 한다. 인물 순후하였다. 종손 되는 모 사람은 연맹의 맹원으로 나와 의지도 상합하며 동고동락하였는데 사변 말기에 못 만났다 안동에 지근혈족이 없고 임청각이라는 안동 유일의 거각은 제1은행장 이보형 행장이 생활하여 왔으며 (행장의 춘부장께서) 그 임청각이 지금 고적으로 보존되어 있다고 한다. 안동 철도 개설시에 헐리는 것을 군민이 진정하여 그 집 앞으로 철도가 났다고 한다. 보재 선생 이상설 종조 이종운 형과는 나와 친분이 많은 분인데 임청각 현판의 글씨가 자기 조부가 안동부사 재직중에 고성 이씨댁에 갔다가 쓴 대서 대자인데 종운 형이 안동 갔다가 찍어 온 일이 있다고 한다. 석주 선생의 비석이 대구 팔달공원에 건립되어 있다. 당시 의성인지 사는 고성 이씨 한 분이 장면 총리의 민주당 시대에 경북도지사로 있었으며 많은 비용은 제1은행장 이보형 씨가 많이 희사하였다고 한다. 정치 배경과 재정에 있어 시○ 도래라고 하겠다. 요는 석주 선생의 애국 일념의 지사이며 정치가이다. 고성 이씨 가문에 빛을 낸 선생이시다.

▎신규식

상해정부 법무총장이었던 그 선생의 최후가 빈한에 싸여 조석이 어려울 때에 한 청년이 그 정황에 놀라 신 선생에게 권하기를 자신이 상해에서 싸게 아편을 사갖고 북경 가서 팔면 막대한 이익이 생기어 생활의 고생이 없이 일할 수 있다고 하며 자신이 책임지고 왕래하겠다고 하니 신 선생 말이 굶어 그대로 죽을지언정 인민이 피해토록 아편장수를 하겠다는 것이 말이 되느냐 하며 훈계를 하였다 한다. 인민의 피해 되는 일은 추호도 아니하여 차라기 굶어 죽을지언정 불의의 일은 아니하겠다는 지조의 사람이었다.

▎이동휘

선생이 파리 경유 모스크바에 가서 레닌 공산당수를 만나 대담중 레닌의 질문 중에 동휘 선생의 먼저 할 일이 무엇인가에 동휘 선생은 우리는 일본 식민지이므로 우선 일본제국주의의 기반으로부터 해방을 급선무로 한 투쟁을 선봉으로 한 후 무계급사회를 조직할 결심임을 밝힘으로써 이 말에 감격한 레닌은 다시 악수 격려하였다고 한다. 세상에 초기에 상해파 거두로 이름이 있었다. 식민국민 전진할 로침이 아닌가 한다.

상해파에게 일금 사십만 원을 (당시 윤자영 등이 주동) 주어 상해로 이송시키었다고 한다. 시베리아 한인촌에서 도서 관장이 되어 있었다 한다. 그분이 합병 전 한국에 있을 때 육군 참령으로 경기도 강화도 참령으로 치안관 겸 행정관이었다고 생각된다. 그 당시 강화도 면면이 소학교 설립이 안 된 곳이 없다는 풍문이었다. 내가 본 상해 모 요인 집에 걸린 사진액자에 각국 원수 사진이 들어 있었는데 군무총장이었다.

전시에 유행하던 독일 카이젤 사진과 방불하던 군인의 초상으로 이름이 났다고 하였다.
교육열이 특히 많은 분임에 숭배의 가치가 있고 레닌과 담화중 선독립을 부르짖은 민족적 투사임에서 특기할 만한 분이었다.

송강 관련 자료

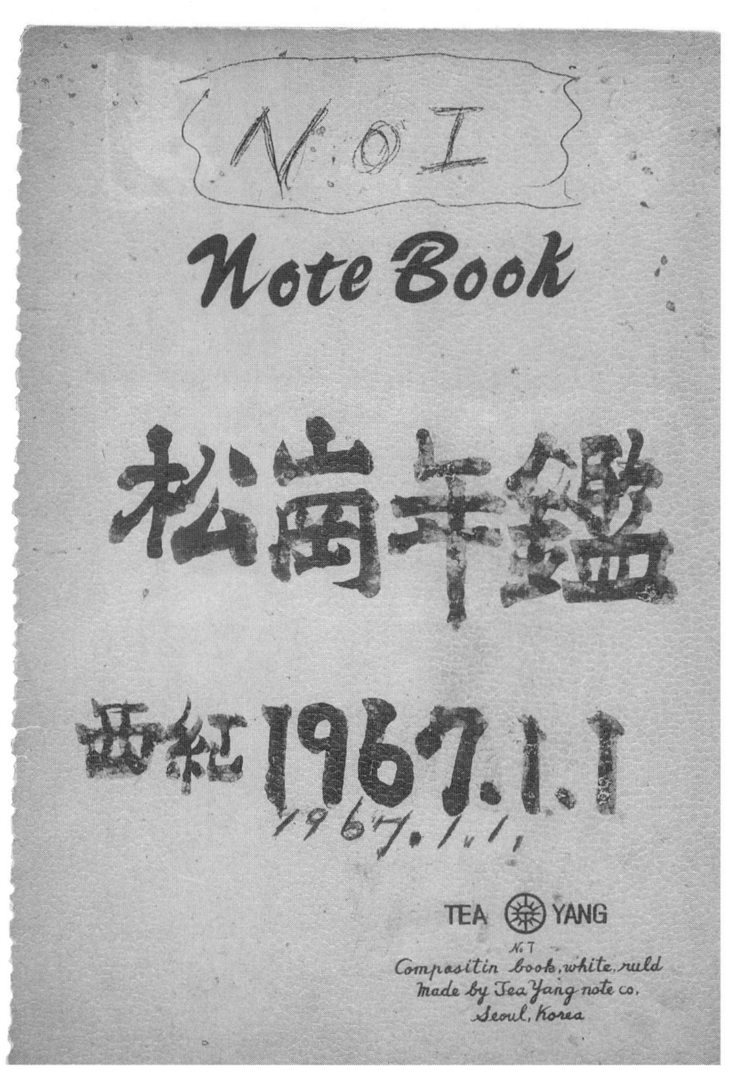
No I
Note Book
松崗年鑑
西紀 1967.1.1
1967.1.1
TEA YANG
No 7
Compositin book, white, ruld
made by Tea Yang note co,
Seoul, Korea

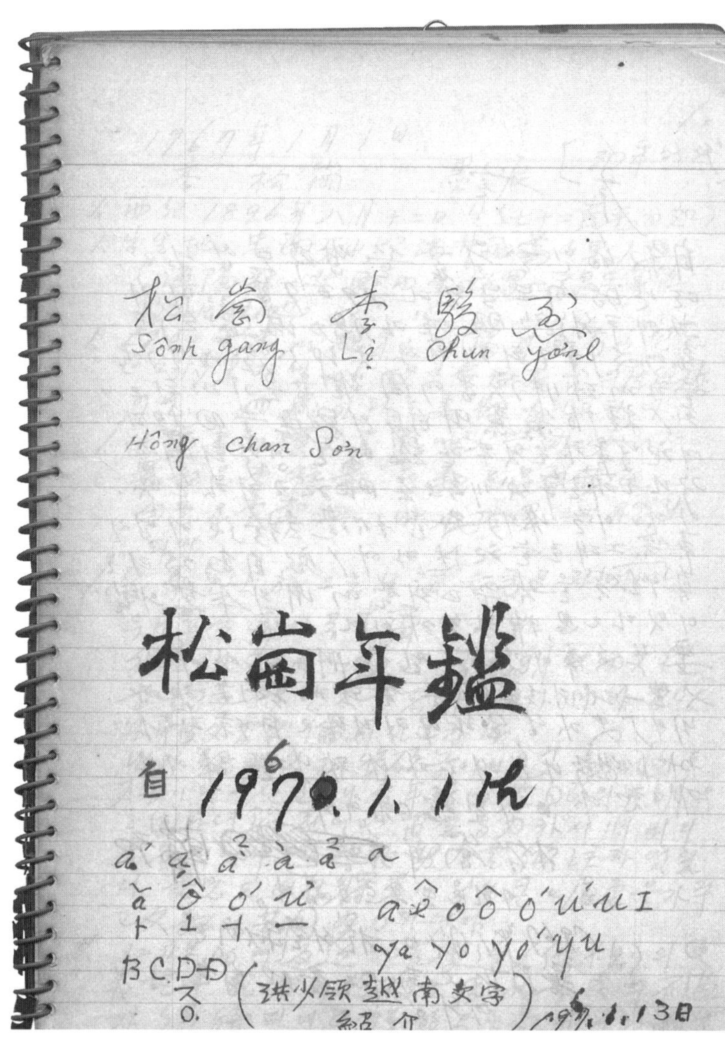

松崗　李駿忍
Sông gang   Li   Chun yônl
Hông chan Sôn
松崗年鑑
自 1970. 八 1th
松崗年鑑
ã à ǎ à ǎ a
à Ô ó ú   a Ô o ô ó ú u I
BC D Đ （洪少領越南文字）
S O.   紹介   1970. 6. 13日

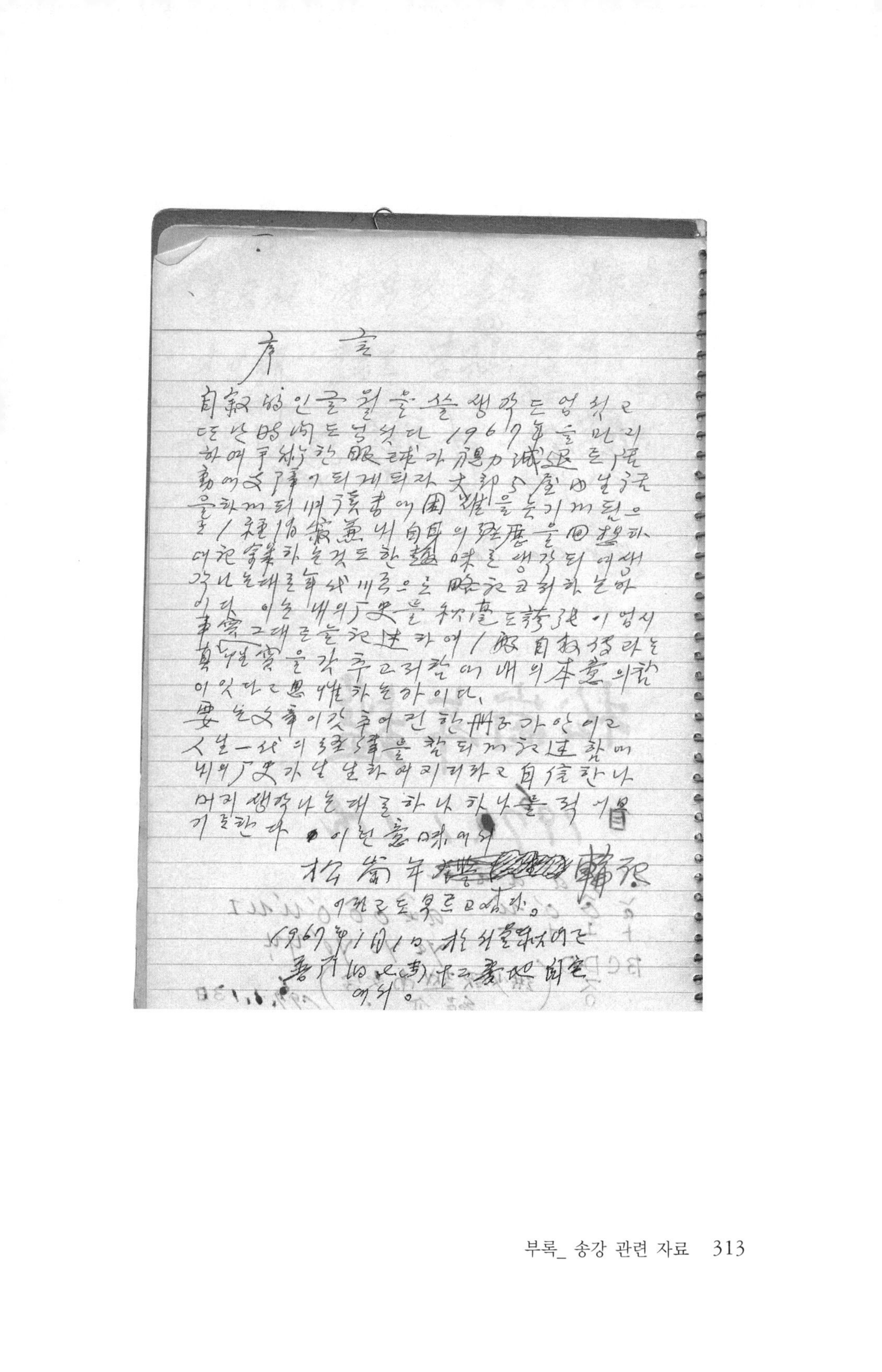

1967年 1月 1日,
　　李　松濤　　墨痕　[幼年時代]

一. 西紀 1896年 八月 十二日 生 (七十二歲元旦起)
一. 出生地 忠南牙山郡 湯井面 蒿山里 1區
　　(溫陽郡 一北面 山 金好里 一 現主甲志
　　的의 居住地.
一. 1900年 春에 現牙山郡 湯井面 蒿山 巴二
　　로 己로移來하였다. 現主舍経基台의居住康
　　이다.　　四歲가되는書郡이라고한다.
一. (e歲春에) 漢文書堂에서 入学하였다.
　　嚴親은李稚豊. 慈親은呂氏黃民
　　舍己은李李에. 내가 冷男으로胎生
　　되었

一. 家系는士族으로生活은裕足하였다.
　　우리집솔廊이모書齋이엇다.
　　外高祖文께서乎로다. 李甫翊양에大提
　　学을拯授한大子名이라고州하였다
　　外祖文도大儒이라고한다.
　　내의 親祖文께 號碩몸이며 文表께서도
　　才分이맛느신老이나 靑年時에左眼의失明으
　　로(因)하여 詭売에맛 體意를力가州내의
　　愛袞에있어 超越한努力을紹注하였었
　　다 舍己도 내의 綿束에 있어 큰 내屠훈을가쥬
　　그 文数마 芽內 努力하였다.
一. 江月도 山에過連이山尾李迮 (儒祖)의史
　　義 大泰孝 記蕭에 徐投를 国故李氏의不過
　　가 紹續되어 民族的으로블래 내맛은史

한다. 그런 일도 한두번이 안인데 회번해나
그 어려운 일을 하시니 孝心이 매우 깊다고
라한다.— 이어말이 요새 그런일이 흔고 場에
많이 있는대 다른 社長들은 외려 이것트도
독놈들을 단단히 戀씁하여딸나르 正로
...은 戀情하맷는대 李社長은 무슨존심
으로 그런말슴을 ㄹ때나 하시느냐르정에
한다. 그렇케하여서야 엇더케 그 場發
理를 하게되는가르한다. 나는다시 말을
이어 經처로 釋放이 안이된다 ㅁ면 그 場
에서 ...을 商権하는 某人들을 求外로
... 하엿다가 나르되 그래ㄹ를 맏나 ...
의 有望이 確選되면 다시 ...의이것
다르 군력진 ... 署長도 敎感動되엿
... 크글로 ...은 李社長
이라하셔서르... 헤을하엿다 그사 람들
은 犯罪 行為르 美人의 協力下에 매로 族을
잉어되엿던 行爲이지만 彼ㄹ의 ...
... 을 國書하여보면 ... 遂하는
人間들이엿다. ... 問題이다,

1. ...던 後 家族이서 불로모이자 난 좌 ...
... 엇다 ... 人의 ... 熱心 事務하여 ...
人 ... 가 ... 組織하여 남ㅁ

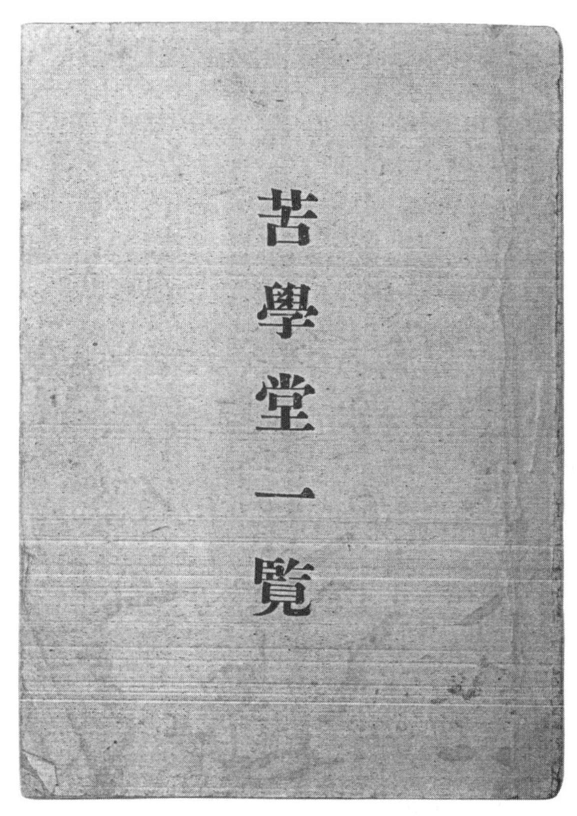

苦學堂一覽

토막(움) 생활

교실내 천정 생활

생도의 자취

사육장을 교실로 사용하는 현상

신축 교사와 직원 및 생도 일동

직원 집무 상황

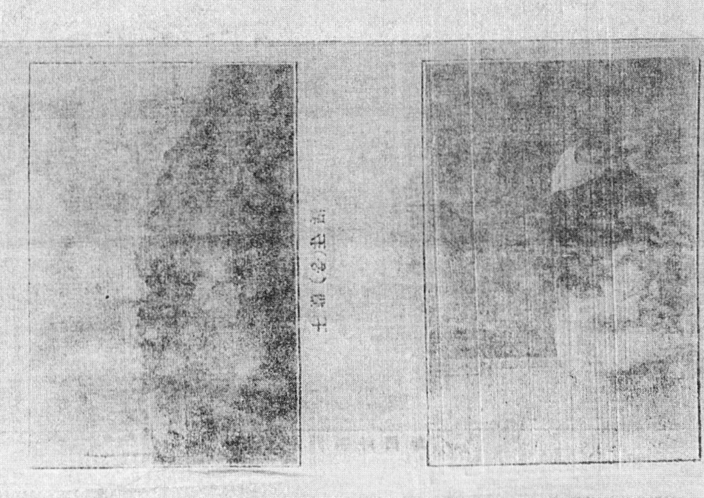

苦學堂 一覽

一. 動機

…의 洋々한 形勢로 흐르는 智識慾은 이 二곳이 沈涸처 하나니 한곳이 영고 … 그러나 그 智識慾이 度數 外에 膨漲하는 곳은 都會이나 鄕村이나 한갓 처지 瀰漫한 現狀을 하나니 … 原來에 經濟의 힘이라 하고는 蓬未도 영는 사람들로서 何等의 勇猛도 … 相當히 學資를 供給하야 子姪의 就學을 식이지 못하고 … 父兄도 可稱하려니와 前途가 洋々하야 成功의 光線이 … 懊惱의 種子를 심어주어 畢竟은 苦學의 길을 거ㄴ게 … 人間으로서 … 父兄은 全心力을 다드러 僅々이 初等學科를 맛처 주고 나서는 … 物質的으로 準備가 … 家庭의 現狀이 그러한 것을 開拓하자 誠心이 … 修風悲雨의 暗憺陰鬱한 苦學의 길은 定한 事實이다 … 朝鮮文化의 中心地인 京城이 … 敎育機關이 完備하엿다는 … 歡迎하지 안는다 … 그들의 第一要求는 智識 … 京城이 非常한 應待를

1

그들에게 줄 것이다. …… 嘲笑, 厭避, 咆罵, 寒冷, 飢餓 …… 苦痛으로—! 그러나 그들이 잘 必然性을 띄고 잇다.

그것은 經濟로보우터의 立場에 免치못할 現實인 同時에 實際에 事實이 證明하고 잇다. 이러한 狀態의 藥封이다. 新聞紙를 팔아서는 到底히 可能性이 잇을가? 그럼으로는 學校에 一二千萬 苦學들이 旅費에 …… 學費(入學金, 授業料, 運動費, 旅費 …… 等)가 잇어서 一定한 期日에 納入하되면 依例 停學處分을 當하고 잇는 現狀이다. 苦學生들은 授業料 納入期가 되면 學力보다도 實力을 重視하는 學校이엇다.

이러한 現狀에 痛切을 늣긴 것은 李晙烈, 朴享南, 李大宇外 數三人士는 무엇으로도 必要를 늣기여 苦學生 教育을 目標로 하고 不足히 …… 苦學堂이 …… 特殊機關을 設立하고 發起하기에 …… 一般 高等普通學校와 同一한 規定으로 無料教授하는 苦學堂이다.

二. 開校

苦學堂設立을 發起하야 新聞紙上에 發表는 하얏지만 發起人들도 敎育機關을 設立하는 데에 關한 一切 準備하고는 것서 솟앗다. 그들은 거게에 落心치아니하고 東西活動으로 바삿다. 朝鮮工藝學院이 廢止케됨으로 敎室과 什器를 引受하야 敎室 什器 書籍 精무엇 …… 齋洞 京城府叢井 京城 講習所에서 入學願書를 受理하고 勤勞의 功效가 …… 約定하는 同時에 苦學堂을 京城 講習所에서 入學願書를 受理하고 齋洞 京城 講習所에서 入學 慶雲洞天道敎堂 一室을 빌어 「健康이 …… 時代要求의 産物上 特殊 …… 生徒들의 態度가 能히 …… 試驗을 지나 合格者 八十人과 敎員 七人이 一千九百二十三年五月一日에 「健康이 …」는 祝賀組織에 孤々의 聲을 發하얏다. 敎員들의 訓辭와 沈着靜肅한 生徒들의 無量이 長壽하여라」는 苦學堂의 劈頭인 開校式場에는 懇切工夫한 敎員들을 排擠하고 必成의 氣分이 어릴을 늣기게 되엇다.

三. 協會設置

苦學堂은 誕生하얏다. 無制限의 困難과 苦痛을 한 誕生하는 卽時 …… 準備하고는 것서 솟앗다. 敎鞭을 잡은 …… 敎員들노는 內部에 關한 事務員이 이 不足함을 늣기는 것이다. 對外의 活動은 다시 敎員外에 …… 要求치못하게됨으로 社交的活動機關을 設置하야 緊切한 것다시 늣기는 同時에 苦學堂協助를 目的으로 한 協會를 組織하야 苦學堂이 完全한 機關으로 形成되기 外界에 多大한 同情을 求하기로 하얏다. 그러나 其後에 잇어 社會를 組織하야 學父兄會로 組織을 變更하는 同時에 協會는 解體되고 말엇다. 其時 協會의 職制는 委員 常務委員 李晙烈, 李大宇, 朴享南 三氏와 李鍾萬, 畫世顯氏外 七人이 委員이 被選되다.

四. 夜市開催

窮鄉僻地에서 一年동안을 애써 가리로 勞力하야도 糊口의 策이 되지못하는 貧窮한 家庭에서 나서 자라 ……

요즘께우짓다는 誠心을 안가지고 고여ᄂᆞ는 學生들은 風俗이 다르고 人情이 烈薄한 都會地에 와서 무슨 方法으로「生」을 維持하야 갈수가 잇느냐? 한서 乃至 連續하야 三四日식 굴므고 登校하는 學生이 少數가 안이엇다。그가의 授業時間에 氣盡脈盡하야 안즌 椅子에서 조ᄂᆞ러지는 目擊하는 데야 도를이 말ᄋᆞ고 부르지々하야도 學堂職員들은 疑訝에 講求를 得거ᄂᆞᆫ한 結果 最後 一針의 格ᄋᆞ로 京城市內의 一般商業家에 哀訴의 交涉을 試하야 多少 同情의 態度를 得하얏다。그러나 한 活動은 畢竟 市內 公平洞 人口에다。苦學生夜市라는 名稱ᄋᆞ로 露店을 開하여서 거치서ᄂᆞ는 利益金ᄋᆞ로 念切한 難關은 幾分間 緩和식엿스나 께잣 各樣 兩期하야 거게서나ᄂᆞᆫ 利益金ᄋᆞ로 念切한 學生이 하 實効잇는 好果를 收치 못하고 말지 아니치 못하얏다。

五、校舍撤毀와 臨時移轉

苦學堂이 現在 校舍上에 잇는 直은 누기도 말한바와 가치 朝鮮工藝學院에서 잇는 直ᄋᆞ로 所有者는 韓一銀行이 잇섯다。開學한後 一學期동안은 거의〜 各樣 良乇ᄂᆞ지나 찻섯다。夏期休暇에 이도 住所엿는 德義가 잇섯슬 뿐 無一한 築圍이엇다。그러나ᄂᆞ는 餘念이 업는 銀行으로서는 何等의 顧慮할 德義가 잇섯슬 뿐 無一한 築圍이엇다。그러나ᄂᆞᆫ 生覺지 안는 銀行에서는 何等의 通知도 업시 日本人材木商에게 建物을 賣渡하야 本地에 材木商은 三四十人의 學生이 드러 잇슴에도 不拘하고 建物撤毀에 着手하얏다。

른어 치히는 苦學堂은 쌀수엇시 살림을 들니면서다 부서진 什器를 路傍에ᄂᆞ 니버려도 치못하게 되엿슬 니 當場의 悲慘한 光景이 果然 엇더하얏슬가?

本地에 巢穴을 일어바린 近百名의 學生들은 極度로 興奮되야 ᄲᅩᆯ을 돗부르지々고 잇섯다。眞情으로 敎育機關으로서는 못當할 侮辱이엇다。그러나 오즉 께지히는 抄訣인「忍辱負重」ᄭᅡ는 生覺을 바ᄭᅮ더 치안는 職員들은 一方으로 學生들에게 安態를 서이며 一方으로 敎室借得에 專力을 기우럿다。不眠不休의 活動을 畢竟 一個月을 안난이하는 短促한 期限이 約束下에 嘉會洞 侍天敎堂 一部를 비러서 臨時移轉을 하고 二學期修業을 始作하얏다。아! 一個月內에 이이되가서 그들을 收容할 場所를 求得할가?

六、屠獸場으로

苦學堂의 運命은 瞬間에 잇엇다。上述함과가치 一個月동안이라는 時日을 彷徨中에서 지낫다。가는 處하는수엇시 第二回 街路生活의 悲劇을 演出치 안코는 견디지못할 現狀이다。職員全体는 잇지뿐삿슬해 方곰에 學堂과 宿緣이 깁흔 東大門外 新設里에 잇는 朝鮮總督府醫院의 所管인 動物飼育所 곳 前 屠獸場을 發見하고 交涉을 重量하야 借得기도 되엿다。아모리 東西로 구을너다니는 苦學生이라도를 見하가서 循環을 써하 自然이 늦기지를 感懷에 썰수잇는가? 큰소리를 치가 都會中央에서써 細口하야 께되면 各樣各種의 序이 곳에 잇는 校舍를 屠獸場을 數十年間을 비여도 비여두엇는 古屋이라 荒草와

…學生이신이는것이무엇한가지가온들을하니새네는것이었지하다? 近百名되는職員生徒들은約束이나한것처럼ㅣ舊히「하ㅣ우리어서들은이러하는들함을愛하며군들의열들이되고말엇다　그러나다시한번들러生魔한그들은「그러나巢穴을이…군해피들우리의게는다시엽는樂園이다」라는것들으로도더여社態妥이되엇다한편의도…한킨이로什器運搬、歡呼聲裡이移住의形式을맛젓다

七　土幕

若學生으로서一定한住所가完全이잇기는不可能의事質임을爭論할餘地도엽는일이다　그러므로도五十餘名（臨時… 置가移轉되을써라學生의住所도變動이잇슬것은定한일이다　그컴으로五十餘名의學生들을돌보치엇슬것이 聲즛이잇는學生外에）이學生들도學堂에게로移住期이東大門外新設里로드러올나게되엿다… 頁이한이잇다한드러도市外村落의新設里에서는瞥眼間에五十餘名이한순시람이럽이住所을… 中旬의天氣는一分이라私情을두지안코치운을부비면서그러진들을꾀여서그들을試練한다…職場엽들을바우에서發을굴으고손을부비면서…그리고만若婦은이게때이잇…

…이게긴고블은最後一集으로土幕（움）을뭇기로決定하엿다　學生들을돕을과고職員들은材木과藁… 算을求한여十餘日반에「움」을完成하니五十餘名의學生들은… 生의김비調天扁地다… 京城一隅에서原始生活을하고잇는若學生의무리의慘親한情景을諒察하며日果然구인가？大都市인朝鮮音府인데

八　同情音樂會

住接을겨우하엿다할수잇스나所謂敎室이라든조곰도緩傾할方法도漠然하다 或者幾分이나도음이 … 그러나우리이게는收入을엇지못하고말엇다…東西新舊音樂大家를網羅한若學堂同情音樂大… 會를市內中央基督靑年會館으로서開催하엿섯다

九　饅頭工場經營

學生들은무엇이든지行賣하도 … 後에는依例 …

여서 제서 製造하는것을 學生들에게 提供하야 行賞케하엿다 그것이 幾分의 敎惠을 되엿스나 그亦是 資金補充의 方道가업서서 繼續하지못하고말엇다.

一〇、勞動夜學設立

現今學堂이 와서잇는 新設里라는 곳은 비릇 京城市內外 隣接한곳이지마는 敎育機關이라고는 도엽다. 그럼으로 그들 就學年齡이 지난 男女兒童들을 全部가 野菜行商 工場職工에 從事한다. 그럼은 自己 姓名도 文字로 表示할줄을 모른다. 學堂職員들은 生覺하야 이서서 略小한 智識이라도 그들에게 제 너어주기마트 意味로 苦學堂勞働夜校學部를 設置하고 男女學生을 募集한다. 가뜩이나 財政이 엿을冬期에 特別 다서 오고 말도 잘남도 가니 學生을 小서 百餘名에 達하는 盛況으로 지나니 그가 도저 수라도 學生이 넘기 되며 여서 不得已 廢止하고 말엇다.

一一、機關雜誌刊行

苦學堂은 苦學生敎育의 本營인 만큼 그에 對한 使命이 큼은다. 가뜩이나 苦學堂도 수영은는 地方靑年에게 實益을 밧한 文字가 必要한것을 發見하고 그네등한 活動하야 創刊號의 編輯을 設치 하여 職員들은 苦學生敎育을 中心으로 한 雜誌 苦樂을 刊行하라고 그래등한 活動하야 創刊號의 編輯을 設치 하여 苦樂을 存付하는것도 水泡에 도라가고 結局 不許可로 因하야 出版지못하엿다.는號다. 號로 繼續 이지아나하려든지 안는다. 그럼으로 한겁을 더 이 려보라고 版心한을 飮少한 한을을 創刊號에 써 비들고 餘力이 아주업서 진진데에 잇지하라도 不得 己後期로 밀우지 아니치못하게 되엿다.

一二、學生巡回素人劇

써는 第二年度夏期休暇가 다서잇다. 今年은 去年보다 學級이 하야는 그지 만큼 學生들의 數字도 더 단계되며 敎員도 몃사람 늘어나엿다. 그리나 學堂의 經營上 이나 敎員과 學生의 生活問題는 알수록다. 을 圖謀하여진다. 去年에는 校舍를 엇이 幾分의 食料와 도오는 學生들을 今年 는 엇지할가하야 講求가 거듭할 結果 學生巡回劇團을 組織하기 次定한後 이대등을 演習하엿는것 幕은 京釜線永登浦에 서를 엇이다. 그리나 鷄卵에도 有骨格으로 다처 森雨는써서 날부터 나 巡演에 對하여 北鮮方面으로 떠낫다. 을도 一定한 效果를 다하못하여진다. 雨勢는 徐々度數를 加하야 刻一刻 猛烈한 形勢로 化하여진다. 를무슨죠고잇는 巡劇團一行은 達川에서 날을 凶行하엿스나 雨戱를 나므로 翌日에 出發할 車費로 不得 足한 收入을 엇이여잇섯다. 그리나그들은 一步도 退後치안 森雨와서우면서 巡行 收入과 興行 收入 等地에서 만은 歡迎을 밧스나 비에에젓못서다 巡滯在하는 費用과 興行收入과 相殺되고 말엇다. 元山、咸興、北 開學期에서 多 도라는 때도서 咸興人士의 同情을일기되엿다. 感興人士의 回情을일기 不可엿다.

一三、서울고무工社設立과特殊關係

苦學生들이 驛頭에서 彷徨하며 서藥을파는것이 時日이갈을써하야 勞働態度로變하야서서 畢竟은乞人化하야가는傾向이보임을우나否定치못할 事實이다 苦學堂職員들은 더욱이이點에無上의큰걱정을밧는當面者인同時에잇더한方法으로든지 一定한時間的勞働으로一定한場所에集合하야一定한指導를밧지안코는到底이統一될수업는것을 그럼으로여러方面으로學生就業場所設置에不斷이努力으로活動하고잇다 그들의計劃이同感하는有志幾人을만나서을고무社」에는「고무」靴製造工場을學堂隣接地에設 그들은無엇보다도本堂學生을職工으로使用하기는곳은約束下에開業時부터機械의 立케되엿다 로畧二十名의學生이就業하엿섯다

一四、 朝鮮藝術團과 苦學堂建築期成會

學堂職員들은 一刻을한이라도잇지못하고苦悶하는문問題가하나잇다 그것은別것이아니라 그 校舍問題이다 現今쓰리고잇는校舍(屠獸場)로는레마다는데가는學級을到底이收容할수가업슬뿐아니라 그亦是臨時借居이엿슴으로期限이잇는율에와서는비위될날는는通知가連續하오니가近日 에는더욱急激한督促을밧고잇다 경는그들은番々哀願으로하오도(……哀願으로그며長久한時日을推過케되지못할것이다 이와갓슨을慶地에서苦悶하는그들은던제는지 校舍新築을夢想하고잇더섯다 그러하든지에잇슴엇흔한機會로朝鮮藝術團이라는興行團과 連絡케되야苦學堂建築期成藝術이라는慶奇術을市內慶雲洞天道敎紀念舘에서四日間連續興行하라다

엿섯다 그러나그興行은豪末도收益이엄고도척한缺損을내고마럿다

一五、 圖書部設置計劃

敎材에關한設備가조금도업는學堂으로서는무엇보다도時急하고際切한것이 圖書備置에잇는데 잇는째까지한가지라도設備에힘을기우려지아니할수업는것은물이는開校二週年紀念으로小規模이 나마圖書部를設置하라고計劃을세우기는엿스나原來物質을가지서는一冊一幅의圖書라도購 새에新聞上으로써書面으로直接親面으로써活動하여틀네로다에도저한는書籍을엇지못함은 로遺憾이다 不得已古物이라도一般社會의同情的寄贈을바다아라기기가

一六、 寄宿舍建築

上述한바와가치서苦學堂의基礎는校舍와寄宿舍를完定하는데에기로을 生覺이되여서던지한는職員들은心血을傾注하야機會捕捉하기에努力하고잇다 밋論勿論하고지 하게되나마中間을無좀홈를活動의힘을더하야苦難을排擠하고爲先寄宿舍建築에着手하얏섯다 原來亦莫으로始作한 일이되야中間에故障이層生하여섯스나生命으로부터는일必死이힘으로써繼工하니建坪이七 十二坪이오房이十二間이오村屬食堂과便所는別로完成되여에三年間이나土幕에서생사하든學生들을 無量한歡喜中에會하게되엿다 總收容量은二百人을無慮하다

一七、敎舍建築

寄宿舍가 竣工된後에 一步를 更進하야 校舍建築에 加速度로 活動한 結果校舍建築에 着手하야 起工한 지 四十日만에 九十二坪이나 되는 校舍가 竣工되엿다。 敎室이 六間、事務室이 一間、附屬室이 二間으로 苦學堂에서 各各 不足히 感이 젼게 되얏다。苦學堂으로서는 寄宿舍와 校舍建築에 對하야 가 갓치 完全히 지젹젹을 自配치 하나을 李承魯、白寅基、崔正源諸氏에게 感謝를 드리는 同時에 苦學堂의 地盤을 일노조 牧場을 離別하고 新校舍로 移轉하얏다。竣工翌日인 一千九百二十六年五月二十五日에 情겁고 根이은 屠獸場을 離別하고 新校舍로 移轉하얏다。

一八、苦學校認可申請에 關한 顚末

우리의 苦心한 結晶인 新築된 校舍와 寄宿舍는 저음우리가 夢想하든바를 充分히 表가 엇지안처는 形成하얏다고는 볼수잇게 되얏다。그러나 地盤을 잡게된 學堂을 一層職員들은 한층더 나아가 完全한 學校를 만드는 積極的 方針으로 各樣各種의 障碍를 不計하고 苦學校라는 名稱으로 認可願을 當局에 提出하기에 일이 잇다。이와가치 서거한 成長하는 苦學堂을 苦學生의 惟一인 敎育機關으로 되기가 어렵지안엇겟는가? 여러가지 事情下에서 認可는 그만 流産이 되고 말엇다。그러나 世上일은 마음대로 못하는 것이다。學堂안에 充溢함을 못기엿다。

一九、苦學生生活眞狀

苦學生의 生活이란 참으로 勿論하고 苦生하고 하지안이가 당면한者도 그라나 當面者도 그라 苦學生의 生活을 大部分이다。地方으로는 貧者의家庭이나 자라난 子姪들에게는 初等敎育을가 들이 生活內部를 解剖하야 眞狀을 每日로 다니는 사람은 眞情이 로부엿이다 形름볼수영 關感에 全身을저티고있다。그를은 大部分이다。地方으로 自己는 現任女音들이나 서자라난 子姪에게는 初等學科을다니가지고 農夫의 同時에 文官들이다 그럽으로 自己네의 勞動에助力이되겟도 부면서식이 지안엇지도 初等敎育을다 記錄할만하야도 가라하고自己내의 勞動에助力이되겟도 부면서식이 지안엇지도 初等學科을다니가지고 눈치고나면 千辛萬苦를도 라고보지고事心力을다 되엿것이다。그대겨서우 初等學校을 이고섯 으나하고 父兄들을은다 除力이고게되나 그려한 子姪일수등向學熱의 自然通常수을업닌단다 그를은 苦學의가 도하고 父兄에게 나學資을어다 上級學校로가지못할것이 그대겨서우 初等學校을 이고서 그를은 世上物여 하고는 生慶을가지 맥受한父母의음을써 나都市로도되는다 란것 발을거서그늘 의레로에에 路傷하고는 조을불지못하는 純眞한心性을것을 발이라 되녀주학科을나것못하게된다 한할 費公이다,는것으로 懂々하야로 못를지나 도도 그를을懂待하기나가 그것이다되년주를 洗體를나닛못하게된다 한洗身에두서하야도、것을連續하다도지났다 버기기例事가되고말다 주림에부역서 그들을하는수잡 시藥封이나 新聞紙를엇지〈 하여여기를旅舘으로도 薛頭로도란다 그대겨서 多이藥을맛封한 新聞을할정사 서요。 한는하는기를는哀願을하난수잇제된다。그대겨서 多이藥을맛封한 新聞

二〇．敎員의 赤心

二一．苦學堂의 前路

一六

…設되야 … 學生의 生活이 整頓되며 … 敎育家들을 相當히 請하야 … 時日과 만은 努力이 … 安全한 經路로 進展하지 못할 것이 … 學堂自體가 不絕이 活動하는 同時에 一般社會에서도 深厚한 同情을 … 作所가 出現하야 無限이로 苦學堂의 使命이 增々하나니라.

二、 理事會組織과 學堂職制의 變更

苦學堂은 專任敎師若干人이 割內割外에 心血을 기우려 … 事務는 漸々複雜하여지고 分擔할 만한 人員은 들지 안이하야 … 制底히 하야 苦學堂의 使命을 … 運轉에 焦慮하여왓다. 그러나 …

苦學堂職員移動一覽

大正十二年度

姓	名	字	就職年月	職務	退職年月
禹	變燮	[illegible]	仝	[illegible]	仝
安	承	馬	仝	[illegible]	仝
鄭	[illegible]	嘉	仝	[illegible]	仝
丁	勉	彦	五十三月年	[illegible]	[illegible]
玄	寺	西	十十三月年	[illegible]	[illegible]
沈	相	[illegible]	[illegible]	[illegible]	[illegible]
李	相	書	五十三月年	學生監	在職
李	敏	瓘	仝	會計	仝
朴	容	鈺	仝	敎師	仝
崔	大	南	仝	[illegible]	七十三月年
金	夔	學	仝	[illegible]	仝
金	[illegible]	烈	仝	[illegible]	九十三月年

一七

大正十三年度

姓名	就職年月	職務	退職年月
李駿烈		庶務	在職
李大宇		學務	仝
朴亨南		學生監	仝
寺西嘉彦	十三年一月	教師	十三年十二月
李丙淑	仝	仝	十三年三月
李容浩	仝	仝	十三年五月
董世顯	仝	仝	十三年三月
李周煥	仝	仝	仝
金根明	十三年六月	仝	十三年九月
金慶快	仝	仝	仝

姓名	就職年月	職務	退職年月
崔聲鈺		教師	十三年十二月
金容瓚		仝	仝
安承禹		仝	在職
許弼煥	十三年四月	仝	十三年九月
李秀	十三年六月	仝	在職
牛塲信全	十三年九月	仝	在職
白均		仝	十三年九月
權泓錫	仝	仝	仝
李泰達	十三年十月	仝	在職

大正十四年度

姓名	就職年月	職務	退職年月
李駿烈		庶務	在職
權泰錫		學務	仝
朴亨南		學生監 會計	仝
李大宇	仝	教師	在職
李弼均	仝	仝	十四年九月
白泓均	仝	仝	十四年十一月
金昶	十四年二月	仝	在職

姓名	就職年月	職務	退職年月
申時澈	十四年四月	學生監	在職
李潤澈	十四年四月	教師	十四年十一月
趙桓	十四年九月	仝	在職
金鍾壽	十四年四月	教務	仝
安弼壽	十四年四月	仝	仝
金容俊	十四年四月	仝	仝
宋始鏞	十四年十一月	仝	仝

大正十五年度（四月까지）

姓名	就職年月	職務	退職年月
李駿烈		庶務	在職

姓名	就職年月	職務	退職年月
趙鍾桓		兼學舍監務	在職
朴亨南		兼學生會計監	仝
金弼壽		兼學生會監	仝
李大宇		教師	仝

姓名	就職年月	職務	退職年月
金容俊		教師	在職
南相穆	十五年四月	仝	仝
中村文六	十五年四月	仝	仝

大正十五年度（自四月至八月）

姓名	就職年月	職務	退職年月
李駿烈		校長	在職
朴亨南		兼教學生監務	仝
趙鍾桓		兼庶會監務	仝
金弼壽		兼學生舍監	十五年七月

姓名	就職年月	職務	退職年月
金容俊		教師	十五年八月
南相穆		仝	仝
中村文六		仝	在職
山口誠子	十五年五月	仝	十五年九月

生徒現在狀況

第四學年一學級	大正十二年四月現在	八十八人	大正十三年四月現在	四十二人	大正十四年四月現在	十五人	大正十五年四月現在	十一人
	大正十三年三月現在	七十六人	大正十四年三月現在	十五人	大正十五年三月現在	十二人	大正十五年九月現在	十一人
第三學年一學級	大正十三年四月現在	百六人	大正十四年四月現在	三十一人	大正十五年四月現在	二十二人		
	大正十四年三月現在	七十二人	大正十五年三月現在	二十人	大正十五年九月現在	十九人		
第二學年一學級	大正十四年四月現在	九十七人	大正十五年四月現在	四十九人				
	大正十五年三月現在	四十七人	大正十五年九月現在	四十人				
第一學年一學級	大正十五年四月現在	百廿四人						
	大正十五年九月現在	七十九人						

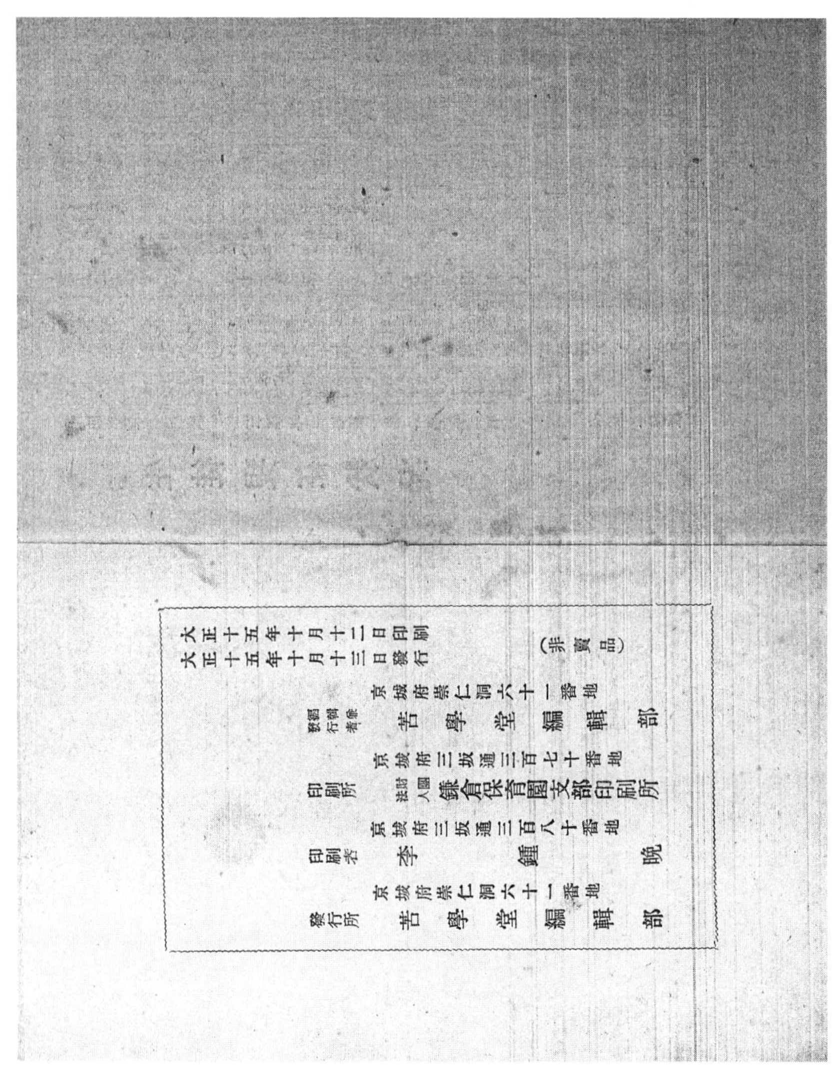

大正十五年十月十二日印刷
大正十五年十月十三日發行　　　（非賣品）

編輯
發行者兼著　京城府崇仁洞六十一番地
　　　　　普吉學堂編輯部

印刷所　京城府三坂通三百七十番地
　　　　財團法人鎌倉保育園支部印刷所

印刷者　京城府三坂通三百八十番地
　　　　李鍾晚

發行所　京城府崇仁洞六十一番地
　　　　普吉學堂編輯部

대한발명장려회

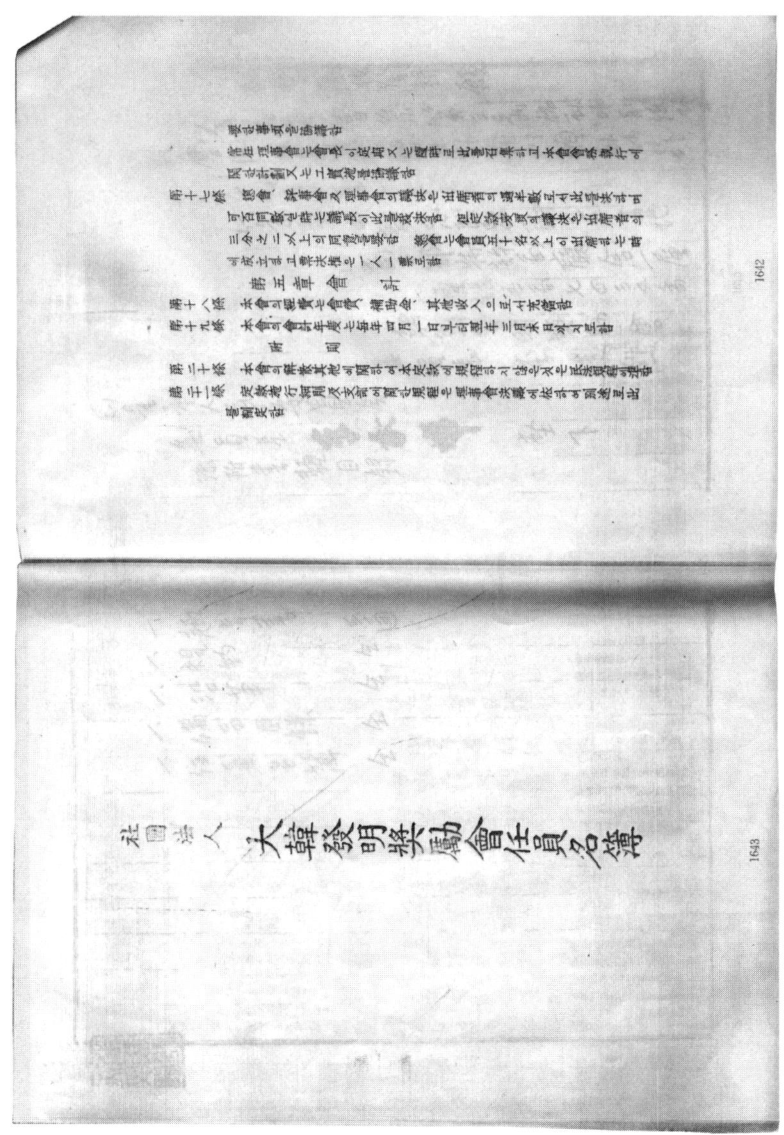

대한발명장려회 임원명부

1644

1645

대한발명장려회 임원명부

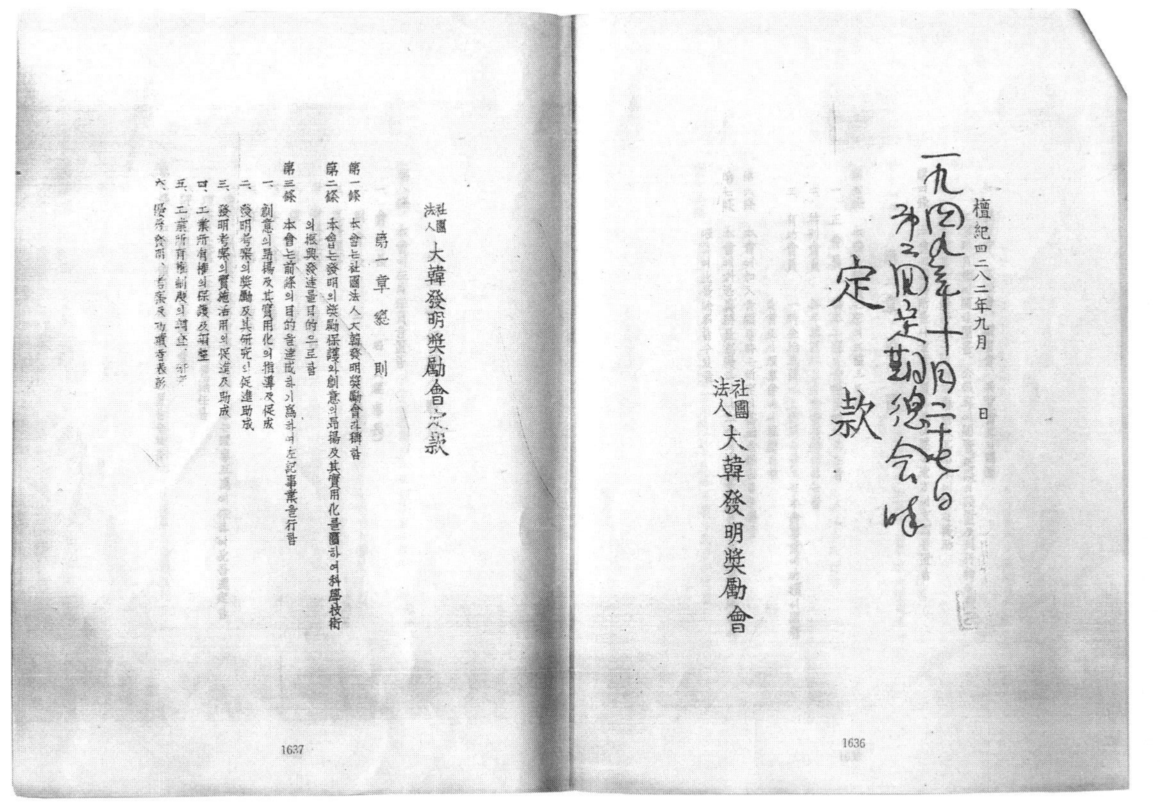

檀紀四二八三年九月　日

社團法人 大韓發明奬勵會

定款

社團法人 大韓發明奬勵會定款

第一章 總則

第一條 本會는社團法人大韓發明奬勵會라稱함

第二條 本會는發明의奬勵保護와創意의昂揚及其實用化를圖하여科學技術의振興發達을目的으로함

第三條 本會는前條의目的을達成하기爲하여左記事業을行함

一、創意의昂揚及其實用化의指導及促成
二、發明考案의奬勵及其研究의促進助成
三、發明考案의實施活用의促進及助成
四、工業所有權의保護及調整
五、工業所有權制度의調査・研究
六、優秀發明・考案及功績者表彰

대한발명장려회 정관

대한발명장려회 정관

七、 講演會、座談會、講習會、展覽會等의 開催

八、 工業所有權에 關한 圖書、公報等의 閱覽施設의 設置及刊行物의 發行

九、 前各號의 一에 附帶又는 關聯한 事業及其事業에 對한 後援

第四條 本會는 事務所를 서울市에 置하고 必要한 地方에 支部를 置함

第二章 會員

第五條 本會의 會員은 左의 三種으로 함

一、正會員　　每年 千圜의 會費를 納付하는 者

二、特別會員　每年 萬圜 以上의 會費를 納付하는 者

三、有功會員　一時金 拾萬圜 以上을 附한 者 又는 本會事業에 功績이 顯著한 者로서 理事會에서 推薦한 者

第六條 本會에 加入을 願할 時는 所定의 書面을 提出함을 要함

第七條 本會에 對한 義務를 怠慢하거나 本會의 体面을 汚損하는 者는 理事會決議에 依하여 此를 除名할 수 있음

第三章 任員及職員

第八條 本會에 左의 任員을 置함

一、會長　　　一名　（理事長）

二、副會長　　二名　（副理事長）

三、專務理事　一名

四、常務理事　若干名

五、理事　　　若干名

六、評事　　　若干名

七、監事　　　若干名

會長、副會長、專務理事及常務理事는 理事互選에 依하여 此를 選定함

理事及監事는 評事會에서 此를 選任함

第九條 本會에 顧問 又는 參與 若干名을 置할수있음

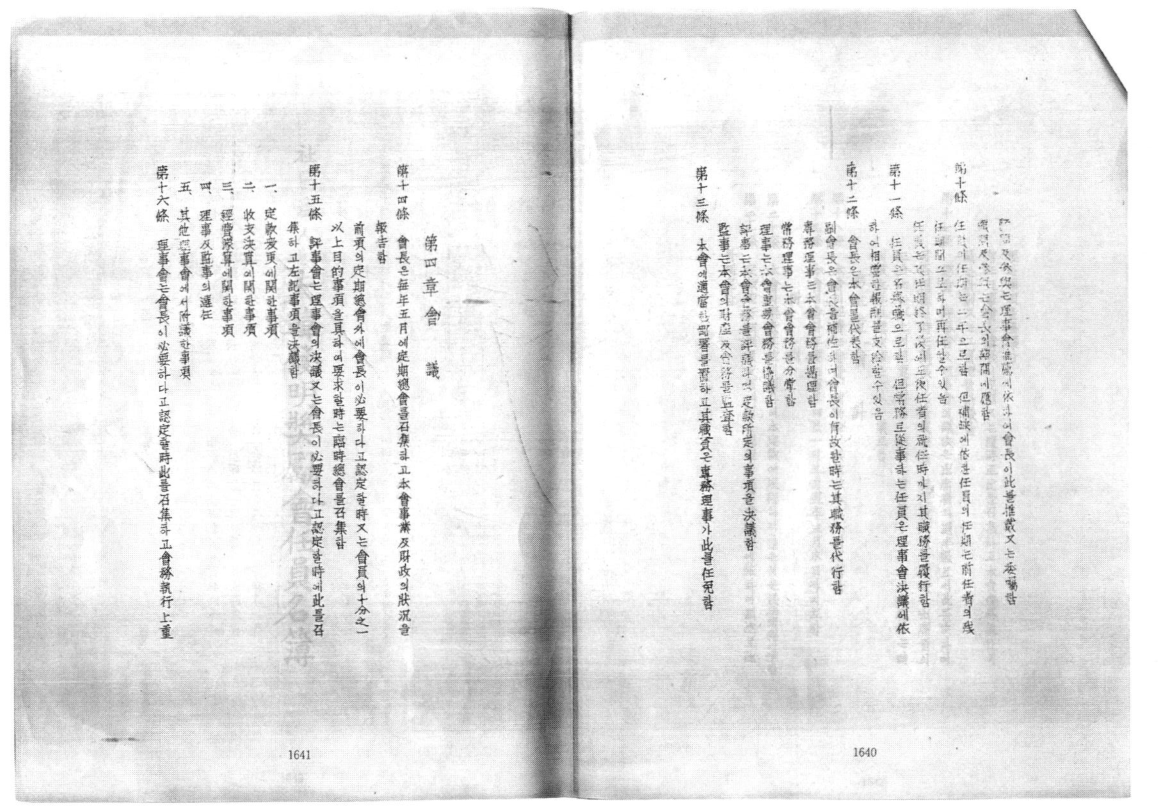

任員 及 役員은 理事會의 推薦에 依하야 會長이 此를 推戴 又는 委囑함.

第十條　任員은 … 會長의 … 에 應함.
　任員의 任期는 二ヶ年으로 함. 但 補缺에 依한 任員의 任期는 前任者의 殘
　任期間으로 하며 再任할수 있음.

第十一條　任員의 名譽의 … 但 專務로 從事하는 任員은 理事會決議에 依
　하야 相當한 報酬를 支給할수 있음.

第十二條　會長은 本會를 代表함.
　副會長은 會長을 補佐하고 會長이 有故한 時는 其職務를 代行함.
　專務理事는 本會務를 處理함.
　常務理事는 本會重要會務를 分掌함.
　理事는 本會重要會務를 分掌議함.
　監事는 本會의 會務 及會計를 監査함.

第十三條　本會에 通常 必要한 職員을 置하고 其職員은 專務理事가 此를 任免함.

第四章　會議

第十四條　會長은 每年五月에 定期總會를 召集하고 本會事業及財政의 狀況을
　報告함.
　前項의 定期總會外에 會長이 必要하다고 認定할時又는 會員의 十分之一
　以上目的事項을 具하야 要求할時는 臨時總會를 召集함.

第十五條　理事會는 理事會의 決議又는 會長이 必要하다고 認定할時에 此를 召
　集하고 左記事項을 決議함.
　一、 定款變更에 關한事項
　二、 收支決算에 關한事項
　三、 經費豫算에 關한事項
　四、 理事及監事의 選任
　五、 其他理事會에서 付議한事項

第十六條　理事會는 會長이 必要하다고 認定할時 此를 召集하고 會務執行上重

대한발명장려회 정관

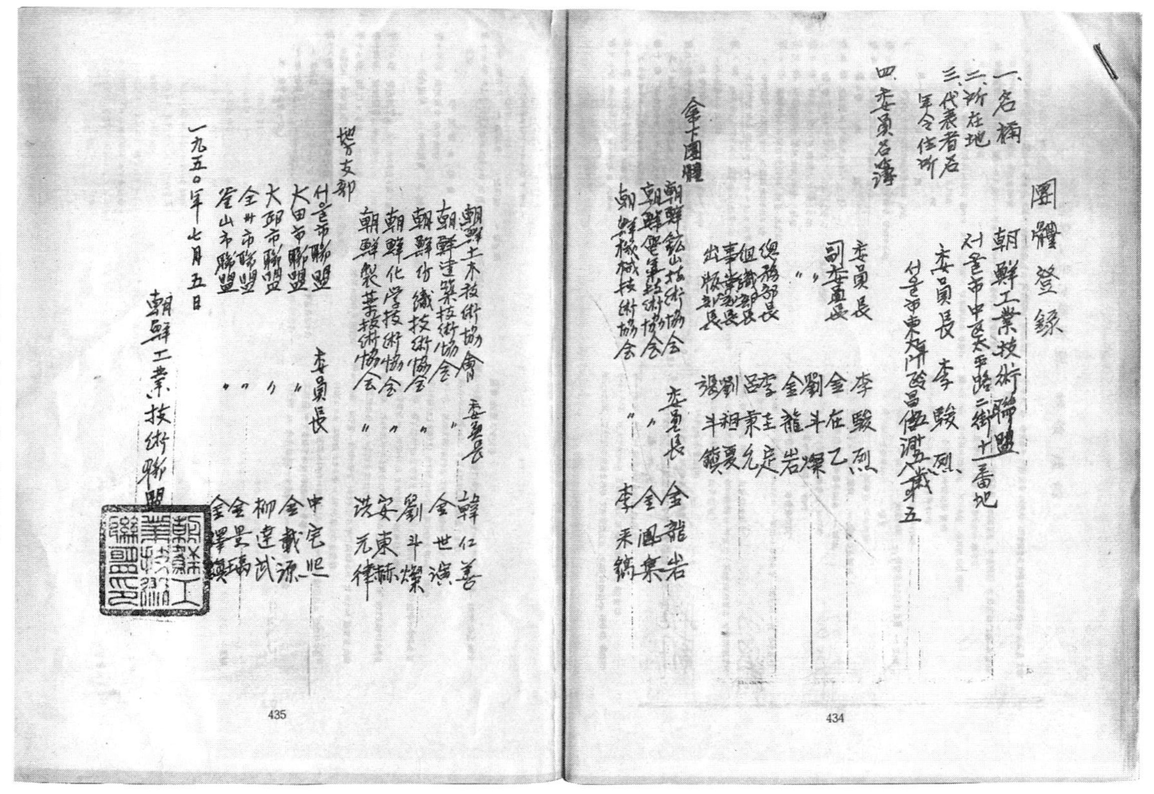

團體登錄

一、名稱　　　朝鮮工業技術聯盟
二、所在地　　서울市中區太平路二街十番地
三、代表者名（年令住所）　委員長　李駿烈　서울市東大門區昌信洞五八番五
四、委員名簿

委員長　　　李駿烈
副委員長　　〃
總務部長　　呂東夏
組織部長　　劉斗鎮
事業部長　　張相鎮
出版部長　　〃

傘下團體

朝鮮鑛山技術協會　委員長　金龍岩
朝鮮電氣技術協會　〃　　　金鳳集
朝鮮機械技術協會　〃　　　李采鎬
朝鮮土木技術協會　委員長　韓仁善
朝鮮建築技術協會　〃　　　金世演
朝鮮紡織技術協會　〃　　　劉斗燦
朝鮮化學技術協會　〃　　　安東律
朝鮮製菓技術協會　〃　　　洪元律

地方支部

서울市聯盟　委員長
大田市聯盟　〃　　　金戴源
大邱市聯盟　〃　　　柳達武
全州市聯盟　〃　　　金昊興
釜山市聯盟　〃　　　金翼瑞

一九五〇年七月五日

朝鮮工業技術聯盟　［印］

조선공업기술연맹 단체등록

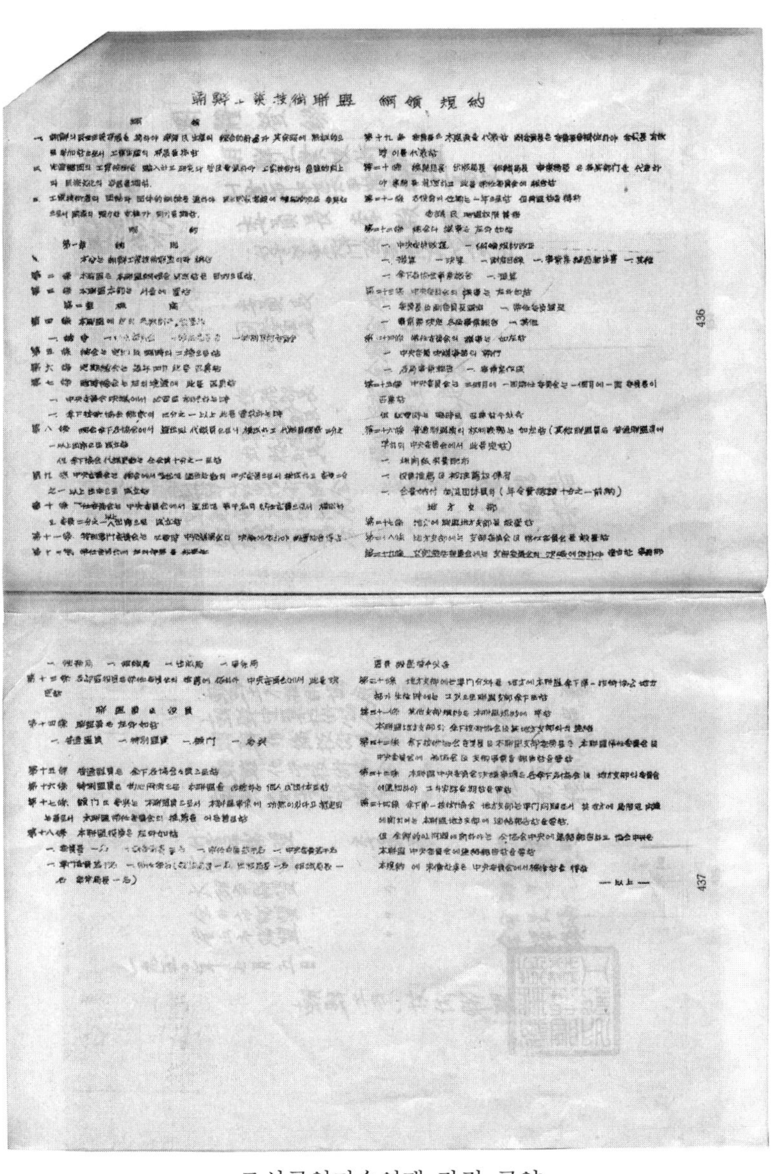

조선공업기술연맹 강령 규약

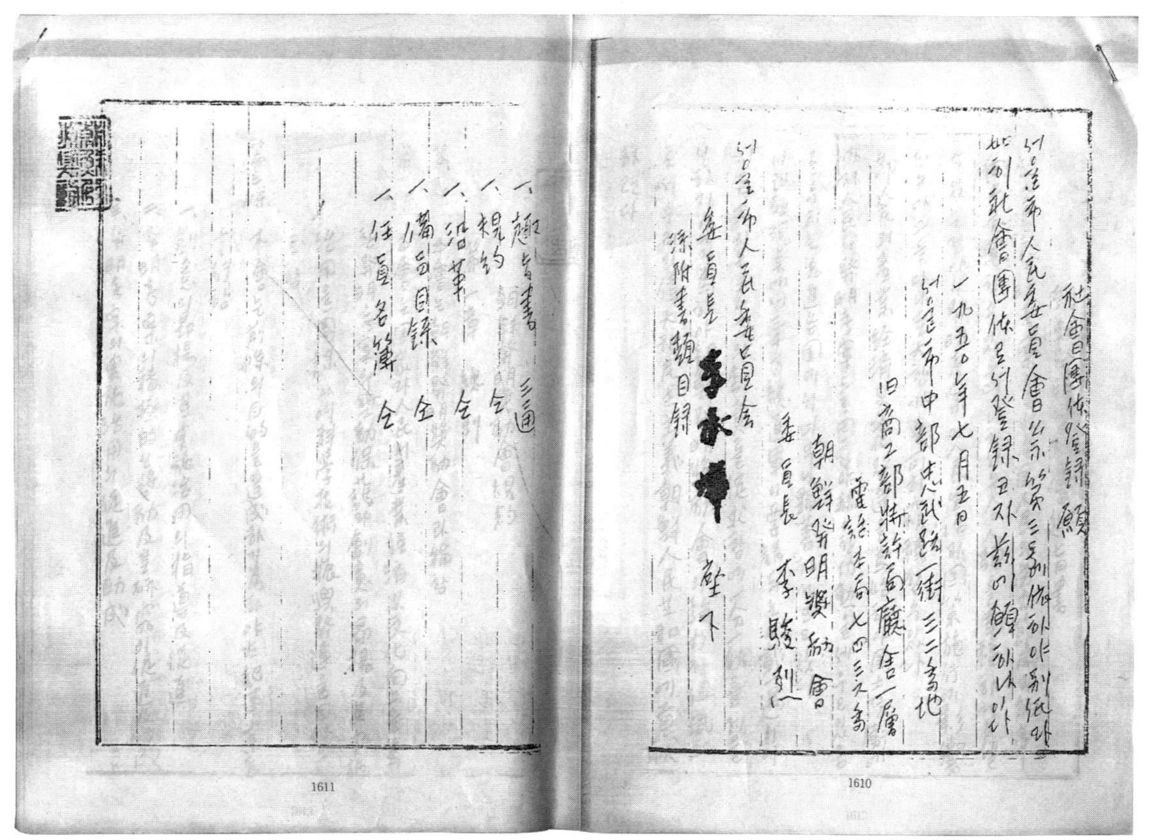

社會團體登錄願

서울市人民委員會公示第三號에依하야新紙와
此社會團體은이登錄코자願이되나外

一九五〇年七月五日

서울市中部忠武路一街三二番地
舊商工部特許局廳舍一層
電話本局七四三六番

朝鮮發明獎勵會
委員長　李駿烈

委員長　李永坤　璽下

서울市人民委員會委員長

添附書類目錄

一、趣旨書　　三通
一、規約　　　全
一、沿革　　　全
一、備品目錄　全
一、任員名簿　全

조선발명장려회 사회단체등록원

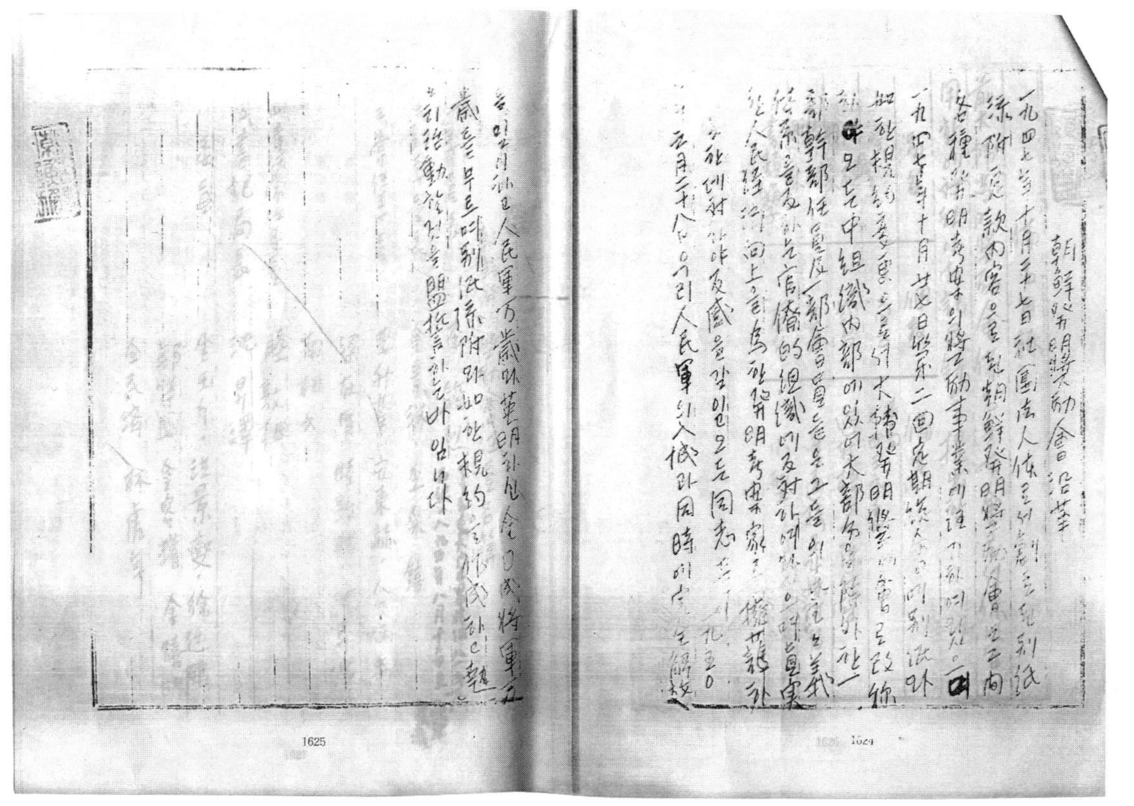

조선발명장려회 연혁

조선발명장려회 취지서(좌) 및 규약(우)

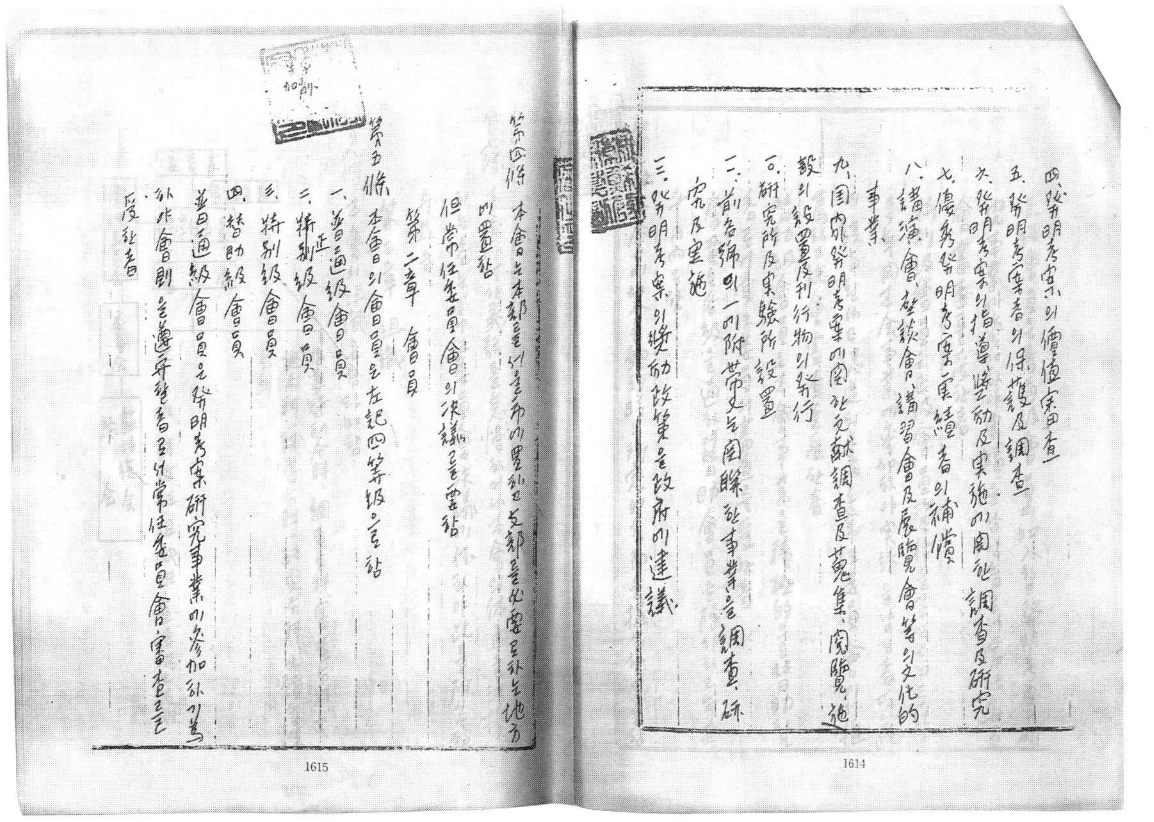

四、發明考案의 價値審査
五、發明考案者의 保護及調査
六、發明考案의 指導奬勵及實施에 關한 調査及研究
七、優秀發明考案者의 補償
八、講演會、座談會、講習會及展覧會等의 文化的 事業
九、國內外發明考案에 關한 文献調査及蒐集、閲覧、施設의 設置及刊行物의 刊行
一〇、研究所及實驗所設置
一一、前各項의 一에 附帯되는 圖書와 事業을 調査研究及實施
一二、發明考案의 奬勵政策을 政府에 達議

第四條 本會는 都를 市에 置하고 支部를 必要로 하는 地方에 置함
但 常任委員會의 決議를 要함

第二章 會員

第五條 本會의 會員을 左記 四等級으로 함
一、普通級會員
二、特別級會員
三、賛助級會員
四、替助級會員

普通級會員은 發明考案研究事業에 參加하는 外에
本會則을 遵守하는 者로서 常任委員會審査로써
愛助者

조선발명장려회 규약

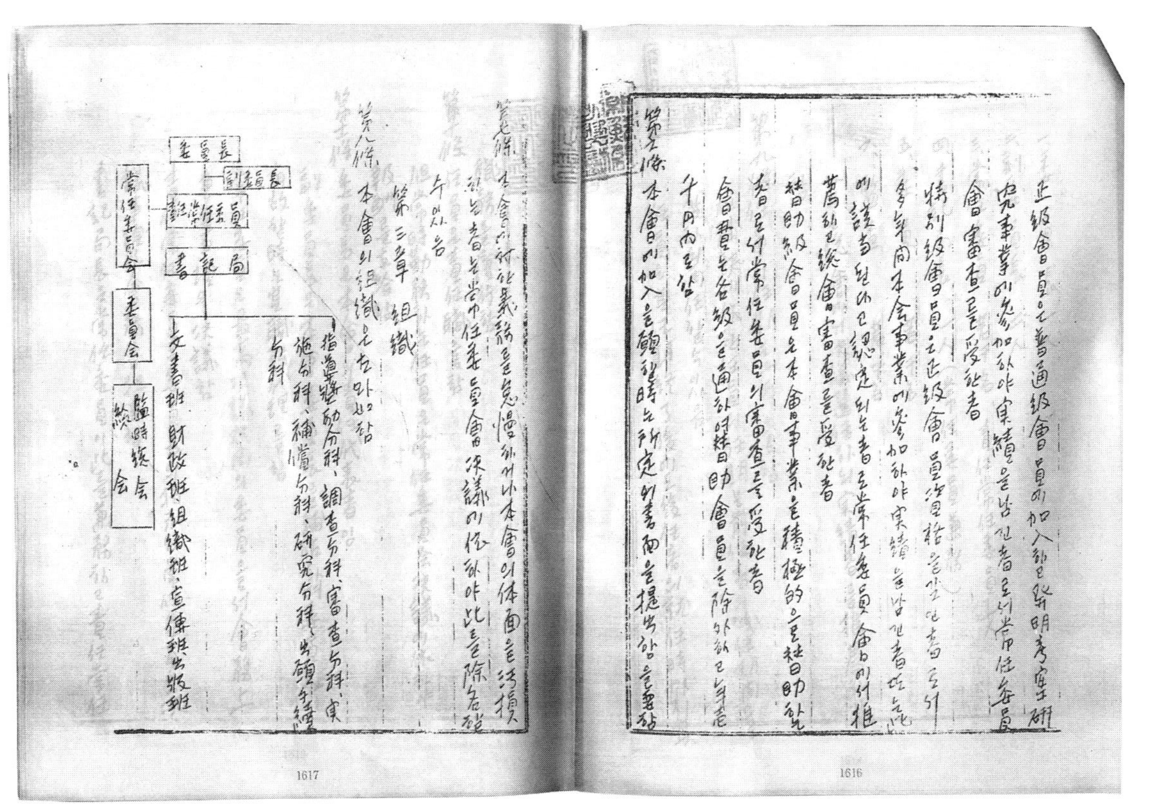

조선발명장려회 규약

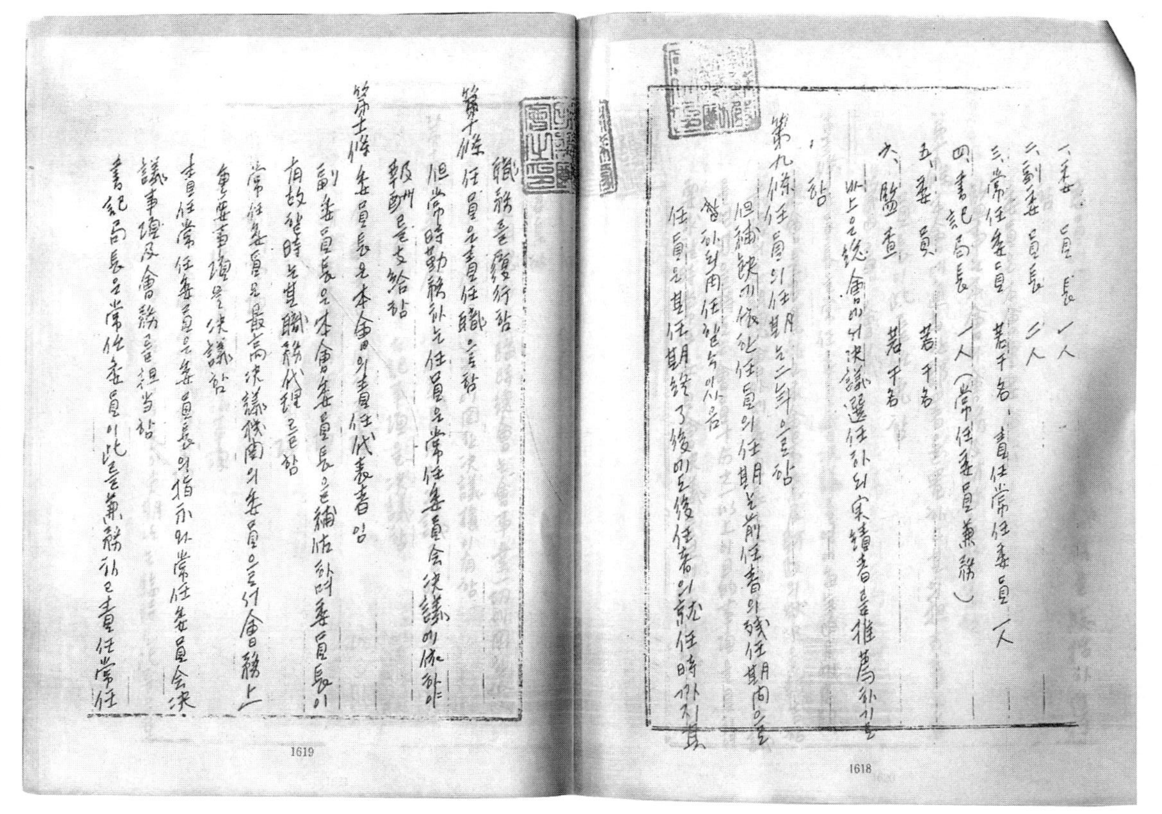

조선발명장려회 규약

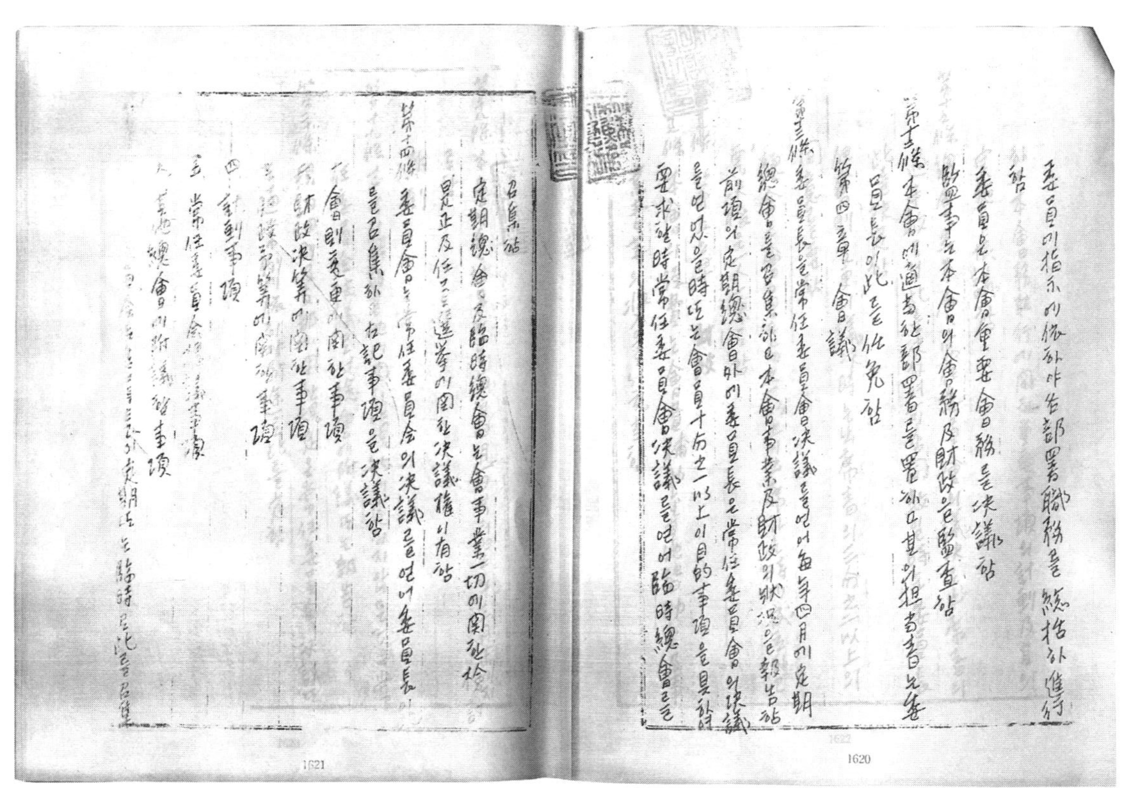

조선발명장려회 규약

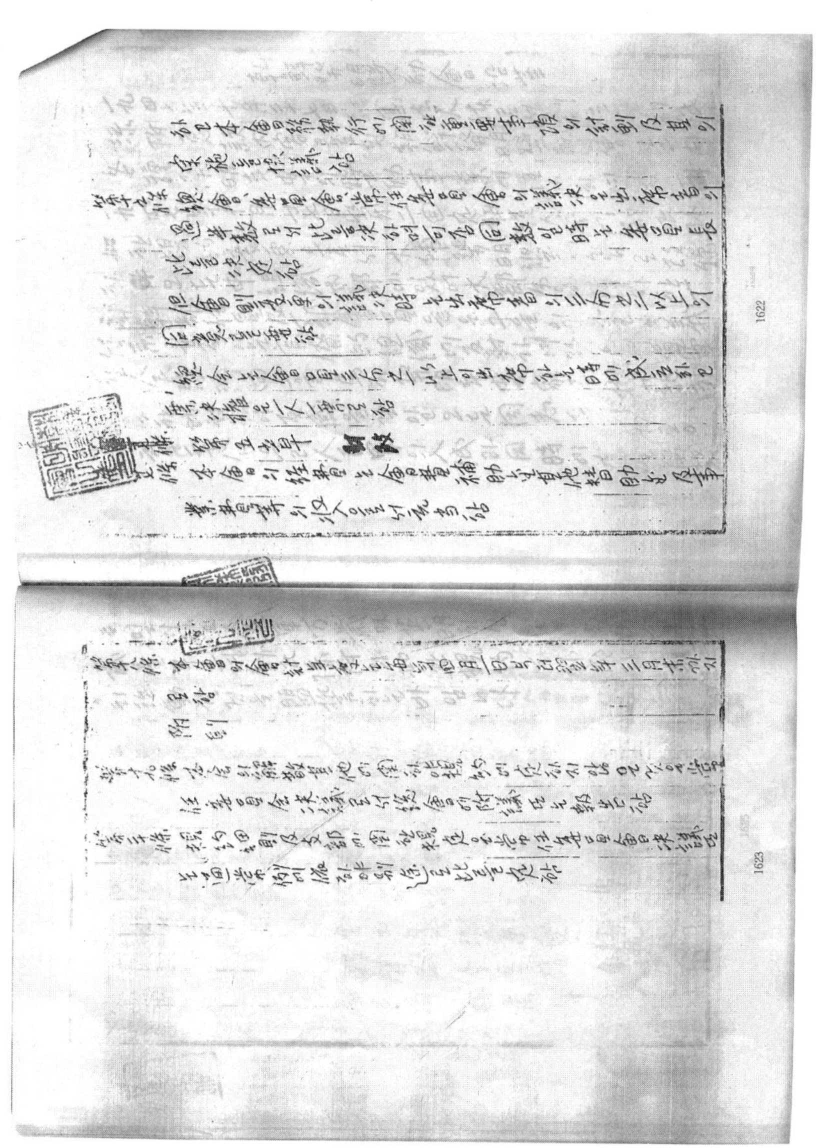

조선발명장려회 규약

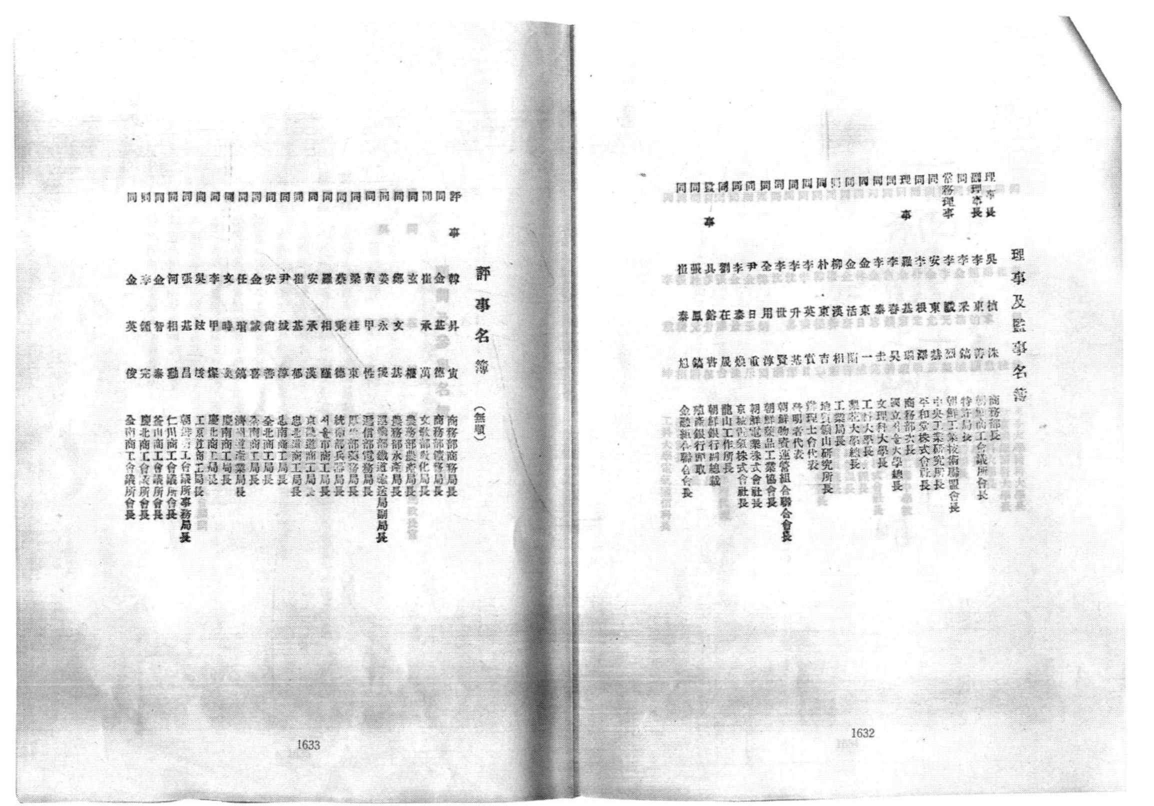

理事及監事名簿

職	姓名	所屬·職位
理事長	吳楨洙	商務部長
副理事長	李東鎬	朝鮮商工會議所會長
常務理事	李承烈	特許局長
同	安東恭	朝鮮工業技術聯盟會長
理事	羅東澤	中央工業研究所長
同	李根瑚	平和堂株式會社長
同	李基吳	商務部次長
同	李春一	國立서울大學總長
同	金泰一	女理科大學長
同	金活圭	工科大學長
同	柳漢相	工業局長
同	朴東吉	地質鑛山研究所長
同	李升賢	程士會代表
同	李英賞	發明者代表
同	李世實	朝鮮物資運營組合聯合會長
同	李用吉	朝鮮窯品工業協會長
同	全日相	朝鮮窯業株式會社長
同	尹在間	京城窯須株式會社長
同	李泰賢	龍山工作所長
監事	劉鉉淳	朝鮮銀行副總裁
同	具鳳晟	殖産銀行取締役
同	張泰焕	金融組合聯合會長

1632

評事名簿 (無順)

姓名	所屬·職位
姜永後	遞信部鐵道運送局副局長
賈甲性	遞信部遞信局長
梁桂東	國防部兵器局長
蔡秉德	商工部商工局長
羅相瑚	忠南道商工局長
安承漢	忠北道商工局長
崔基郁	全南道産業局長
尹城淳	濟州道商工局長
安尙善	慶南道商工局長
金誠喜	慶北道商工局長
任瑠鎬	江原道商工局長
文時吳	朝鮮工業會議所事務局長
李甲燦	仁川商工會議所會長
吳鉉埈	釜山商工會議所會長
張基昌	慶北商工會議所會長
河相勳	慶南商工會議所會長
金智泰	全南商工會議所會長
李領完	全北商工會議所會長
金英俊	金南商工會議所會長

1633

조선발명장려회 명단

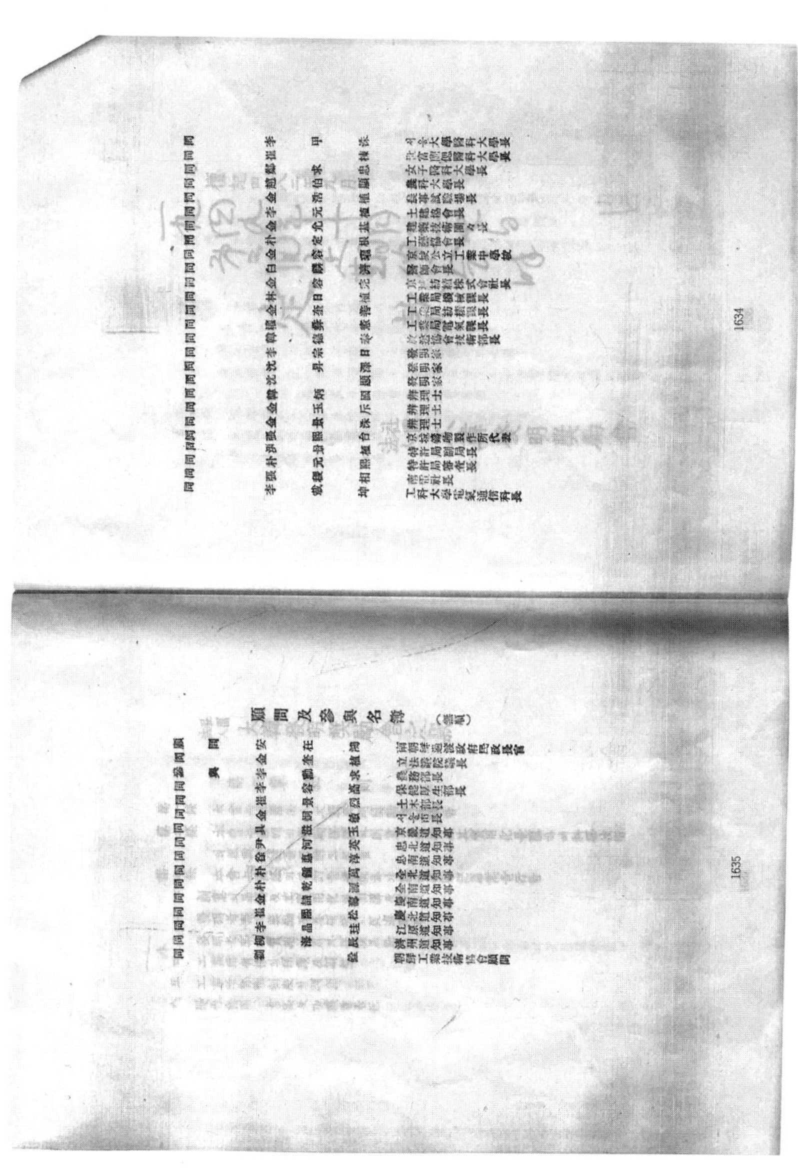

조선발명장려회 명단

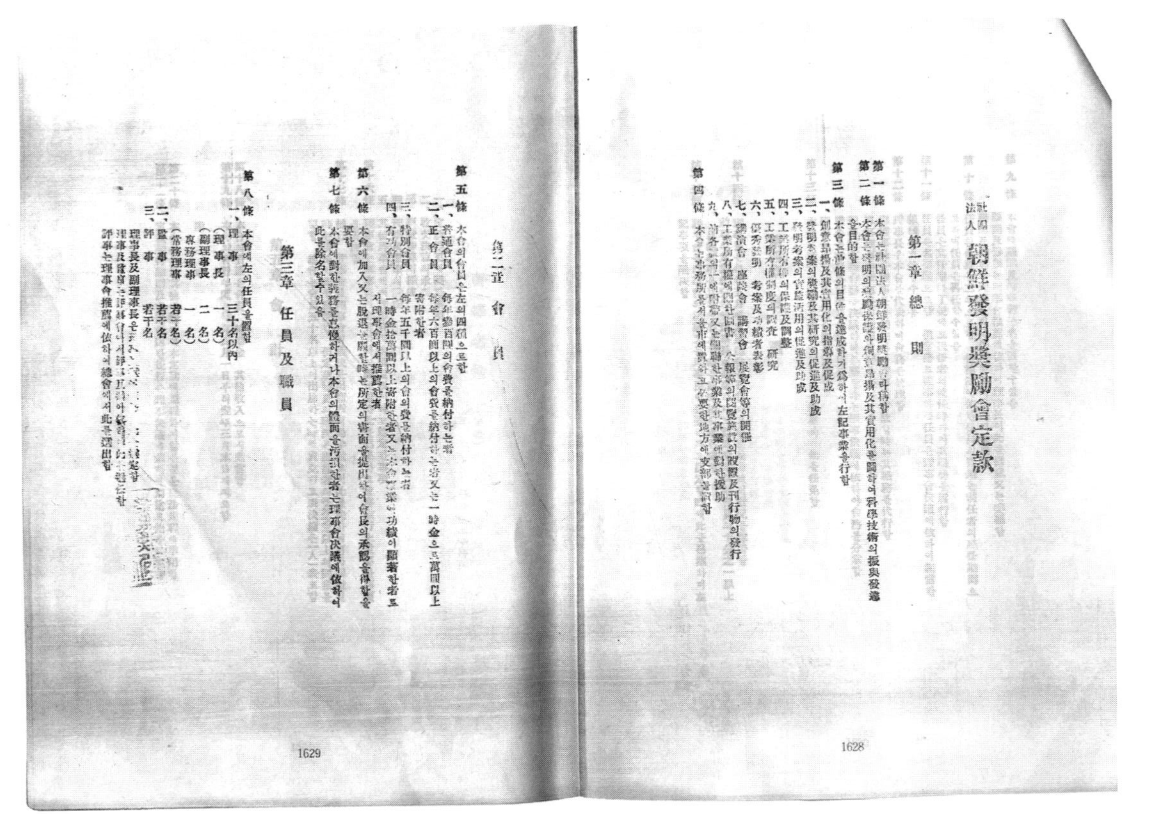

社團法人 朝鮮發明獎勵會定款

第一章　總則

第一條　本會는 社團法人 朝鮮發明獎勵會라 稱함

第二條　本會는 發明의 奬勵保護와 創意昂揚 及 其實用化를 圖하여 科學技術의 振興發達을 目的함

第三條　本會는 前條의 目的을 達成하기 爲하여 左記事業을 行함
一、創意昂揚 及 其實用化의 指導 及 促成
二、發明考案의 發掘 及 其實用 及 其研究의 促進 及 助成
三、發明考案의 實施活用의 促進 及 助成
四、工業所有權의 保護 及 調整
五、工業所有權制度의 調査 研究
六、優秀發明 考案 及 功績者表彰
七、講演會 座談會 展覽會等의 開催
八、工業所有權에 關한 公報等의 圖覽施設의 設置 及 刊行物의 發行
九、附業 及 其事業에 對한 援助

第四條　本會는 必要한 地方에 支部를 置함

第二章　會員

第五條　本會의 會員은 左의 四種으로 한
一、普通會員　每年參百圓의 會費를 納付하는者
二、正會員　每年六百圓以上의 會費를 納付하는者 又는 一時金으로 萬圓以上 寄附한者
三、特別會員　每年五千圓以上의 會費를 納付하는者 一時金拾萬圓以上 寄附한者 又는 本會事業에 功績이 顯著한者로
四、有功會員　本會事業에 功績이 顯著하여 理事會에서 推薦한者

第六條　本會에 加入 又는 脫退코저 할때는 所定의 書面을 提出하여 會長의 承認을 得하야 함

第七條　本會에 對한 義務를 怠慢하거나 本會의 體面을 汚損한者는 理事會決議에 依하여 此를 除名할수있음

第三章　任員及職員

第八條　本會에 左의 任員을 置함
一、理事　三十名以內
　（理事長　一名）
　（副理事長　二名）
　（專務理事　一名）
　（常務理事　若干名）
二、監事　若干名
三、評事　若干名
理事長及副理事長은 理事 及 監事와 評事로 定함
評事는 理事會推薦에 依하여 總會에서 此를 選出함

조선발명장려회 정관

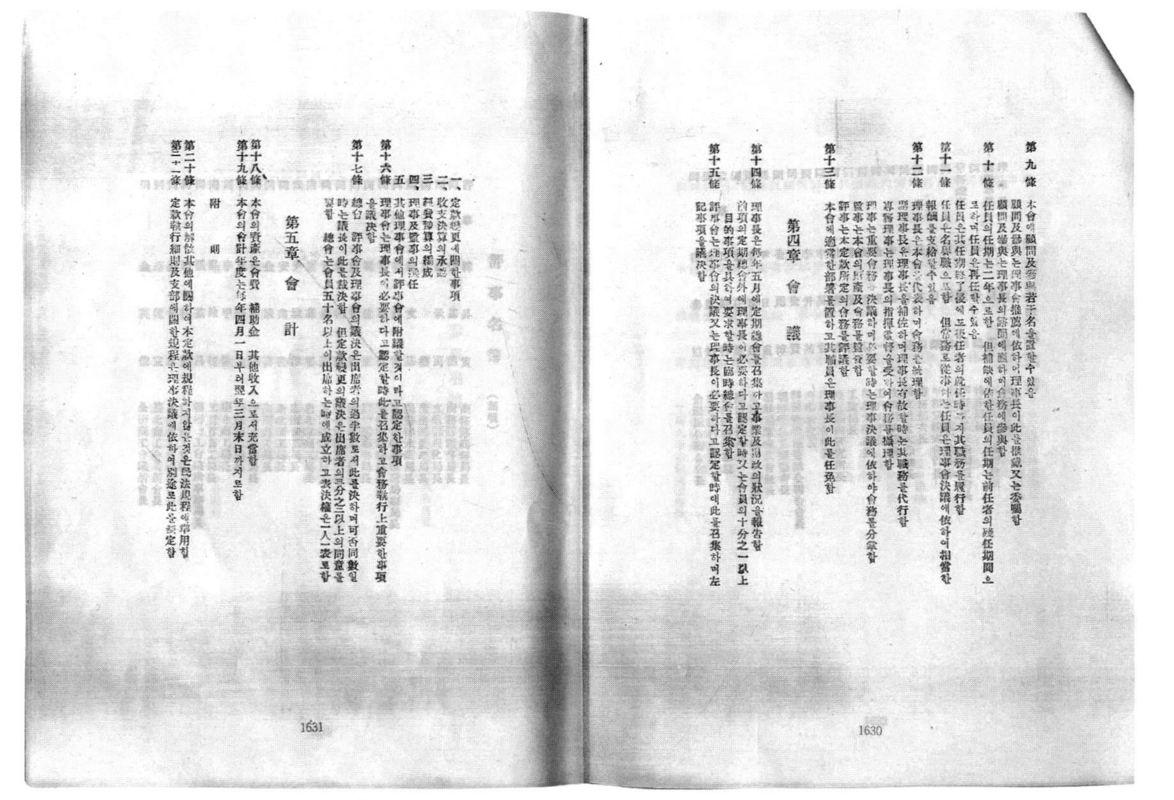

第九條　本會에顧問及參與若干名을置할수있음
　顧問及參與는理事會推薦에依하여理事長이此를推戴又는委囑함
第十條　顧問及參與는理事長의諮問에應하여會務에參與함
第十一條　任員의任期는二年으로함　但初에依한任員의任期는前任者의殘
　任員은再任할수있음　但常務로從事하는任員은理事會決議에依하…
　任員은其任期가了後에도後任者의就任時까지其職務를履行함
第十二條　任員은名譽職으로함
　報酬를支給할수있음
　理事長은本會를代表하며會務를統理함
　副理事長은理事長을補佐하며理事長이有故할時는其職務를代行함
　專務理事는理事長의指揮監督을受하여會務를攝理함
　理事는重要會務를決議하며必要할時는理事會決議에依하야會務를分掌함
　幹事는本會의財産及會務를監査함
　幹事는本定款所定의會務를整理함
第十三條　本會에通常한部署를置하고其職員은理事長이此를任免함

第四章　會議

第十四條　理事長은每年五月에定期總會를召集하고事業及財政의狀況을報告함
　前項의定期總會外에理事長이必要하다고認定할時又는會員의十分之…
　目的事項을具行하여要求할時는臨時總會를召集함
第十五條　評議會는理事長이必要하다고認定할時又는…左記事項을議決함
　一、定款變更에關한事項
　二、收支決算의承認
　三、科費豫算의編成
　四、理事及監事의選任
　五、其他理事會에서附議할것이라고認定한事項
第十六條　總會는理事長이必要하다고認定할時此를召集하고會務執行上重要한事項을議決함
第十七條　評議會及理事會의議決은出席員의過半數로서此를決하며可否同數일時는議長의裁決로此를決함
　但定款變更의議決은出席者의三分之二以上의同意를要함
　總會는會員五十名以上이出席하는時에成立하고그表決權은一人一票로함

第五章　會計

第十八條　本會의資源은會費　補助金　其他收入으로써充當함
第十九條　本會의會計年度는每年四月一日부터翌年三月末日까지로함

附則

第二十條　本會의解散其他에關하여本定款에規程하지않은것은民法規程에準用함
第二十一條　定款施行細則及支部에關한規程은理事會決議에依하여別途로此를定定함

조선발명장려회 정관

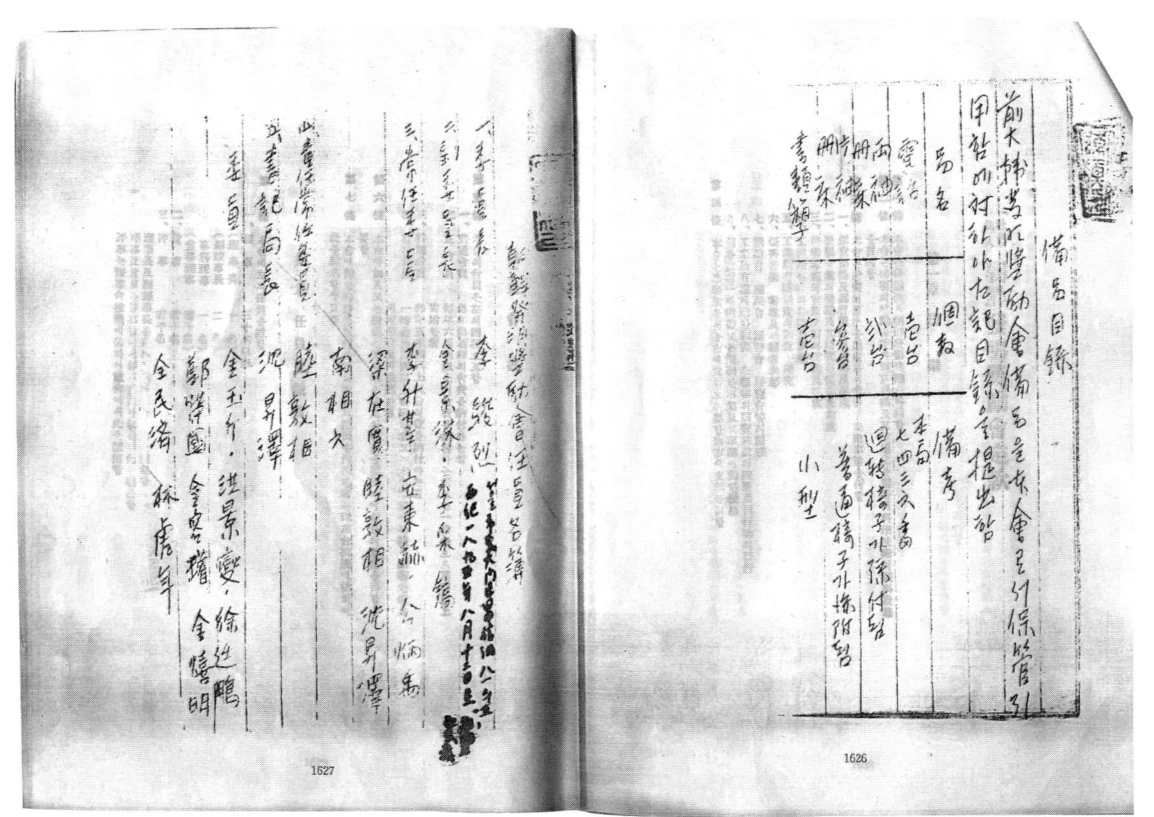

조선발명장려회 임원명부

폐쇄된 프로학교

폐교 직전의 상황

고학당 고난 십년
금일에 필경 폐쇄
하나밖에 없던 무산자 교육기관
전교생 모으고 선언

시외 동대문 밖 신설리에 잇는 고학당은 창립 십년 동안에 4회의 졸업생 오십여 명을 사회에 보내고 현재는 이백여 명의 학생을 교육하는 중에 있는 중앙에 하나밖에 없는 무산자 교육기관으로 자타가 공인하여 오던바 작년 광주학생사건이 있은 전후로 당국과의 관계가 여의치 못하여 이래 경영유지의 곤란을 겪어 오던 터이었으며 금춘(올봄) 이래로는 더욱 당국의 탄압이 심하여 수차 폐쇄의 내명을 받아 오던바 금 팔일 오전 영시부터 동교에서는 전교 생도를 강당에 모으고 교장 연학년 씨가 고학당 십년 간의 역사를 눈물로써 설명하고 마침내 영원히 해산하는 비장한 최후의 막을 내렸다.

역사집은 동 학당의 폐쇄식을 교장 연학년 씨가 교단에 올라가 눈물겨운 어조로 고학당의 과거와 금일의 상태를 말하자 이도 마치기 전에 이백여 명 학생과 동시에 뜨거운 눈물을 흘리었다. 그리고 학생 일동의 오 분 간 묵상이 있은 후 '고학당' 삼자의 간판과 '펜'과 '도끼'를 교차한 교기를 교단에 올려놓고 일동의 경례로써 유일의 무산급 지도기관인 고학당은 영구히 폐쇄하기에 이르렀는데 연학년 씨는 눈물을 흘리면서 다음과 같이 말하였다.

"과거 구 년 간 갖은 풍상을 겪어 가면서 겨우 명맥을 지지하다가 금일 같은 처분을 당하니 말할 길이 없소이다. 학생의 장래와 기타 일체에 관하여는 고학당 보관회를 조직하여 이삼 일중에 결정할 터이외다." (『조선일보』 1931년 7월 9일)

(1)

구년 전에 설립 5월 1일에 개교
참집한 무산청년 88명
고학당 고투 십년사

일본의 사회주의자로 이름 있는 계리언 씨가 지난 겨울 이래 복강 부근에 순진한 노동자농민대중의 운동을 목표로 한 '무산자학교'를 설립한다고 새삼스러이 흥미있는 화제처럼 떠들고 있으나 조선에는 근 십년 이래 무산자학교로 혁혁한 역사를 가졌던 것이었으니 그것은 지난 팔일 당국의 탄압에 못 견디어 자진해서 비장한 최후의 해체식을 한 동대문 밖에 있던 '고학당'이었다. 고학당의 십년…… 그것은 동축을 넘쳐 흐르는 물의 세력과 같이 수가 늘어가는 조선의 무산청년들의 살고자 배우고자 애써 온 피눈물 나는 분투의 역사이었으니 이제 하나밖에 없는 중등 정도의 무산자 교육기관의 고투의 피흔적을 살리어 보는 것도 의미없는 일은 아닐 줄로 한다.

경향 각지에 향학열이 굉장히 팽창하여 '배워야 산다'는 것은 전 민족적 신생의 표어가 되었을 때 서울의 각 학교란 학교는 불길 같은 희망에 타는 젊은이들로 가득찼었다.

이때에 모든 가난과 고생을 최후까지 싸우며 배우겠다는 굳은 결심 하나만 가지고 서울로 서울로 몰려는 왔으나 바라고 찾아왔던 학교는 이런 청년들을 위하여서는 문이 굳게 닫혀 있었다. 거액의 학비는 배울 기회를 안 주었다. 이같이 하여 실망과 동시에 격분한 생각을 품고 그래도 결심을 꺾지 않고 거리로 방황하는 청년들이 허다하였다.

이때에 거리에 방황하는 이런 청년들을 위하여 배울 길을 열어줄 수가 없을까 하고 열심히 생각한 이가 있었다. 그는 수년 전 공산당사건으로 감옥에 들어간 이준열이었으나 그는 수삼의 동지와 같이 무산자를 위한 학교를 건설하고자 백방으로 활동하였다. 그러나 대개가 명망과 지위를 아끼기에 여념이 없는 소위 돈있는 그들로 이런 명색없는 자제교육기관에 반가워 돕는 이도 없었다. 그러나 그들의 열심이 보답되는 날은 왔었다.

보잘것없는 시내 훈정동 한 모퉁이 헌집을 빌어서 고학당이란 간판을 비로소 붙이게 되기는 일천구백이십삼년 오월 초하루 녹음에 빛나는 오월의 밝은 볕은 고학당의 첫 출생을 축복하는 듯하였다. 시내에 흩어져 있는 무산 학생들은 모이었다. 모인 첫날이 팔십팔명 먹을 것을 못 먹어 영양불량으로 핏기가 빠져 돌아다니는 그들은 헛청간 같은 곳을 찾아 들어설 때 선생과 동무의 손을 굳게 잡았던 것이었다. (『조선일보』 1931년 7월 14일)

(2)

도수장을 교실로 토막 짓고 숙사로
궁핍의 절정에 섰던 초창시대
고학당 고투 십년사

고학당이라는 간판 밑에 모인 선생과 생도들은 가진 것이라고는 불끈 두 주먹뿐 다만 피가 끓는 열성만이 그들의 전 재산이었다. 선생들은 학당과 학생의 없던 생계를 얻을까 하여 야시장으로 나가 적은 밑천으로 장사를 시작하여 보았다. 그러나 아무런 경험도 밑천도 변변치 못한지라 병아리를 노리는 독수리 같은 영리한 손님들을 상대로 벌이가 될 리가 없었다.

그뿐이랴 그들에게는 꼬리를 맞물고 닥쳐오는 큰 난관이 있었으니 헛청간 같은 곳이나마 유일의 의지할 곳이라 믿었던 학당을 내놓으라는 명령이다. 학당집은 당시 한일은행의 소유이었던 것을 어떤 일본인에게 팔아 하루는 학생들이 공부하고 있는 중에 목수와 장인들이 달려와 막 헐어 내쫓았다. 거리에 쫓겨난 그들은 분하고 서러운 생각에 가슴이 북받쳤다.

그러나 가슴에 파묻힌 없는자의 설움은 오히려 분투의 힘이 되지 않을 수 없었다. 그 후 선생들의 주선으로 단 일개월의 기한으로 사천교 교당의 일부를 빌려쓰다가 다시 집을 옮기게 된 것이 동대문 밖 신설리에 있는 도수장이었다. 그곳은 의학전문학교 부속인 동물사육장으로 소와 말, 토끼, 개구리 등 온갖 동물들을 사육하고 죽이는 곳이었다. 보라! 이러한 그들의 고생과 분투를! 이삼층 양옥에서 한 달에 몇 십 원씩의 여유있는 학비를 얻어가지고야만 공부할 수 있으랴 그들에게는 시간 맞추어 공부하는 학교보다 우선 험악한 세상과 굳게 싸우고 나가는 힘을 체득함이 첫 목표가 되었다.

그러나 도수장 시멘트 바닥에서 변변히 자리도 못 깔고

볏짚 위에 앉아 공부하는 고통이 오죽하였으랴. 날이 춥기 전에는 오히려 나았으나 동절에는 잘 곳도 없고 냉기와 습기가 심하여 기계가 아닌 사람의 몸으로 도저히 그런 곳에서 기거할 수 없었다. 한방책(임시방편)으로 그 방 빈터를 파고 무덤 같은 토막을 몇 칸 지었다. 그나마 토막일망정 바람과 추위를 막을 수 있었으니 협착하고 음산한 곳이었으나 그들의 손으로 된 토막에서 맺은 첫 꿈은 그래도 유쾌한 것이었다. 그리고 그들은 토막을 근거로 익층 활동을 하게 되었다. 선생들의 주선으로 만주(만두?) 장사를 경영하여 학생들의 호구책을 대이고 또 한편으로는 여가를 이용하여 부근의 노동자를 모아 가지고 노동야학까지 개설하야 무지 속에서 종살이와 같은 살림을 하는 무리들에게 새로운 정신을 부어넣기에 전력하였 다. 그리하여 동리 사람들도 아무리 토막 속에서 굼벵이 같은 살림을 한다 하여도 그들 고학생에게는 머지않아 날개가 돋칠 날이 올 것을 믿고 가까이하게 되었다.

그들의 피눈물나는 활동은 점차 효과를 거두게 되었다. 사회에서도 그들의 존재를 쳐다보지 못하게 되었다. 그동안에 특히 이준열 선생의 열성으로 이번에 폐쇄하게 된 새집을 짓게 되었다. 즉 이백여 명의 학생을 수용할 만한 방 열두 칸과 식당, 변소 등이 구비하여 있는 건평 팔십 평의 기숙사와 교실 여섯 개와 사무실 한 칸 부속실 두 칸 합 건평 백여

평의 큰 터를 닦았다. 이만한 새 집을 건설하기까지의 고심참
담은 상상 이상이었다. 건축 도중에 자금의 부족으로 일시
공사도 중지한 때가 있고 임금을 지불치 못하여 이준열 씨가
매를 맞는 일도 있었고 갖은 고난을 겪었다. 그러나 건축이
완성되어 학생이 새 집으로 옮길 때의 기쁨은 이를 데 없이
컸었다. 그들에게는 이때부터 새로운 분투의 역사가 전개되었
다. (『조선일보』 1931년 7월 15일)

(3)

신교사 낙성하고 인쇄소도 설치
학우회는 자치로 제도도 일신

이준열 등 몇 선생님들의 피땀의 절정으로 신교사는 건축되
었다. 그들의 활동은 다시 이에서 새로운 수확이 없지 못할
것이었다. 이때에 이준열 씨는 좀더 학당의 재정적 기초를
세우겠다는 뜻과 동시에 고학당과 같은 무산자 학교의 임무를
널리 사회에 인식시키겠다는 생각을 가지고 일신에 걸머졌던
학당의 책임을 연학년 씨에게 맡기고 그 자리를 피하였다.
그리고 같이 학당의 직원으로 있던 심의성 씨와 같이 활동사진
반을 조직하여가지고 각 지방으로 순회를 떠났다. 그리고
그들은 자신이 활동사진을 놀리는 기사가 되고 또 변사가
되어 사진 설명을 하는 동시에 고학당은 어떤 곳이냐 하는

것을 지방 인사에게 알리기에 힘썼다. 그 결과, 지방사들의 도움도 있어 이천 원의 수입을 얻어가지고 학당 한 모퉁이에는 새로 '고학당인쇄소'가 설치되었다. 인쇄소에는 학생 자신이 직공이 되어 일을 하고 있었다.

이같이 하여 신교사가 건축되고 인쇄소가 설치되고 신교장으로 연학년 씨가 취임한 이때 일천구백이십팔년의 고학당은 순풍에 돛단 배와 같이 맹렬한 세력을 기지고 혁신 또 활약하게 되었으니 이때에 학교의 지도방침을 다시금 무산자운동의 엄정한 입장에서 확고히 하고 제도를 고치게 된 것이다. 즉, 첫째 무산자의 집단의 힘을 인식시키고 지식을 넣어주고 집단적 훈련을 시키어 어떤 방향으로 나아갈 것인가 하는 것을 머리에 깊이 넣어주는 것이었다. 지평선 이하의 생활을 하며 세상의 학교 이하의 지위에서 ○○음반에 빛나는 호랑이 눈을 가지고 뚜렷이 바라보는 그들의 눈에는 그들의 한 길이 또한 나타나지 않을 수 없었다.

그러면 그 고학당의 교육안이 지도의 방법은 어떠하였느냐? 우선 모든 일은 "학생군의 힘으로"라는 표어가 나왔다. 물론 당연한 것이다. 부잣집 귀동자로 온실의 화초같이 자라나 이삼십의 장정이 되어도 어머니 치맛자락에 매달려 응석대던 무리라면 모르거니와 철없는 나이부터 거리에 나와 이를 악물고 먹을것 입을것을 걱정하며 살 길을 찾아온 그들이라 일의 가지가지에 선생의 ○○○○을 따르기에는 너무도 영리하였다. 즉 학우회의 자치이었다. 교양과 운동, 서무, 재무의 각 부서를 나눠 전반 서무를 학생들의 대중적 질의에 의하여서 즉재적 처리가 있게 되는 것이었다.

또 한편으로 고학당의 특색있는 운동으로는 기합운동과 나체체조이었다. 피를 뿌린 듯한 붉은 아침 햇살이 동편 하늘에 솟아 만물이 새 호흡을 할 때 학생들은 일제히 운동장에 취립하여 굳게 힘을 주어가지고 고함치는 것이었다. 바늘끝 같은 한 점에 정신을 모아가지고 "와!" 하니 고함치는 첫 소리 거기에는 그들이 나갈 길을 외침이었나. 다시 "와!" 하고 소리를 맞추어 뒷산을 울려나는 고함 그것은 그들의 싸워나갈 대상을 가르침이었다. 또 셋째 소리 넷째 소리! 그것은 보통의 운동이 기술과 체력의 유희에 빠지는 돈자랑하는 운동과는 달랐다. 심신의 단련 투지의 강화이었다. (『조선일보』 1931년 7월 16일)

(4)

의견운동의 하나 기념제의 신 풍경
반조직으로 연구와 토론에 주력

기합운동과 같이 나체체조도 고학당이 아니면 볼 수 없는 독특한 것이었다. 내려쪼이는 뙤약볕에 발갛게 벌거벗고 나가서 전신운동을 하곤 하였다. 그리고 고학당의 자치적 교양 방법은 보통중등학교와는 판이한 것이 많았다. 각 학년을 통하여 반을 조직하여가지고 학과의 연구토론도 있는 외 매일매일 사회에서 발생하는 산 사실을 조사하여 가지고 그 조사보고에 의하여 대중적 비판에 달아서 그들의 의식을 세우고 행동을 규정하게 되는 것이었다. 그 외에 좌담회 같은 것도 매주일 반에 따라서 주최하였다. 그것도 역시 보통의 한담을 위주로 한 것이 아니었음은 물론 정다운 간담 속에 서로 격려하며 돕기를 목표로 하였다. 그 과외로 그들이 요구하는 지식을 어느 정도 까지만 만족시키었다.

또 한 가지 오월 제 삼 일요일의 고학당기념제는 근방 일대의 명물이라 할 만한 새로운 풍경의 하나이었다. 고학당의 출생을 기념하는 최대의 기념일이라 이날은 전교생도들이 각 기 반단위로 고안하여 흥미있는 여흥거리를 만들어 널리 동리 사람을 모아 모이는 사람들을 기부케 한다는 유희적 여흥이 아니라 그들의 생활과 사상운동에서 깨내인 일종 운동의 표현이었다. 큰나무 밑에서 쳐들어가는 조그만 나무를 만들어 놓아 큰 힘에 대한 항거의 뜻을 표하는 것이라던가 또는 커다란 달걀 속에서 껍질을 깨트리고 나오는 병아리의

새 힘을 보여주는 것이라던가 결코 장난이라고 볼 수 없는 것이다. 대중에게 새의식을 넣어주려는 뜻에서 나온 것이었다.

이같이 하여 고학당의 존재는 점차 세상에 널리 알려지게 되었다. 학당의 특이한 색채에 새로운 감격을 품고 유산자의 가정에서까지 입학을 지원하여 온 학생이 있었다는 것은 크게 주목되는 점이 있다 한다. 여기에는 생기발랄한 청년들이 동경하는 연구와 토론 집합의 자유가 교내적으로 허락되었다. 참된 사람의 산 행동을 목표로 싸워나가려는 그들의 힘들이 주저할 것이 없었다. 선생과의 사이도 각별한 친밀이 었었다. 그것은 선생과 생도가 항상 합체가 되어 학당들 위하고 또 사상적 훈련을 함에 있었다.

이 모양으로 그들의 교내적 활동이 점차 사회적으로 나아가며 부단한 노력을 싸워가는 동안에 학생들 수도 일시 삼백 명을 헤이게 되었다. 많은 수는 더 큰 힘을 의미하는 것으로 학당의 전도는 점차 발전되어 가는 도중에 있을 때 미리부터 주목하여 오던 경찰의 눈은 점점 날카로워 가기 시작하였다. 때때로 경찰의 손이 오고가는 동안에 학당 생도들의 공기를 일시에 충동시킬 큰 사실이 었었으니 그것은 학교창립사로 학생들의 머리에 가장 인상이 깊은 이준열이 공산당사건으로 경찰에 붙들리운 것이었다. 이때가 일천구백이십구년 유월이었다. 여기에서부터 학당에는 새로…… (『조선일보』 1931년 7월 17일)

(5)

학생전위로 활동
비밀결사도 수차
검거 선풍의 중심 지대되어

사회의 계급적 분화와 투쟁의 전개 이러한 산 사실을 도마 위에 올려놓고 요리하기를 교양의 목표로 삼아 온 터이라 연래의 훈련을 굳게 받아 사상적으로 어떤 행동의 목표로 세우게 되어 가던 그들 학생들은 한번 그의 친애하던 선생이 결사사건으로 감옥에 들어가자 그것이 극히 미묘하고 또 크게 영향하였다. 그 후의 행동은 직접으로 제일선에 나서게 되는 경향이 점자 늘어갔다. 첫째 학생과학연구회로 진출하였다. 기회 있을 때마다 시회적으로 전 학생계에 운동코저 달음질하고 있었다. 그러자 경찰의 주목은 점점 커가고 때때로 경찰의 오토바이는 고학당 교정에 요란히 소리쳐 왔다.

이와 같은 이상히 긴장한 분위기에 싸여 있던 재작년 겨울 전 조선의 학생계를 소란시킨 광주학생사건이 발생하여 경향의 중등학교와 그 중에는 보통학교 아동까지 시위행동을 일으키게 되었을 때 경성에서 최초로 전 경성 학생계에 격문이 배부되어 얼마 동안은 수습키 어려운 중대한 결과를 맺게 되었다 이때 사건의 정체로 학생전위동맹이란 결사체가 발각되어 다수의 중등학교 학생들이 검거되었다. 이어서 독서회니 공산당 관계의 결사체가 발각되어 학생계에 검거 선풍은 때때로 일어났다.

이러한 때마다 고학당의 학생이 관계 않은 때가 없었다. 공산당이며 제일차의 학생전위동맹 관계로 이학종, 정관진, 한경호, 허미순, 이능종 등 방금 서대문형무소에서 복역중에 있는 것 등이며 검거망을 탈출하여 나간 김태래, 최석진 등 그 후 제이차의 학생전위동맹사건으로 감옥에 들어간 김종원, 정윤복, 김원봉, 조성락 등 독서회 사건의 김삼룡 등의 이름은 그때 신문지상에 번번히 나타났다.

경찰의 엄중한 감시 시찰 검거 수색은 사건이 있을 때마다 뒤이어 달려왔으니 광주학생사건을 전후한 때의 고학당은 초창 시대의 경영난의 고난 이상의 파란이라 할 것이었다. 교내에서 조금 두뇌가 투철하여 다소 언행이 급진적으로 나아가던 학생들은 뒤를 이어 경찰의 검거망에 걸리어 하나씩 둘씩 열을 지어 감옥의 검은 쇠문으로 들어가게 되었다. 남은 학생들에게도 무거운 침울의 그늘이 내려 덮여 있었다. 곤궁

과 싸워나가면서 배우고자 한 자리에 모인 젊은 무리들은
두셋만 모이어도 철창 속에서 고난을 당하고 있는 선생과
여러 학우들의 이야기를 하지 않는 때가 없었을 것이다. 그들
은 왜 감옥에 들어가지 않으면 안 되었을까 하고

　학생들의 머리는 열에 떨고 있었다. 긴장한 기분이 타는
것 같았다. 회식에서 하는 그들의 말은 번뜩 하면 경찰의
말썽을 듣게 되었다. 불온을 꾸지람 받는 일도 적지 않고
혐의의 표적이 되는 일도 한두 번에 그치지 않았다. 그 중에도
학당에서 가장 엄숙하게 맞게 되는 졸업식 날이면 몇 해 동안
쌓아온 공적을 말하는 마당에서 오륙 명씩은 경찰의 신세를
지내게 되는 것이었다. (『조선일보』 1931년 7월 18일)

(6)

당국은 폐교 명령
학당은 자진 해체
결국 피할 수 없는 현실의 가혹

　평소부터 엄중한 경계를 게을리하지 않다가 광주학생사건
이후 학생전위동맹사건의 본거를 들추어내고 계속하여 수삼
결사사건의 관계자를 발각한 경찰에서는 고학당에대한 탄압
은 날로 더하여 가게 되었다. 이같이 하여 경찰의 발자욱이

거의 끊일 날이 없이 되며 경기도 학무당국에서도 학당에 대한 대책을 세우게 되어 마침내는 작년 이월 육일에 사립학교 규칙 위반이라 하여 폐교 명령이 내리었다. 즉 학교라는 것보다 어떤 집단이라는 것이었다.

물론 고학당 자신으로서는 학생의 교육 훈련을 목적한 것이나 당국으로서는 일방 총독 교육방침에 당치 않는다는 것이다. 그럴런지도 모를 것이다. 유산자의 가정의 자제가 되고야 입학할 수 있게 되었다고 보는 보통의 중등학교와 같은 형식은 고학당으로서는 배워 온 바도 아니고 또 교육의 본질에 있어서도 무산자의 입장을 표준한 것이 못 된다고 보는 이상 그에 모방하고자 하였을 리도 만무하였을 것이다. 그러나 한번 폐교 명령을 받고 나니 학당리사자로도 깊이 생각하는 바가 없지 않았다. 폐교를 한다면 현재의 이백 오륙십 명의 학생을 어떻게 할 것인가 피와 땀을 짜서 오늘의 형체를 만들어 놓은 십년 간의 학생과 학생들의 공적이 너무도 아깝지 않은가고.

어떻게 해서든지 다시 살릴 방도를 생각지 않으면 안 되었다. 학당리사자는 당국의 견해는 오해라고 몇 번이나 당국과 접견하여 의견을 교환하였으나 할수없이 종래의 방침을 다소 고치기로 하였다. 먼저 학생 교양의 중심기관이 되어 있던 학우회를 중지하였다. 그리하여 종래의 조직과 통해 있는 운동의 색채는 점차 없어지게 되었다. 별반 보통 있는 학교와 다른 것도 없게 되었으나 당국에서는 한번 명령한 후 강경한 태도로 하루 바삐 문을 닫기를 재촉하였다. 이 중간에서 학당 당국자들의 고충이 얼마나 컸으리라는 것을 생각하고 남음이 있을 것이다.

이와 같은 당국의 폐교 명령으로 종래의 고학당 정신이 거의 빠지게 됨에 종전과 같은 훈련을 받지 못할 바에는 당국의 괴로운 명령을 구구히 피하려는 것보다 차라리 우리 손으로 문을 닫아버리는 것만 못하다는 학생단의 불론이 높아 가고 있었다. 고학당의 무산학생 교양소로 거의 존재의 임무를 다하지 못할 바에는 없이하자는 것이었다. 그리고 한편으로 당국에서는 폐교 명령에 응하지 않는다면 강제로라도 폐쇄시키겠다는 당국의 명은 금년에 와서 더 심하여졌다. 유월중에는 경관대가 와서 금시에라도 문을 닫힐 것 같았다.

결국 피할 수 없는 현실 해산에까지 왔다. 최종의 날 칠월 팔일은 왔다. 십년 간 싸워 온 역사의 최후의 불꽃을 올리는 날이었다. 학생대회를 열고 학당 사명은 컸으나 다시 나갈 길이 없으니 해체하는 수밖에 없다는 마지막 문제를 토의하게 되었다. 하는수없이 대회에서 학당 해체를 결의해 버렸다.

최후의 이 마당 중앙에는 고학당 학우회 깃발-검은 바탕에
붉은 빛으로 도끼와 펜을 그린 것이 걸리어 있었다. 일동은
이를 악물고 눈물 속에 회기 앞에 머리를 숙였다. 무거운
침묵 비장한 최후이었다. 학생들의 비애 속에는 학당의 산모
로 철창 속에 들어간 이준열 선생과 그 외 동무들의 추억이
동시에 번개같이 일어났을 것이다. (『조선일보』 1931년 7월 19일)

사회의식에 눈떠 가며

이 종 씀

비전향 장기수 이종의 사진이 실린 비정기 간행물
제4호 표지

이러한 가출이라 한두
달이 못 가서 도로 끌려오
곤 했다. 집에서 지내는 동
안 보통학교 5·6학년 강
의록도 보고, 진주로 입양
간 동갑나기 팔촌 아우가
보내준 월간잡지 『개벽』
도 읽었다. 당시 이런 잡지
는 영동군 전체에도 보는
사람이 드물 터인데 이 산
촌 오두막 촌놈에게 용케
도 인연이 닿았다. 빨려들
듯 탐독했다. 사회니 계급
이니 하는 단어들을 처음 보았고 세상일에 어슷 눈을 뜨게

되었다.

1928년 18세 때, 읍내 이발소에 가서 상투를 자르고 보행으로 진주 길을 떠났다. 방학 때면 교복에 고보 모포를 달고 본가로 오는 팔촌 아우가 그렇게도 부러울 수야. 취직도 되고 공부도 할 수 있을 듯하니 한번 오라는 편지였다. 우두령을 넘고 거창을 거쳐 이틀 만에 도착하여 촉석루만 구경하고 며칠 놀다가 기차에 실려 돌아왔다. 기다리라며 아우의 양부가 차표를 끊어주었다.

주어진 환경에서 벗어나고파

1929년 19세 때였다. 이젠 구름 잡는 가출과 남의 힘을 바라는 가출에 더 속을 수는 없었다. 청주로 가서 엿판을 지고 서울로 향하여 숭인동 이중옥 엿방에 짐짝을 부쳤다. 엿장수로 끝을 마치는 한이 있더라도 더 배워 알고 싶었고, 주어진 환경을 벗어나고 싶었다. 눈만 뜨면 투전방 친구들에 휩쓸렸고, 정이 가지 않는 아내와 가정을 이루어 나가기에는 젊은 고집이 받아들여지지 않았다.

영동서 경성까지 500리, 챠비가 3원 30전인데 두 번째 가출 때 서울서 걸어 내려왔고, 이번에는 걸어서 올라갔으니 일제통치 하의 빈농 생활이 얼마나 참담했는지 미루어 알 수 있다. 배워야 할 금쪽 같은 시간을 이렇게 실의와 좌절로 허송하며 헤매는 것이 나라를 빼앗긴 대다수 젊은이들의 처지였다. 고등교육은 일부 친일지주나 자본가의 아들들이나 받을 수 있었고 다수인 농민과 노동자 자녀들은 초등교육조차 받을 수 없어서 거의 문맹 상태였다.

광주학생운동

그때 밤이면 홀로 옆집 다락에서 공부를 하는 내 또래의 젊은 친구가 있었다. 사정을 물어보니 제 성명이나 알아보려고 야학을 다닌다고 한다. 가까운 거리에 고학당이라는 학교가 있는데 낮에는 고학생들에게 중등교육을 가르치고 밤에는 동네 아이들에게 초등교육을 가르치므로 그곳에 다니는 중이라고 하며 낮에 배우는 학생들은 폐교가 되어 공부를 못한다고까지 상세하게 일러준다. 폐교란 말이 마음에 걸렸으나 귀가 번쩍 뜨이는 소식이었다. 이튿날 찾아가 보니 사무실, 교실, 취사장, 기숙사를 갖춘 함석집이 입구(口)자로 세워져 있고, '고학당'이라는 간판이 걸려 있었다. 주학은 못하도록 사무실 입구에 가시줄과 대못이 쳐 있었다. 학생들에게 탐문해 보니 광주학생운동이 여기까지 파급되고 고학생들이 가담함에 따라 더 이상의 학대를 막기 위하여 경찰서에서 취한 조치인데 명년 신학기부터 개교할 것이라 했다. 혹 폐교가 되지 않을까 가슴 졸이며 기다리는 수밖에 없었다. 어느 날 경신중학교

고갯길에 엿판을 내려놓고 쉬고 있는데 느닷없이 일제 기마경찰대가 달리는가 하면, 경신중학 맞은편 정신여학교에서 만세를 외치며 여학생 대열이 몰려나오고 경신중학도 이에 호응하는 모습이 보였다. 환도를 휘두르며 학생들을 교문 안으로 몰아붙이는 기마대와 학생들의 숨가쁜 싸움의 장면을 보았다. 광주학생운동이 파급되자 이를 막기 위하여 일찍이 동기 방학을 했는데 개학과 함께 다시 시위운동의 불이 붙은 것이다. 수탈된 조국과 학도의 명예를 위하여 일제의 말발굽 아래 피흘려 싸우는 젊은 용기를 우두망찰 바라보고 있는 엿장수의 가슴에는 당장 그 대열에 뛰어들어 함께 싸우지 못함이 한스러웠다.

이듬해 신학기가 닥쳐왔다. 기다리던 대로 교문이 열리고 신입생을 모집하였다.

아아, 고학당!

시험에 합격하여 새 세상을 본 듯 기뻤다. 바지 저고리에 고무신을 신은 지방에서 올라온 내 처지와 같은 패들이 300여 명 모두 기뻐했다. 신입생 환영회에 참석하여 학당의 내력과 격려를 들어보니 모두 새롭고 감동에 찬 말이었다.

이준렬 선생을 비롯한 선각자들이 조국 독립과 무산계급 해방을 위한 일꾼을 길러내기 위해서 는 중학교 정도의 지식이 필요하다는 것을 느끼었던 것이다. 처음에는 동대문 밖 도수장의 콘크리트 바닥에서 고학생을 모아 수업을 하다가 돈 있는 자를 설득하여 모금도 하고 학생들이 야시도 보고 소인극 공연(일부 지방대까지 미쳤다고 함)도 해서 고학당 건물을 세웠으며, 벌써 4년제의 2회 졸업생을 냈었다. 20년대 초 사회주의운동과 더불어 시작한 무산자 교육기관이었다. 카프(조선 프로레타리아 예술동맹)의 맹원인 동시에 유명한 조각가이며 조직원인 김복진 씨가 교가를 지었고, 교장은 이준렬 씨였는데 내가 입학했을 당시에는 연학년 선생으로 바뀌어 있었다.

이준렬 선생은 당시 파괴된 공산당 재건사업 때문에 학교에 대한 책임을 연학년 선생에게 인계했다고 한다.

사회주의자, 불령선인 그리고 빨갱이

20년대 초부터 사회주의자라면 경외의 대상은 될지언정 지금과 같이 빨갱이(8·15 이후 서북 청년단들의 테러단이 만든 말)란 말로 적대시하지는 않았다. 조국독립과 근로인민을 위하여 일제의 총칼아래 목숨을 빼앗기며 싸우는 불굴의 투사가 누구인데 언감생심 모멸과 죽음의 구렁으로 몰아넣으랴. 친일지주와 자본가까지도 가까이 하기는 꺼려했지만 대놓고 모욕을 주거나 고자질을 하지는 않았다. 오직 일제의 무모한 식민정책만이 사회주의자를 불령선인(不逞鮮人)이라며 탄압하였다. 그런데 그때의 불령선인들의 해방이 된 지 40년이 흐른 지금 다시 국가보안법에 얽매어 있으니 현 정권이 일제 식민지정책의 후계자임을 누가 부인할 수 있으랴.

연학년 선생은 다재다능한 동경 상과대학 출신으로 외교에도 뛰어난 인물로 광주학생운동사건으로 폐교가 되다시피한 것을 다시 문을 열게 하였다. 이준렬 선생은 피검되어 8년 옥고를 치르고 출소하였다. 조종환 선생은 움집에 칩거하며 끝까지 교편을 잡으셨고 다른 선생들은 보수가 없는 생활고로 자주 바뀌었다.

영신환팔이 고학생

기숙사에서 낮에는 배운 학과를 익히고 밤에는 밥벌이를 나가는 것이 일과였다. 틈만 있으면 사회과학(왜말로 된 자본주의 가라구리들)을 탐독하고 토론모임도 갖는다. 밥벌이는 여러 종류가 있지만 가장 많은 것이 영신환팔이이다. 요정을 돌며 10전짜리 영신환 세 봉지만 팔면 이튿날 밥값이 된다. 그것도 공치는 날이 가끔 있다. 혹 2, 3일 밥값을 버는 때도 있다. 큰 중국요릿집 깊숙한 방문을 조심스럽게 열면 의외로 남녀 중학생이나 전문학생의 밀회를 만나기도 한다. 여름 장마로 며칠씩 벌이를 못 나가면 대표를 뽑아서 박영효나

임종상 같은 굵직굵직한 집에 보내서 쌀가마를 얻어온다. 굶어도 형평사나 신간회 등 사회단체의 대회에는 안 빠진다. 스파이가 끼어 있으면 평소에 점찍어 두었다가 길에 매복하여 죽지 않을 정도로 두들겨 주고 줄행랑이 친다. 밥벌이 하다가 요정주인이나 손님에게 모욕을 당하면 기숙사로 달려와서 응원군을 얻어 반드시 보복한다. 이처럼 밤거리 고학생은 가끔 말썽거리이기도 했다.

프로레타리아 교육기관에 대한 폐쇄령

4학년쯤 되면 학과 공부는 거의 안하고 다른 학교의 독서회 지도와 사회과학 학습에 열중한다. 가끔 형사대의 습격을 받아 서적을 압수 당한다. 중국 만주 길림성 만보산사건 때 나도 동대문 유치장에 일주일간 구금되어 감옥에 첫 발을 디딘 셈이다.

32년 2학년으로 올라가 약팔이와 공부에 자리가 잡힐 무렵이었다. 조선의 유일한 합법적인 프로레타리아 교육기관에 폐쇄 명령이 내려졌다. 가까스로 잡은 배움의 길을 끊어놓은 것이다. 만주사변을 촉발하여 괴뢰국가를 세워 놓고 중국 대륙의 침략을 호시탐탐 노리는 일본 군국주의가 그 정책 수행을 위한 교두보인 조선에 있어서 걸림돌의 하나로 주목해 오던 고학당을 가만히 둘 리 없었던 것이다.

총독부 학무국장이 교장 연학년 선생을 불러서 해산을 강요하였다. 그렇지 않으면 용산의 사단 병력을 풀어 강제 해산시키겠다고 협박하였다. 자진 해산하느냐 무력에 의한 강제 해산을 당하느냐 양자택일을 놓고 전 학생회의를 열었다. 상급학생과 선생들은 전자를, 하급학생들은 대개 후자를 택하였다. 나도 후자에 속했다. 전자의 주장은 광주학생운동과는 달라서 계급적 성격이 강하기 때문에 민족적인 투쟁과 같이 일반적으로 각 학교의 호응투쟁이 어려워 고립적인 희생을 낼 뿐이라는 것이며, 후자는 호응의 성과를 불문하고 싸우자는 것이다. 거수로 결정한바 후자가 졌다. 전자는 눈물로 후자를 윽박질렀고, 후자는 전자에게 울면서 반항했다. 선생들도 말을 못하고 그저 눈물만 닦을 뿐이었다.

굶주린 농촌에서 일제의 착취대상인 촌망이 안 되려고 지게를 팽개치고 사방에서 모여든 보통이 아닌 삼백 명의 꿈들은 결국 일제의 학정에 의하여 배움의 길이 차단되고 말았다.

농촌으로! 공장으로!

32년 거창이 고향인 강군과 동반하여 도보로 귀향길에 올랐다. 전과는 달리 실의에 찬 귀향이 아니었다. 학우들과 헤어져 더 못 배운 아쉬움은 있지만 적은 대로 할 일이 기다리고 있었다.

동네 빈집을 헐어 야학당으로 개축하였다. 거의 문맹으로 보통학교 졸업이 3명, 현재 다니고 있는 학생이 4, 5명정도였다. 80호 400여 인구에. 주간학부에 40명의 미취학 아이들을, 야학부에 20명의 농군청년을 모아 계몽운동을 시작하였다. 교재는 주간학부에는 보통학교 교과서를, 야학부에는 경성민중서원에서 발행하는 야학용 교재를 썼다.

주간학부는 보통학교를 졸업한 동네 아이가 맡게 하고 나는 야학부를 맡았다. 밤이면 사랑방에서 투전질이나 하던 청년들이, 날이면 밥타령이나 쇠풀을 뜯던 어린이들이 야학당으로 모여들었다. 영동읍 농민조합과 계산학원 시절 선생들이 연결된 계몽운동의 한 고리였다. 동민의 호응이 대단하여 동네 일이 야학당을 중심으로 일체감 속에 해결되어 갔다. 읍내 소비조합과 연결, 공동구입과 판매의 단위 소비조합도 해봤다. 당시 사회운동의 합법적 구호가 "농촌으로! 공장으로!"였고 소위 브나로드 운동이 한창이었다. 이기영 작 소설 『고향』의 주인공 희준이가 된 듯한 기분이었다.

백마산 세찬 줄기 흘러 봉화봉 우뚝 솟아서
깜깜한 천지 불 밝히던 봉화봉 우뚝 솟아서
한 채의 떼집 우리 학원 품은 뜻 같구나

대창문 짚방석 무릎 책상 흙 냄새 젖은 손발
밤마다 낮마다 어울려 모이고 뭉치니
배우고 깨치고 힘길러 모이고 뭉치니

바른 길 비쳐 싸워 나갈 해 같은 맘이다.
그른 길 쳐부셔 싸워 나갈 쇠 같은 몸이다.
나라의 기둥 농민의 횃불 새일꾼들이다.[1]

야학당은 침탈되고

야학생 중에는 서당을 함께 다니던 동년배들이 있어서
『신소년』, 『별나라』, 『비판』 등의 출판물을 윤독하였다. 밤에
가끔 경찰서에서 순찰을 나오므로 번갈아 피케를 선다. 먼
동네 입구에서 손전등이 비치면 일본말이나 산술 공부를 하였
다. 주간학부에 인근 두 부락의 미취학 아이들이 입학해 와서
더욱 발전하였다. 동민을 모아 놓고 소인극과 학예회도 열고
소풍도 가곤 하여 촌야학당으로서는 규모가 컸다.

1936년, 젊음을 오로지 야학당과 자체 학습에 쏟고 있는
동안 객관적인 정세가 변화하기 시작했다. 일본 군국주의가
민간통제사업을 강화하여 내선일체니 문맹퇴치니 자력갱생
이니 하며 황민화와 전쟁주비의 전초기지로 우리 민족에 대한
수탈을 더욱 강화해 나갔다.

---

1) 이 노래들은 당시 자작한 학당가다.

밀정에 의한 감시 끝에 주학 선생이 갖고 있던『사회주의 대의』란 책이 면장 앞으로 흘러 들어가고, 경찰서 형사대가 가택수색을 하고, 연행되어 1개월간 구속되고…… 마침내 4년간의 조그만 정성이 막을 내렸다. 야학당에 협조적인 구장이 무고로 물러나고 주학 선생의 친척이 새 구장으로 임명되면서 벌어진 일이다. 특히 여자 야학생들이 책보로 눈물을 닦으며 안 떨어지겠다는 바람에 나도 눈시울을 붉혔다. 옛 고학당 비극의 작은 재현이었다.

시국은 긴박해 오는데

시국은 긴박해 오는데 일터에서 이탈된 약자의 앞에는 방황의 길이 있을 뿐이다. 합법적인 간판은 강제로 내려지고, 참 일꾼들은 지하로 깊숙이 묻히고 노출된 일꾼들은 살아남기에 급급하였다. 투항의 배반자들이 속출하고 지조를 지키는 자들은 입을 봉하고 사생활에 파묻혀 있었다. 당시 전시산업인 광산업에 편승하여 광업에 종사하는 사람도 많았다.

나는 한갓 의지와 열정으로 야학당을 이끌어 왔지만 가르치는 자로서의 아는 것이 너무 없었다. 다시 일본으로 고학갈 계획을 세우고 거기 필요한 자금을 장만한다고 고학당 동연배인 김봉현과 금밀수의 천냥만냥판인 신의주에서 일확천금을 꿈꾸는 가당찮은 허황에 빠지기도 하였다.

아내와 어머니

아내와의 관계는 이성적으로 접근하려 했지만 정서가 거부하여 합의이혼을 하였다. 아내 편으로 볼 때 천만 번 잘한 일이다. 재혼하여 유복한 가정생활을 한다니 말이다. 나와 같이 지냈다면 몇 번 파산에, 거리로 피난길로 내쫓기어 가정생활은 그만두고 어디서 죽었는지도 모를 이산가족이 되지 않았겠는가.

그때까지는 어머니 그늘 밑에서 살림을 모르고 지냈다. 어머니께선 너무 어지시다. 무슨 일을 해서든지 자식을 안 굶기고 꾸짖지 않으신다. 그저 동네 아이들과 학부모들이 자식을 선생님이라고 부르는 것을 대견스럽게 생각하셨다. 그러나 지금은 사정이 다르다. 그 부지런함과 억척스러움을 감내하지 못하신다. 모진 고생을 겪으신 데다 70고령이시다.

영과의 재혼, 잇따른 어머니의 죽음

고학당 초기에 협력했던 이종만 씨가 금광으로 일확천금을 벌어서 대공광업주식회사를 세웠고, 이준렬 선생이 출옥하여 전무로 있었다. 그를 매개로 정백(조국전쟁 직전 2차 남북회담에 참석 결의문을 가지고 남하하다가 체포되어 서대문형무소에 수용중 투항, 보도연맹장이 되었다가 피살됨)과 장인환을 중심으로 조선 산광사가 차려졌고, 사회운동하던 인사들의 접촉이 많았다. 충남 함덕에 사는 주윤홍 씨가 충북 괴산 청천면에 중석광산을 사서 경영했는데 영동선배 김두수 선생이 내무를 보고 내가 채광의 외무를 보게 됐다. 가끔 중석을 팔러 산광사에 갔다. 여운형 선생의 얼굴도 더러 볼 수 있었다. 이 무렵 고학당 선배 동지인 이병로의 소개로 경성연초공장 직공인 김영과 재혼하였다. 고학당에 잠깐 다닌 바 있으며 고학당 선배인 김종원(중앙당 간부로 일하다가 조직이 마지막에 부서질 때 피검 투항)의 누이동생이다. 정백의 주례, 정종근(조국전쟁 때 청주에서 적기의 폭격으로 죽음)의 들러리로 조선일보 강당에서 식을 마쳤다.

그 후 중석광산은 빈광으로 광산을 더 유지할 수 없어서 폐광하였다. 고학당 동배인 이문희가 만주에서 토건업에 종사하고 있었는데 같이 지내다가 어머니 병환이 위중하다는 편지를 받고 귀가하였다.

1942년, 이렇게 방황하는 동안에 6년이란 세월이 흘렀다. 어머니 병환은 더욱 위중하여 결국 여의고 말았다. 나는 천애 고아가 된 듯하였다.

패색이 짙은 일제의 광기는

태평양전쟁에 패색이 짙은 일제의 광기는 최후 발악을 하며 날뛰었다. 창씨개명을 하여 동조동근을 외치고 지원병제를 실시하여 일사보국을 부르짖었다. 공출하는 물자가 30가지가 넘었다. 식량을 뺏기고 부황든 얼굴들이 송탄유를 짜기에, 군용도로를 닦기에 허덕였다. 처녀들은 종군위안부로 끌려가지 않으려고 열네 살짜리 새댁이 되고, 청년들은 징용을 안 가려고 멀쩡한 팔다리에 화상을 입혀 절고 다닌다. 공출물량과 징용자 색출에 면직원이 저승차사같이 설친다. 구장의 귀띔과 그들의 붓 끝에 살림과 목숨이 좌우된다.

1945년 8·15. 광동에 원자탄이 떨어지고 영동에도 미군기에 의한 폭격이 있었으며 소련군의 선발대가 청진에 상륙하였다. 패전이 임박할수록 일제의 야만적 몸부림은 더하여 식민지에 대한 약탈과 탄압이 극에 달하였다.

해방!

8월 15일 아침에 중학생 두 명이 찾아와서 쪽지를 전하였다. 펴보니 해방이 되었으니 즉시 읍으로 나오라는 김태수(조국전쟁 때 월북하여 ××시 인민위원장으로 일하고 있다 함)를 비롯한 동지들의 알림이었다. 해방! 해방을 예측하고는 있었지만 최후의 일전을 벼르는 일본이 이렇게 일찍 투항할 줄을 몰랐다. 나도 모르게 상기되어 두 손 추켜들고 해방과 만세를 외치며 읍으로 내달았다. 영문을 모르는 동네 사람에게 왜놈들이 거꾸러졌다는 말만 남기고.

　자주 만날 수도 없었던 동지들의 얼굴은 긴장과 희망에
차 있었다. 와락 끌어안기도 하고 밝은 웃음도 터뜨렸다. 젊은
청년들은 일인 도의원인 악질 대금업자를 꿇어앉혀 놓고 반성
과 사죄를 받기도 하고 악질 면직원을 몽둥이로 혼내주기도
하였다.

송강(松崗) 이준열(李駿烈) 연보
(1896.8.12~1982.2.27)

1896년 8월 12일, 충남 아산군 온정면 갈산리 1구(온양군 일북면 내금리, 현 김종구가)에서 출생

아버지는 이종풍(종수), 어머니는 창원 황씨. 형제들로는 열 살 위의 이상열과 위로 누님이 두 분 있었다(열다섯 살 위의 큰 누님은 파평 윤씨 윤태선에게, 다섯 살 위의 둘째 누님은 팽택 임씨 임달선에게 시집갔다).

1900년 봄 4세 때, 탕정면 갈산리 1구에서 탕정면 갈산리 2구 여술로 이사

1903년 7세부터 12세까지 매형 윤태선으로부터 집 사랑 서재에서 한학을 배움

1908년 12세 때, 온양공립보통학교 3개월간 수학

12세 봄, 상경하여 관립한성고등학교 입학

1911년 고보 2학년 때 중국어 배움

1912년 고보 3학년 가을에 천안 목천 출신의 양천 허(許)씨 정(柾)과 결혼

1914년 3월, 관립한성고등학교가 경성고등보통학교 개편 졸업

중국에 유학하고자 불법으로 3개월간 북경에 다녀옴

1916년 경성공업전문학교 응용화학과 입학

　　　모친 창원 황씨, 56세로 사망

　　　교내 항일투쟁 비밀결사 '공우회' 회장

1919년 동맹휴학 위원장으로 3·1학생운동 주도

　　　중국으로 도피, 불령선인으로 지목당함

1919~1921년

　　　신의주 왕자제지회사 입사, 폭탄사건으로 피체되어
　　　퇴사

1921년 6월 19일, 장남 이기홍 출생(태양신문사 업무국장,
　　　통신사 경영)

1924년 장녀 이기인 출생(교토 대학 법과 출신, 전 고려대학교
　　　법대 학장, 대학원장 윤세창 박사에게 출가)

1923년 5월 1일~1931년 7월

　　　공예학교 및 고학당 설립

1924년 9월, 조선노동교육회 집행위원

1927년 7월~1929년 6월

　　　신간회 경성지회 회원

1927년 차녀 이기훈 출생(서울여자의과대학 마치고, 동료의
　　　사 전씨(사망)와 결혼하여 두 자녀 영철과 영심을
　　　두었으나 여러 해 전에 작고하였다)

1929년 5월, 신간회 경동지회 창립발기위원

1929년 6월 12일, 조선공산당 재조직 사건으로 서울에서 13명

과 함께 체포

1929년 7월 16일, 서대문 교도소 수감

1929년 11월, 광주학생시위가 서울 지역으로 확산하는 과정
    에서 고학당 출신들이 가교 역할을 함

    고학당 내에 '학생전위동맹' 결성

1931년 6월 3일, 징역 7년 확정판결(경성지방법원 형사 제1
    부)

1937년 상반기, 8년 수감 뒤 만기출소(42세)

1937년 6월~1945년

    대동광업주식회사 전무, 대동출판사 대표

1938년 7월 28일, 차남 이기준 출생(전 서울대학교 총장, 화학
    공학 박사, Univ. of Washington)

1941년 11월 1일, 부민관에서 120인사가 회합, 임전대책협의
    회 위원

1945년 8월 25일, 조선공업기술연맹 초대 이사장

1945년 10월 2일, 조선전재기술자협회 고문

1945년 10월 5일, 조선광업회 위원장

1946년 10월 19일, 건국공업박람회 회장

1947년 3월 21일, 조선문화협회 위원장

1948년 6월, 남조선전력대책위원회 대표위원

1949년 조선발명장려회 위원장

1982년 2월 27일, 87세로 사망

가계도

璜 ― 田枝 ― 國軒 ― 永年 ― 麟沖 ― 瑠 ― 尊庇
(시조)　(2세)　(3세)　(4세)　(5세)　(6세)　(7세)

瑀 ┬ 嵒(행촌공)
(8세) │ (9세)
      └ 嶠(도촌공) ― 琳 ― 貴生 ― 云老 ― 璁
        (9세)　　(10세)　(11세)　(12세)　(13세)

皎然 ┬ 衡
(14세) │ (15세)
       └ 衍 ― 光澤 ― 瑎 ― 巑 ― 之嶠 ― 泰河
         (15세)　(16세)　(17세)　(18세)　(19세)　(20세)

東輝 ― 瓘
(21세)　(22세)

明大 ┬ 堯欽
(23세) │ (24세)
       ├ 堯喆
       │ (24세)
       └ 堯弼 ― 益壽 ― 善道 ― 鶴淵 ― 鍾豊
         (24세)　(25세)　(26세)　(27세)　(28세)

鍾豊公派(28세)

常烈(29세)

基亮(30세)　　基昌　　　　　　基暎　　　　　　基太

영호(31세)　광호　　진호　　달호　　근호　　세호　　경호　　준호

한경·한종　한민　한조　한주　한선　한주　한준　한재
(32세)　　　　　 한승　한철　한규

駿烈(29세)

基洪(30세)　　　　　　　　　　　　基仁　　基熏　　基俊
　　　　　　　　　　　　　　　　　(尹世昌)

용남　봉님　시용　　장용　상용　　　　　　　　동주　성주
　　　　　　(31세)

주영·원석　한별·한샘　　　　　　　　　　한웅
(32세)

참고문헌

1. 자료

高峻石 編著, 『朝鮮革命テーゼ』, 柘植書房, 1979.

金正明 編, 『朝鮮獨立運動－共産主義運動篇』, 原書房, 1967.

金俊燁・金昌順 編, 『韓國共産主義運動史－資料編 1』, 고려대학교출
　　판부, 1979.

梶村秀樹・姜德相, 『現代史資料 29 朝鮮 5』, みすず書房, 1972.

이석태 편, 『사회과학대사전』, 문우인서관, 1948.

李在華・韓洪九, 『韓國民族解放運動史 資料叢書 2』, 경원문화사, 1996.

李駿烈, 『回顧錄』 1・2집(未刊行), 1974.

高等法院 檢査局思想部, 『思想月報』, 第1券 3號, 7號.

극동문제연구소, 『원전공산주의 대계－이론과 비판』, 1984.

朝鮮總督府警務局, 『光州學生事件資料』, 風媒社, 1979.

朝鮮總督府警務局, 『營農運動槪要』, 國會圖書館, 1974.

鐘路警察署, 「三一運動記念日ニ際シ不穩計劃ニ關スル件」, 京鐘警高
　　秘 第2601號.

京城地方法院 檢事局, 『思想ニ關スル情報綴和 第三冊』, 昭化 5年(1930).

『開闢』『東明』『東亞日報』『新生活』『我聲』『朝鮮之光』

『朝鮮日報』『中外日報』『鑛業時代』『鑛業朝鮮』『苦學堂一覽』

『農學朝鮮』

2. 연구논저

1) 저서

金俊燁・金昌順, 『韓國共産主義運動史』 1~5, 청계연구소, 1986.
방인후, 『북한 '조선노동당'의 현성과 발전』, 고려대학교 아세아문제연
　　구소, 1967.
배성찬, 『식민지시대 사회운동론』, 돌베개, 1987.
서대숙, 『한국공산주의운동사』, 이론과실천, 1985.
심지연, 『허헌 연구』, 역사비평사, 1994.
이기형, 『여운형 평전』, 실천문학사, 1984.

이정식・스칼라피노 공저, 한홍구 옮김, 『한국공산주의운동사-식민
　　지시대편』, 돌베개, 1986.
이정식 면담, 김학준 편집해설, 『혁명가들의 항일회상』, 민음사, 1988.
이재화 편역, 『한국근대 민족해방운동사 1』, 백산서당, 1986.
이태영, 『조선광업사 2』, 백산자료원, 1998.
임영태 편, 『식민지시대 한국사회와 운동』, 사계절, 1985.
광주학생독립운동동지회, 『광주학생독립운동사』, 국제문화사, 1968.

2) 논문

강호제, 「북한 과학기술사」, 『월간 민족 21』 2010년 11월호.
金森襄作, 「논쟁을 통해서 본 신간회-신간회를 둘러싼 민족주의와
　　계급대립」, 『신간회 연구』, 동녘, 1983.
김명구, 「코민테른의 대한정책과 신간회, 1927-1931」, 『신간회 연구』,
　　동녘, 1983.
김인걸, 「1920년대 맑스-레닌주의 보급과 노동운동의 발전」, 일송정,
　　1989.
김현숙, 「일제하 민간협동조합 운동에 관한 연구」, 한국사회사연구회,

『일제하 사회운동』, 문학과지성사, 1987.

梶村秀樹, 「신간회연구를 위한 노트」, 『신간회 연구』, 동녘, 1983.

朴慶植, 「한국민족해방운동과 민족통일전선」, 『신간회 연구』, 동녘, 1983.

방기중, 「일제말기 대동사업체의 경제자립운동과 이념」, 『한국사연구』 95, 1994.

백욱인, 『식민지시대 계급구조에 관한 연구-1920년대를 중심으로』, 서울대학교 석사학위논문, 1987.

水野直樹, 「신간회운동에 관한 약간의 문제」, 『신간회 연구』, 동녘, 1983.

水野直樹, 「코민테른의 민족통일전선론과 신간회운동」, 『역사비평』 1988년 봄호, 역사비평사.

스칼리피노·이정식, 「시련의 시기-신간회」, 『신간회 연구』, 동녘, 1983.

오미일, 「일제시기 사회주의자들의 농업문제 인식」, 『역사비평』 1989년 겨울호, 역사문제연구소.

이균영, 「조선민흥회와 신간회를 둘러싼 제 논의의 검토」, 『한국근대민족주의 운동연구』, 일조각, 1987.

이균영, 「김철수 연구」, 『역사비평』 1988년 겨울호, 역사문제연구소.

이태영, 『조선광업사 2』, 백산자료원, 1998.

장상수, 『일제하의 민족문제 논쟁에 대하여-사회주의자를 중심으로』, 서울대학교 석사학위논문, 1986.

전봉관, 「금광왕 이종만의 아름다운 실패」, 『럭키경성』, 살림출판사, 2007.

전봉관, 「전봉관의 옛날 잡지를 보러가다⑮」, 『신동아』 2006년 9월.